广东外语外贸大学国际服务外包人才培训系列教材

Fuwu Waibao Xiangmu Guanli

服务外包项目管理

曾坤生　主编

暨南大学出版社
JINAN UNIVERSITY PRESS

中国·广州

《服务外包项目管理》编委会

总　序

自21世纪以来，我国承接美欧日等国家和地区的国际服务外包呈加速发展之势。2012年，我国承接国际服务外包执行金额为336.4亿美元，现已成为全球第二大服务外包接包国。伴随着服务外包产业的迅速发展，我国能熟练从事国际服务外包业务中高端人才的短缺问题日益突显出来。因此，尽快培养国际服务外包产业所需的中高端人才，已成为促进我国服务外包产业持续、快速和健康发展的当务之急。

广东外语外贸大学国际服务外包研究院和国际服务外包人才培训基地是全国普通高等院校中最早成立的有关国际服务外包研究和人才培训的专门机构。2009年10月以来，国际服务外包研究院承接国际服务外包的理论研究和政府咨询等课题40余项，发表论文200余篇。目前，广东外语外贸大学国际服务外包研究院已成为华南地区国际服务外包理论研究中心、政府决策咨询智库。四年来，广东外语外贸大学国际服务外包人才培训基地共培训软件架构师、软件测试工程师和网络工程师等IT类高校“双师型”教师150余人；培养和培训ITO、BPO、KPO等适用型大学毕业生2 000余人；为IBM、西艾、从兴等服务外包企业定制培训服务外包商务英语和相关业务流程专业人才500余人；培训服务外包企业和政府中高层管理人员近7 000人。经过几年来对服务外包人才培养模式与实践的有益探索，广东外语外贸大学国际服务外包人才培训基地已成为广东省服务外包“双师型”教师资源库、大学毕业生适用型人才交付中心、企业和政府管理人员短期进修中心。

广东外语外贸大学作为广东省国际服务外包高端人才培训基地，为更好地发挥其在国际化人才培养上的优势，进一步提高国际服务外包人才培养的质量，特组织专家学者编写了本套教材。本套教材包括《服务外包企业战略管理》、《服务外包项目管理》、《服务外包客户关系管理》、《商务沟通英语》、《商务会谈技巧英语》、《商务谈判日语》、《商务交际日语》、《软件开发中级英语阅读与写作教程》和《软件测试中级英语阅读与写作教程》，共9本。

培训服务外包产业所需的中高端人才是一项系统工程，其中，编写出能够既反映服务外包发展理论，又符合服务外包发展实践的教材就尤其重要。

为本教材编撰提供理论和资料支持的所有作者表示感谢！还需要特别致谢的有：参加本教材编写大纲论证会的广东省外贸厅的专家，原广东外语外贸大学国际服务外包研究院院长、现任 MBA 学院院长的孙晓琴教授，国际服务外包研究院院长林吉双教授和副院长黄立军教授。正是他们的关心和支持，才使本教材的编撰得以顺利进行。当然，由于服务外包企业项目管理是项目管理的一个新领域，编者的学识和能力也有限，因此本教材一定还存在着诸多不当之处，希望学界专家、同行和企业界朋友多多批评指正，以期日后不断改进。

曾坤生

2012 年 11 月 15 日

目　录

第一章　服务外包项目管理概述

【案例引导】

20 世纪 80 年代后期，一股由美国刮起的“外包”旋风迅速蔓延欧洲、日本、印度与越南，先后凸显了承接外包势不可挡的趋势。作为国民经济新型业态，“服务外包”成了全球企业界的新潮流。

提起苹果 Mac 机、宏碁 Aspire 计算机，几乎人人皆知，可说到青蛙设计公司，则鲜为人知。更少有人知道的是，苹果与宏碁这两款大名鼎鼎的产品造型设计，都是外包给这位“青蛙”完成的。总部位于德国的青蛙设计公司（Frog Design）是国际设计界最负盛名的设计公司。作为一家大型的综合性国际设计公司，青蛙设计以其前卫，甚至未来派的风格不断创造出新颖、奇特、充满情趣的产品。公司的业务遍及世界各地，包括 AEG、苹果、柯达、索尼、奥林巴斯、AT&T 等跨国公司。青蛙公司的设计范围非常广泛，包括家具、交通工具、玩具、家用电器、展览、广告等。20 世纪 80 年代以来，该公司最重要的领域是计算机及相关的电子产品，并取得了极大的成功。

服务外包在全球范围蓬勃发展有其深刻的社会和经济原因，企业通过服务外包优化价值链，降低成本，增强了企业的核心竞争力。现今，服务外包呈现出良好的发展势头。那么，到底何为服务外包？又为何服务外包？

第一节　服务外包概述

一、有关服务外包的基本概述

（一）服务外包的界定与分类

1. 服务外包的概念

服务外包是指企业为了将有限资源专注于其核心竞争力，以信息技术为依托，利用外部专业服务商的知识劳动力，来完成原来由企业内部完成的工作，从而达到降低成本、提高效率、提升企业对市场环境迅速应变能力并优化企业核心竞争力的一种经营模式。企业通过这种方式重组价值链，优化资源配置，降低了成本，增强了企业核心竞争力。

2. 服务外包的分类

按照服务外包客体的不同，可以分为信息技术外包、业务流程外包以及知识流程外包。

（1）信息技术外包。信息技术外包（Information Technology Outsourcing, ITO）是指企业专注于自己的核心业务，而将其 IT 系统的全部或部分外包给专业的信息技术服务公司。企业以长期合同的方式委托信息技术服务商向企业提供部分或全部的信息功能，包括系统操作服务、系统应用服务、基础技术服务等。具体适用范围如下：

系统操作服务：银行数据、信用卡数据、各类保险数据、保险理赔数据、医疗/体检数据、税务数据、法律数据（包括信息）等的处理及整合。

系统应用服务：信息工程及流程设计、管理信息系统服务、远程维护等。

基础技术服务：承接技术研发、软件开发设计、基础技术或基础管理平台整合或管理整合等。

（2）业务流程外包。业务流程外包（Business Process Outsourcing, BPO）是指企业将检查业务流程以及相应的职能部门委托给专业化服务提供商，由其按照服务协议的要求进行管理、运营和维护服务等。服务内容包括企业内部管理服务、企业业务运作服务、企业供应链管理服务等。具体适用范围如下：

企业内部管理服务：为客户企业提供企业各类内部管理服务，包括后勤服务、人力资源服务、工资福利服务、会计服务、财务中心、数据中心及其他内部管理服务等。

企业业务运作服务：为客户企业提供技术研发服务、销售及批发服务、产品售后服务（售后电话指导、维修服务）及其他业务流程环节的服务等。

企业供应链管理服务：为客户企业提供采购、运输、仓库/库存整体方案服务等。

（3）知识流程外包。知识流程外包（Knowledge Process Outsourcing, KPO）是指将组织内部具体的知识型业务承包给外部专门的服务提供商，即在普通业务流程外包（BPO）中分离出需要专门技术的、高智力活动的业务外包领域。它包括产品研发、金融分析、市场研究等方面，具体适用于知识产权研究、医药、生物技术研发和测试、产品技术研发、工业设计、分析学和数据挖掘、动漫及网游设计研发、教育课件研发、工程设计等领域。

按照外包承接方地域划分，服务外包可分为境内外包、近岸外包、离岸外包。

（1）境内外包。境内服务外包也称为在岸服务外包，是指外包业务的发包方与其外包承接方来自同一个国家，外包工作在境内完成。

（2）近岸外包。近岸服务外包又称近海服务外包，是指外包业务的发包方与其外包承接方是在地理位置邻近的国家或地区。

（3）离岸外包。离岸服务外包是指外包业务的发包方与其外包承接方分属不同国家和地区，外包跨国完成。即使是同一跨国公司在不同国家与地区的分支机构，也被视为离岸服务外包。

（二）服务外包的特点

外包行业从制造业的外包开始发展以来，最大的动因依然是降低成本，在全球范围内优化资源，发展自身经济。进入21世纪以来，随着跨国公司的战略调整以及系统、网络、存储等信息技术的迅猛发展，服务外包发展空间巨大，已经成为当今国际产业特别是现代服务业转移的新趋势。同时，时代的发展也赋予了服务外包更多新的特征。

1. 业务专业化，服务水平更高

现今市场多元化发展已经十分明显。虽然传统的ITO外包发展依然良好，2010年全球服务外包市场上ITO外包占据了60%以上的市场份额，但是，BPO和KPO外包正在成为发展的主流。随着专业服务外包企业在业务流程的优化、创新方面的开发逐步完善和用户业务流程逐渐成熟，质量、效率、可依赖性将成为客户追求的目标。承接服务外包的服务商往往是某个领域的专家级接包商，对于接包的业务更有优势，具有更加专业化的技能，服务水平也更高。

2. 与传统的制造业外包相比，产业附加值更高，增值性更大

来自IBM公司的调查数据显示，制造业来料加工的增值部分大约都是总规模的2%～3%，最高不超过5%，而服务外包的增值几乎是100%。而在收益上，同样金额的出口，服务外包对中国经济的贡献是来料加工的20倍以上。对接包商而言，其目标就是以同样的投入获取更大的收益，毫无疑问，服务外包的高附加值是其加入服务外包市场更好的选择。

3. 知识密集型，对人力资源要求很高

服务外包属于知识密集型产业，很多业务都需要从业人员有相关的培训教育经历和丰富的实践经验，并非像制造业一样，只要对工人进行简单的技能培训就可以进行生产。因此，服务外包对人力资源的要求很高。

4. 低消耗、无污染

服务外包不用进行实物生产，多数依赖 IT 设备，对于资源的消耗比制造业低了很多，也没有废弃物的排放，因此，服务外包是非常环保的产业。

5. 不受地域限制

服务的接包商可以在本国也可以在世界上任何一个角落，发包商不用担心对方在哪里，只要能提供高水平的服务，无论在哪里都可以进行合作。

6. 外包成果无形化，难以量化评估

外包最终成果并非是实物化的产品，而是一种服务，这就难以对异地成果量化而进行评估。国际上逐渐有一些团体开始研究建立外包成果的评价体系，如软件外包领域内的 CCMM 国际标准，就是对软件外包接包商能力的一种评价指标。

7. 很大程度上依赖互联网和通信技术

从服务外包发展的现状来看，服务外包特别是国际服务外包主要是基于现代互联网和通信技术为客户提供的服务。因此，在某种程度上可以说，服务外包提供商的服务水准直接取决于其运用互联网和通信技术的条件和能力。例如，谷歌公司向用户提供快速准确的信息搜索服务就是建立在其强大的网络信息开发技术基础之上的。

二、服务外包的动因分析

目前学术界有多种理论可作为外包的动因理论基础，这些理论都从不同角度阐述了服务外包的运作原理，以下主要从国际经济学、管理学两方面进行分析。

（一）服务外包的国际经济学理论基础

1. 亚当·斯密分工理论

亚当·斯密分工理论是对外包起源的最早经济学解释，他指出提高劳动生产率是增加国民财富的重要条件之一，而提高劳动生产率的一个有效手段就是劳动分工——专业化的不断深化。其分工理论的主要思想是：分工有利于提高劳动生产率，促进生产专业化，实现企业的规模经济。分工理论适用于一国内部的不同产业之间、不同工种之间的分工，也适用于各国之间。亚当·斯密所说的分工基础是绝对优势，绝对优势是指在某一同质的商品的生产上，一国所消耗的劳动成本绝对低于另一国，即生产单位商品所耗费的劳动时间低于他国，则该国在这种商品上就具有绝对优势。

【知识链接】

亚当·斯密分工理论

亚当·斯密认为，如果有一件东西在购买时所花费的代价比在家里生产花费小，人们就永远不会在家里生产，这是每一个精明的家长都知道的格言。裁缝不想制作他自己的鞋子，而是向鞋匠购买；鞋匠不想制作自己的衣服，而雇裁缝裁制。他们都感到，为了自身的利益，应当将自己的全部精力集中用到比别人有利的方面，而以其劳动生产物的一部分，即其一部分的价格，购买他们所需要的任何其他物品。

亚当·斯密在其1776年出版的《国富论》中以做扣针为例，阐述了人和人之间的分工合作性劳动使生产率得到极大的提高。他指出扣针的制作比较复杂，可以分为抽铁线、拉直、切截等18道工序，如果所有的工序交由一人来完成，则每个工人一天最多能够生产20枚扣针；但若将扣针的生产流程分成48道工序，每个工人都只生产其中的某些工序，大家分工合作，共同完成扣针生产工序，就会大大提高生产效率。如此一来，每个工人每天可以生产4 800枚扣针，效率提高了240倍。

这里所说的服务外包产生原因可以用古典贸易理论来解释。服务外包是劳动分工的延伸，是随着社会生产力的发展，逐渐从生产领域制造业外包发展中剥离和独立出来的国际分工高端模式，是国际社会范围内分工与合作的最新产物。企业将部分业务环节外包给外部的服务供应商，使服务发包方和供应商都能专注于占有绝对优势的业务，双方均能简化管理的复杂性，提高各自专业化生产率，享受分工带来的利益。

2. 大卫·李嘉图比较优势理论

大卫·李嘉图继承和发展了亚当·斯密的观点，提出了比较优势理论。其理论的基本逻辑在于：如果每个国家都能专门生产它们具有比较优势的商品，那么通过贸易，双方都可以享受更大的总消费和福利。

【知识链接】

大卫·李嘉图比较优势理论

为了说明比较优势理论，大卫·李嘉图分别从定性和定量两个角度列举了几个生动形象的例子，例如葡萄牙和英国。虽然英国在呢绒和葡萄酒两种商品的生产上都处于绝对劣势，而葡萄牙处于绝对优势，但英国呢绒的劣势相比葡萄酒的劣势要小些，而葡萄牙葡萄酒的优势比呢绒的优势略大些。基于此，由英国专业化生产呢绒，葡萄牙专业化生产葡萄酒，然后通过交换，两国均可实现互利。

与其他国家的企业相比，在经营过程中，如果本国企业承担某些重要的、非核心的业务项目不具备比较优势，本国企业应该将这些业务转移到其他国家的企业或专业机构，充分利用国外企业在这些特定业务项目上的比较优势。如果企业对服务要求高，业务成本比重占总成本比重大，并且内部人员对业务运作管理的效率高，则该企业应该进行自营；如果某项业务不是企业的核心业务，且企业内部的业务管理水平较低，那么企业应该将这些不具备比较优势的业务转移到具有比较优势的国家进行生产。由此可见，业务活动外包有利于降低成本、提高服务质量。

（二）服务外包的管理学理论基础

1. 核心竞争力理论

核心竞争力这一概念来自于1990年美国学者加里·哈墨和普拉哈拉德发表的文章《企业的核心竞争力》。该观点认为企业的核心竞争力是指企业开发独特产品、发展独特技术和发展独特营销手段的能力。企业想在竞争中获胜，必须围绕巩固和发展企业的核心能力，实现资源的优化配置运作。核心能力实际上是企业的一种平衡能力，是在环境快速变化的反应能力和维持稳定的能力之间保持平衡的能力，是在不同的业务单位之间一体化与分散化之间的平衡能力。核心竞争能力表现形式众多，如先进的生产技术、独特的销售模式、快速的市场响应速度、良好的品牌形象等。

任何企业所拥有的资源都是有限的，它不可能在所有的业务领域都获得竞争优势。在快速多变的市场竞争中，单个企业依靠自己的资源进行自我调整的速度很难赶上市场变化的速度。因而企业必须将有限的资源集中在核心业务上，强化自身的核心能力，而将自身不具备核心能力的业务以合同的形式（外包）或非合同的形式（战略联盟或合作）交由外部组织承担。通过与外部组织共享信息、共担风险、共享收益，整合供应链各参与方的核心能力，从而以供应链的核心竞争力赢得、扩大竞争优势。外包作为企业优化配置内部资源、整合利用外部资源的重要手段，已成为20世纪90年代以来企业培育核心竞争能力、实施“归核化”战略的重要措施之一。企业利用外部资源获得互补的核心能力，强化自身竞争地位。实施服务外包不仅可以为客户提供更加及时、优质的专业化服务，也可以为企业内部的核心业务争取更多的资源，以实现企业内部资源合理有效的配置。

2. 价值链理论

迈克尔·波特在1985年提出价值链理论。他认为，企业的价值创造是通过一系列活动构成的，这些活动可分为基本活动和辅助活动两类，基本活动包括内部后勤、生产作业、外部后勤、市场、销售和服务等；而辅助活动则包括采购、技术开发、人力资源管理和企业基础设施等。这些互不相同但又相互关联的生产经营活动共同构成了一个价值链。价值链上的每一项价值活动都会影响企业最终创造的价值大小。

价值链理论揭示了企业间的竞争不是某个环节的竞争，而是整个价值链的竞争。而整个价值链的竞争力又决定了企业的综合竞争力。一家企业往往只能在价值链上的某个环节具备竞争优势，而在其他环节上，外部企业可能更具有竞争优势。企业可以把自己价值链上不具有竞争优势的业务外包出去，让在这些环节上处于优势的外部企业来完成这些工作。通过外包，企业之间实现优势互补，最终实现“双赢”。

3. 木桶原理

木桶原理指出一个木桶由许多块木板组成，如果组成木桶的这些木板长短不一，那么这个木桶的最大容量不是由组成木桶最长的木板决定，也不是由所有木板的平均长度决定，而是取决于最短的那块木板，如要增加木桶容量则必须将木桶中最短的木板长度增加。

“木桶原理”是企业竞争力的决定性因素。木桶象征企业整体竞争力，由于资源有限，企业可能会在某方面具有优势，而在其他方面的能力较弱，最薄弱的环节会导致企业整体竞争力下滑。服务外包就好像是将企业这个“大桶”打散，取走那些“短板”，通过选择合适的合作伙伴，由外面的“长板”替代内部的短板，然后再将自己的长板和外部提供的长板组合在一起，通过增加木桶的“高度”，从而扩大木桶“容量”。

外包模式不但能使企业在日益激烈的竞争环境下不毁于最短的木板，而且还以可集中优势资源参与更有力的市场竞争。

三、服务外包发展的基本趋势

服务外包已成为当今全球新一轮产业革命和转移中不可逆转的必然趋势，与全球制造业经历了从欧洲向美国、从美国向日本与韩国、从日韩向中国台湾与东南亚以及中国内地的转移相似，全球服务外包目前正经历从爱尔兰等中等发达国家向印度、菲律宾和中国等发展中国家的转移，服务外包的飞速增长也为全球经济和产业提供了新的发展机会，成为跨国企业全球布局、提高国际竞争力的重要考虑因素。近些年来全球服务外包在多种因素驱动下获得了快速的发展，尽管受2008 年全球经济危机的影响，增速有所放缓，但从总体来说，全球服务外包业务还是呈现出不断发展的升级趋势。主要表现在以下几个方面：

1. 短期市场增速略有下降，长期市场发展潜力较大

由于受次贷危机及之后的欧债危机所引发的国际金融市场动荡影响，美国经济出现衰退现象，欧洲、日本国内需求也急速减弱。美元持续贬值等诸多因素更导致了世界经济短期走势的不确定性。贸易保护主义的抬头和危机造成的就业压力将继续带来发达国家内部的反离岸呼声，同时客户对服务外包将更加敏感，从而使全球服务外包的增长速度自2008年以来有所减缓，短期内全球服务外包的市场增长速度将很难恢复到2008年前的水平（见图1－1）。

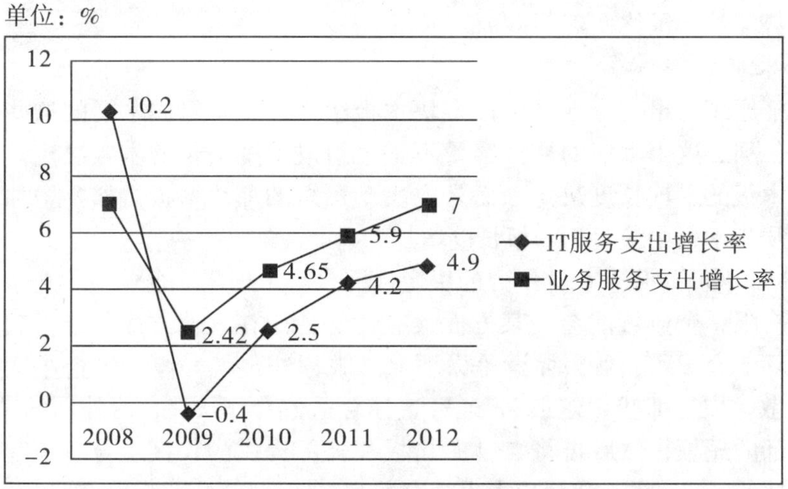

图1－1　服务外包短期发展速度及影响因素分析

（数据来源：李志群，刘亚军，胡景岩．中国服务外包发展报告．2009.）

但从长远来看，服务外包已成为当今全球新一轮产业革命和转移中不可逆转的必然趋势，市场潜力巨大。随着全球经济回暖和市场环境的改善，各种信息技术和业务流程外包服务需求也将复苏。科技竞争力的作用愈加显现，将继续推动各国政府科技振兴战略的实施，并促使企业增加科技投入。服务外包作为后危机时代拉动经济服务的重要增长点之一，将会得到各国政府的普遍重视，从而为产业发展赢得更加有利的政策支持。

2. 服务外包领域日趋多元化，外包承接方之间的竞争愈加激烈

由于一些发展中国家教育水平较高而工资水平较低，致使越来越多的服务外包将以离岸的方式进行，许多大公司也纷纷采用这一方式扩大服务外包。

全球离岸外包不仅规模迅速扩大，而且业务外包领域也正在从软件、信息技术服务、医药等高技术行业延伸到商业流程、供应链管理等服务链条的各个环节。企业外包价值链也正在由低端向高端发展，新一轮的服务业离岸外包具有知识密集、高附加值的特点。如欧洲一家电信公司，其离岸中心人员仅有1%～2%从事高附加值的工作，但他们创造的价值却能占整个公司创造价值的35%～45%。

另外由于政治稳定、经济环境及法律环境方面的因素，中国、印度、菲律宾和俄罗斯等亚太地区国家将是全球外包市场的主要承接国。随着许多国家和地区将服务外包行业确定为国家发展的战略重点，承接服务外包的竞争也越来越激烈。

3. *产业要素重新配置，服务外包模式不断创新*

随着技术进步和知识价值提升，发包企业对高端服务的需求不断增加，接包企业追求高附加值的内在要求将促使服务外包面临产业价值链不断升级的过程，作为服务外包价值链高端的KPO市场的增长将明显快于ITO和BPO。

由于信息技术升级，越来越多的IT服务在提供上将向业务流程服务领域渗透，以便为客户提供ITO和BPO捆绑的"一揽子"整合服务。供应商将能够提供更多模块化、即插即用服务以及现付现用的定价体系，并促使服务接包商从一对一服务转向一对多服务模式，同时，众包模式也将被更多地采用。在与客户紧密合作共同应对危机过程中所建立起来的多元化灵活的合作模式，今后将继续为服务外包企业所重视，并获得进一步的应用和创新。

4. *影响服务外包的因素越来越复杂，服务外包风险进一步增加*

众所周知，商业竞争的复杂性及其惊人的发展，连同企业日益增长的对信息技术的依赖性，一方面促进了各种资源和经营管理新方案的诞生；另一方面，也使得新类型、新层次风险的出现成为可能，而影响和制约服务外包发展的因素会大大增加且日益复杂化。影响服务外包的主要因素包括服务外包产生的隐性成本与不确定因素，发达国家出于对就业岗位的保护而采取的限制性政策以及贸易保护主义倾向的重新抬头，发包国与接包国之间的语言、文化、法制环境差异而导致沟通成本、某些服务产品和服务环节自身存在的内在技术约束以及企业规模的影响等。

服务外包风险是指发包商选定外包地和服务外包提供商后，或者承包商在实施过程及完成后，遭受损失、伤害或毁灭的可能性。随着全球风险意识的加强，服务外包风险虽然很难量化，却日益成为发包商和承包商考察的重要因素。这样，风险识别与风险控制管理的任务也将日益繁重。

第二节 项目管理概述

一、项目管理基础

（一）项目及基本特征

项目指的是为创造独特的产品、服务或成果而进行的临时性工作。这些工作有着一个明确的目标或目的，必须在特定的时间、预算、资源限定内，依据规范完成。以下活动都可以称为一个项目：建造一栋建筑物，开发一项新产品，策划一次自驾游，ERP 的咨询、开发、实施与培训，计划举行一项大型活动（如策划婚礼活动、大型国际会议等）。

项目通常有以下基本特征：

1. 明确的目标

任何投资都有明确的目标和要求，否则项目管理将是无的放矢。项目目标有约束性和成果性之分，约束性目标是限制性条件，即人们经常提及的项目工期、成本、质量目标及要求。成果性目标是对项目的功能性要求，亦即整个项目最终的目标和要求，主要是指各种类型的效益目标。项目的约束性目标应该服从项目的总目标，人们始终是围绕着项目的总目标，按照既定的约束和限制条件去开展工作的。

2. 一次性

一次性是指项目作为一种组织形式和单次性任务，是非重复性工作，不可能成批地生产。项目的一次性、非重复性决定了投资项目管理的特殊性和复杂性，决定了项目作为经济主体的组织形式和管理手段只存在于某一段时间内。

3. 独特性

每个项目都有其独特的存在形式，在空间上有一个特定的地理位置和明确的集中地区，从而使项目不能随意挪动和轻易改变原有的布局，即项目的固定特性，即独特性。独特性意味着项目与外界条件、周边环境有紧密的联系，也隐含着外界环境和条件的变化可能给项目带来风险和种种不确定性。

4. 开始和结束时间

任何一个投资项目都有其特定的起点和终点，都是为了完成某种特定目标而由系列特殊活动组成的整体。

5. 消费资源

任何一个投资项目从开始的那一刻到完成的那一刻，无不在消费资源，包括人力资源和非人力资源。可以说，资源是项目进行的基础。

6. 各方关系的协调

项目不是单独存在的，它不会漠视社会上的其他关系。一个项目的完成需要多方的努力，而不是单单靠某一个或两个部门可以完成的。这就需要协调各方关系以达到项目完成的要求。

（二）项目管理的定义

按美国项目管理协会（PMI）的定义，项目管理就是指在项目活动中运用专门的知识、技能、工具和方法，使项目能够实现或超越项目干系的需要和期望，即对项目从投资决策开始到结束的全过程进行计划、组织、指挥、协调、控制和评价，以实现项目的目标。这指出了项目管理涉及的范畴和要达成的目标。

二、项目管理的知识体系

项目管理知识体系是项目管理专业领域知识的总称，它是 20 世纪 80 年代由美国项目管理协会（PMI）总结了项目管理实践中成熟的理论、方法、工具和技术所提出的。其后经过数次修订，目前最新版是 PMBOK 2008。在这个知识体系中，他们把项目管理的知识划分为 9 个领域，分别是整合管理、范围管理、时间管理、费用管理、质量管理、人力资源管理、沟通管理、风险管理及采购管理（见图 1 –2）。

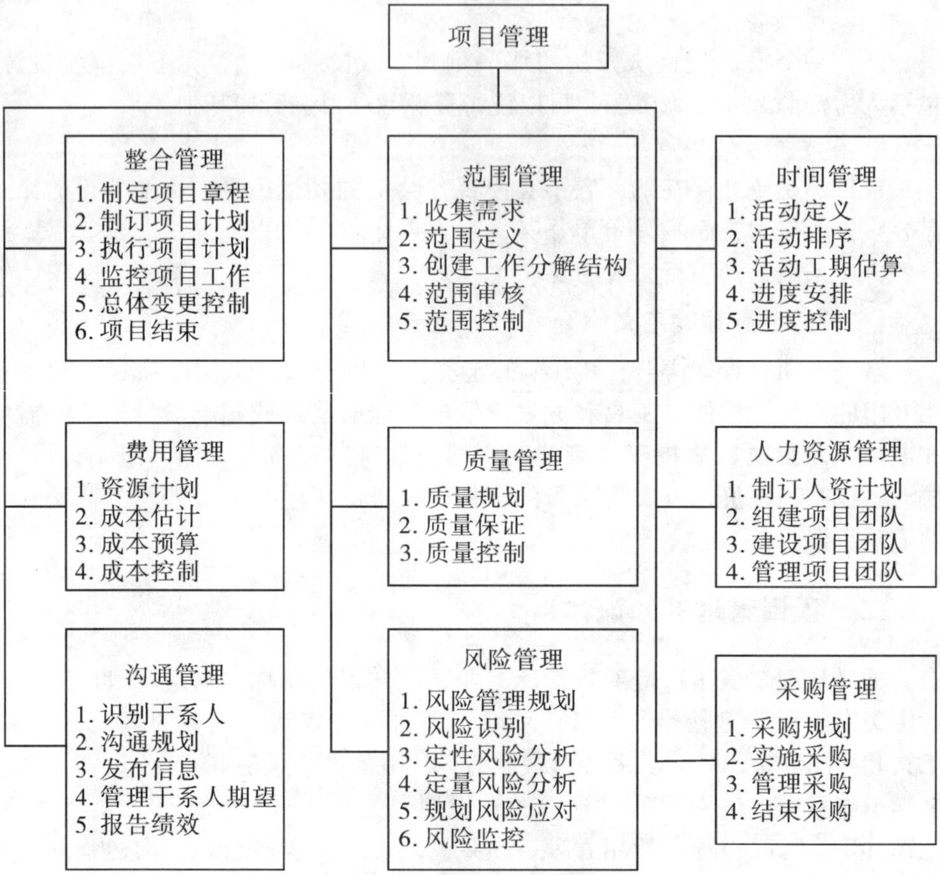

图 1－2　项目管理知识体系图

第三节　服务外包项目管理的主要内容

一、服务外包项目管理的定义与特点

（一）服务外包项目管理的定义

服务外包项目管理就是指在服务外包项目活动中运用专门的知识、技能、工具和方法，使其能够实现或超越项目干系的需要和期望。即对服务外包项目从投资决策开始到结束的全过程进行计划、组织、指挥、协调、控制和评价，以实现此项目的目标。

（二）服务外包项目管理的特点

服务外包项目管理是项目管理中的一种，所以它具备了项目管理的基本特点：

（1）服务外包项目管理是一项复杂的、多变的工作。服务外包项目管理一般由多个部分组成，工作跨越多个组织，需要运用多种学科知识来解决问题；项目工作执行中有许多未知因素，每个因素又常常带有不确定性。这些因素都决定了服务外包项目管理是一项很复杂的工作，而且复杂性与一般的生产管理有很大不同。

（2）服务外包项目管理具有创造性。由于项目具有一次性的特点，因而既要承担风险又必须发挥创造性。这也是与一般重复性管理的主要区别。在服务外包项目管理的前期构思中，要十分重视科学技术情报工作和信息的组织管理，这是产生新构思和解决问题的首要途径。

（3）服务外包项目管理的本质是计划和控制一次性的工作，在规定期限内达到预定目标。一旦目标达成，项目就失去其存在的意义而解体。因此，项目具有一种可预知的寿命周期。

（4）服务外包项目管理需要集权领导和建立专门的项目组织。服务外包项目的复杂性因其范围不同而变化很大。项目愈大愈复杂，其所包括或涉及的学科、技术种类也愈多。项目进行过程中可能出现的各种问题多半是贯穿于各组织部门的，因此，需要建立围绕专一任务进行决策的机制和相应的专门组织。这样的组织不受现存组织的任何约束，由各种不同专业、不同部门的专业人员构成。

（5）服务外包项目负责人（或称项目经理）在服务外包项目管理中起着非常重要的作用。服务外包项目负责人的位置是由特殊需要形成的，因为他行使着大部分传统职能组织以外的职能。项目负责人必须能够了解、利用和管理服务外包项目的技术逻辑方面的复杂性，必须能够综合各种不同专业观点来考虑问题，通过人的因素来熟练地运用技术因素，以达到其服务外包项目目标。

二、服务外包项目管理过程

服务外包项目管理通过合理运用与整合可以归类成 5 大过程——启动、计划、执行、控制和收尾。

（1）服务外包项目启动过程。定义一个新服务外包项目或现有项目的一个新阶段，正式开始该项目或阶段的一组过程。

（2）服务外包项目计划过程。明确服务外包项目范围、优化目标，为实现目标而制订行动方案的一组过程。

（3）服务外包项目执行过程。计划的实施所需执行的各项工作，包括对人员和其他资源进行组织、协调，以实现服务外包项目目标的一组过程。

（4）服务外包项目控制过程。跟踪、审查和调整服务外包项目进展与绩效，识别必要的计划变更并启动相应变更的一组过程。

（5）服务外包项目收尾过程。为完结所有过程组的所有活动以正式结束整个服务外包项目或某个阶段而实施的一组过程。

每个管理过程包括输入、输出、所需工具和技术，各个过程通过各自的输入和输出相互联系，构成整个服务外包项目管理活动。另外不是每个服务外包项目都必须经过以上每个阶段，因为有些项目可能会在达到完成阶段之前被停止，而有些项目不需要策划或者监测，还有一些项目需要重复多次。

三、服务外包项目管理的主要内容

1. 服务外包项目招投标管理

其作用是为服务外包项目做好准备，是在市场经济条件下进行工程建设、货物买卖、财产出租、中介服务等经济活动的一种竞争形式和交易方式。服务外包项目招投标管理过程包括：

（1）招标过程。在服务外包项目执行之前，发包方应根据企业的实际需要采用公开招标或邀请招标向外做出招标通告。

（2）投标过程。承包方为了竞标，在领取招标文件以后，就要进行投标文件的编制工作。

（3）评标过程。发包方对承包方竞标的资格进行评审。

（4）中标过程。发包方向最后决定的中标人发出通知，接受其标书，并将由项目业主与中标人签订合同。

2. 服务外包项目整合管理

其作用是保证各种服务外包项目要素协调运作，对冲突目标进行权衡折中，最大限度满足项目相关人员的利益要求和期望。服务外包项目整合管理过程包括：

（1）制定服务外包项目章程。制定一份正式批准项目或阶段的文件，并记录能反映干系人需要和期望的初步要求的过程。

（2）制订服务外包项目计划。对定义、编制、整合和协调所有子计划所必需的行动进行记录的过程。

（3）执行服务外包项目计划。为实现项目目标而执行项目管理计划中所确定工作的过程。

（4）监控服务外包项目工作。跟踪、审查和调整项目进展，以实现项目管理计划中确定的绩效目标的过程。

（5）总体变更控制。审查所有变更请求，批准变更，管理对可交付成果、组织过程资产、服务外包项目文件和服务外包项目管理计划的变更过程。

（6）服务外包项目结束。完结所有项目管理过程组的所有活动，以正式结束项目或阶段的过程。

3. 服务外包项目范围管理

其作用是保证服务外包项目计划包括且仅包括为成功地完成服务外包项目所需要进行的所有工作。服务外包项目范围管理过程包括：

（1）收集需求。为实现服务外包项目目标而定义并记录干系人的需求的过程。

（2）范围定义。制定服务外包项目和产品详细描述的过程。

（3）创建工作分解结构。将主要的服务外包项目可交付部分分成更小的、更易于管理的活动。其主要输出是：工作任务分解（WBS）。

（4）范围审核。范围审核是投资者、赞助人、用户、客户等正式接收服务外包项目范围的一种过程。审核工作产品和结果，并对它们进行验收。

（5）范围控制。监督服务外包项目和产品的范围状态、管理范围基准变更的过程。

4. 服务外包项目时间管理

其作用是保证在规定时间内完成服务外包项目。服务外包项目时间管理过程包括：

（1）活动定义。识别为完成服务外包项目所需的各种特定活动。

（2）活动排序。识别活动之间的时间依赖关系并整理成文件。

（3）活动工期估算。根据资源估算结果，估算完成单项活动所需工作时段数的过程。

（4）进度安排。分析活动顺序、活动工期以及资源需求，以便安排进度。

（5）进度控制。监督服务外包项目状态以更新项目进展、管理进度基准变更的过程。

5. 服务外包项目成本管理

其作用是保证在计划成本内完成服务外包项目。服务外包项目成本管理过程包括：

（1）资源计划。确定为执行服务外包项目活动所需要的物理资源（人员、设备和材料）及其数量，明确 WBS 各级元素所需要的资源及其数量。

（2）成本估计。估算出为完成服务外包项目活动所需资源成本的近似值。

（3）成本预算。将估算出的成本分配到各服务外包项目活动上，用以建立服务外包项目基线，监控服务外包项目进度。

（4）成本控制。监督服务外包项目状态以更新项目预算、管理成本基准变更的过程。

6. 服务外包项目质量管理

其作用是保证满足承诺的服务外包项目质量要求。服务外包项目质量管理过程包括：

（1）质量规划。识别与服务外包项目相关的质量标准，并确定如何满足这些标准。

（2）质量保证。定期评估服务外包项目整体绩效，以确定服务外包项目可以满足相关质量标准，这是贯穿服务外包项目始终的活动。

（3）质量控制。监控特定的服务外包项目结果，确定它们是否遵循相关质量标准，并找出消除不满意绩效的途径，这也是贯穿服务外包项目始终的活动。

7. 服务外包项目人力资源管理

其作用是保证最有效地使用项目人力资源完成服务外包项目活动。服务外包项目人力资源管理过程包括：

（1）制订人资计划。识别、记录和分配服务外包项目的角色、职责和汇报关系。其主要输出是人员管理计划，描述人力资源在何时以何种方式引入和撤出服务外包项目组。

（2）组建服务外包项目团队。确认可用人力资源并组建服务外包项目所需团队的过程。

（3）建设服务外包项目团队。提高工作能力，促进团队互动和改善团队气氛，以提高服务外包项目绩效的过程。

（4）管理服务外包项目团队。跟踪团队成员的表现，提供反馈、解决问题并管理变更，以优化服务外包项目绩效的过程。

8. 服务外包项目沟通管理

其作用是保证及时准确地产生、收集、传播、贮存以及最终处理服务外包项目信息。服务外包项目沟通管理过程包括：

（1）识别干系人。识别所有受服务外包项目影响的人员或组织，并记录其利益、参与情况和对服务外包项目成功之影响力的过程。

（2）沟通规划。确定信息和服务外包项目相关人员的沟通需求——谁需要什么信息、他们在何时需要信息以及如何向他们传递信息。

（3）发布信息。按计划向服务外包项目干系人提供相关信息的过程。

（4）管理干系人期望。为满足干系人的需要而与之沟通和协作，并解决所发生问题的过程。

（5）报告绩效。收集并传播有关服务外包项目性能的信息，包括状态汇报、过程衡量以及预报。

9. 服务外包项目风险管理

其作用是识别、分析以及对服务外包项目风险作出响应。服务外包项目风险管理过程包括：

（1）风险管理规划。确定风险管理活动，制订风险管理计划。

（2）风险识别。辨识可能影响服务外包项目目标的风险，并将每种风险的特征整理成文档。

（3）定性风险分析。评估并综合分析风险的发生概率和影响，对风险进行优先排序，从而为后续分析或行动提供基础的过程。

（4）定量风险分析。对每种风险量化其对服务外包项目目标的影响和发生可能性，并据此得到整个服务外包项目风险的数量指标。

（5）规划风险应对。针对服务外包项目目标，制定提高机会、降低威胁的方案和措施的过程。

（6）风险监控。在整个服务外包项目中，实施风险应对计划、跟踪已识别风险、监测残余风险、识别新风险和评估风险过程有效性的过程。

四、服务外包项目管理的发展趋势

伴随着服务外包项目管理影响力的不断增强，其应用领域的不断扩大，它的发展明显出现了向一般管理领域渗透的趋势。

1. 服务外包项目管理的全球化

主要表现在国际间的服务外包项目合作日益增多、国际化的专业活动日益频繁、服务外包项目管理专业信息的国际共享。随着信息技术的高速发展，网上拥有的各行各业的智力资源和信息资源已经成为一种资本和生产力，也使人们运用互联网进行服务外包项目管理成为可能。近年来，某些跨国大公司组成了虚拟团队，进行着全球性的服务外包项目，虽然其成员分布在不同地区，但是他们的工作仍然是切实有效的。

2. 服务外包项目管理的多元化

行业领域及服务外包项目类型的多样性，导致了各种各样的服务外包项目管理方法，从而促进了服务外包项目管理的多元化发展。随着科技的发展、市场竞争的激烈，服务外包项目管理的应用已经渗透到各行各业，软件、信息、机械、文化、石化、钢铁等领域的企业更多采用的是服务外包项目管理的管理模式。这些行业领域又根据自身的创新管理模式，最后导致服务外包项目管理的多元化。

3. 服务外包项目管理的专业化

突出表现在学历教育和非学历教育竞相发展、服务外包项目与服务外包项目管理学科的探索及专业化服务外包项目咨询机构的出现。学历教育与非学历教育竞相发展、项目管理学科发展与其他管理学科发展的最大特点是其应用层面上的差异，项目经理与项目管理人员更多的是从事各行各业的技术骨干。服务外包项目管理的非学历教育走在了学历教育的前面，在中国，这一现象尤为突出。目前各种类型的服务外包项目管理培训班随处可见，然而这一非学历教育的发展又极大地促进了学历教育的发展。

【思考练习题】

1. 服务外包的种类主要有哪些？每一种形式具体包括的业务内容是什么？
2. 试述服务外包的动因理论基础。
3. 服务外包项目管理所包含的内容是什么？

第二章　服务外包项目招投标管理

【案例引导】

2010年7月，浙大网新旗下欧美外包主力企业Insigma U. S.，Inc. 与美国最大私立医院之一Marshfield Clinic旗下的医疗机构Security Health Plan，Inc. 签订了软件集成开发总包协议。本次协议总金额预计超过2 124万美元（折合人民币1.4亿元），项目实施期预计为2010年至2012年。

Marshfield Clinic是美国最大私立医院之一，拥有52家分院，业务遍及整个威斯康星州与密歇根上半岛的大部分。Security Health Plan，Inc. 是其旗下从事健康维护的医疗机构，为威斯康星州的32个县、18.7万人服务。

在此次项目竞标中，浙江网新凭借其出众的项目实施能力，以及强大的信息系统开发与应用能力，成功地成为Security Health Plan，Inc. 的合作伙伴。浙大网新将以软件项目总包集成商的身份为客户提供核心管理平台、医疗管理等一系列软件集成开发服务，以取代其现有系统。该项目合作是对浙大网新综合服务能力的肯定。浙大网新进入美国医疗外包市场，业务的多元化发展取得重大突破，获得Marshfield Clinic的订单将有助于公司向美国其他医疗机构拓展。

——摘自中国软件资讯网

第一节　服务外包项目招投标概述

一、服务外包项目招投标的概念与特点

所谓服务外包项目招投标，是服务外包项目招标人应用技术经济的评价方法和市场竞争机制的作用，通过有组织地开展择优成交的一种成熟的、规范的和科学的特殊交易方式。在服务外包项目实施中，“标的”指的是项目的设计、制造、成套设备、安装调试等内容。招投标具有程序规范、透明度高、

公平竞争、一次成交等特点。

1. 程序规范

按照目前各国做法及国际惯例，招投标程序和条件由招标机构事先拟定，在招投标双方之间具有法律效力的规则，一般不能随意改变。双方当事人必须严格按既定程序和条件进行招投标活动。招投标程序由固定的招标机构组织实施。

2. 透明度高

招标的目的是在尽可能大的范围内寻找合乎要求的中标者，一般情况下，邀请供应商或承包商的参与是无限制的。为此，招标人一般要在指定或选定的报刊或其他媒体上刊登招标通告，邀请所有潜在的投标人参加投标；提供给供应商或承包商的招标文件必须对拟采购的货物、工程或服务作出详细的说明，使供应商和承包商有共同的依据来编写投标文件；招标人事先要向供应商或承包商充分透露评价和比较投标文件以及选定中标者的标准（仅以价格来评定，或加上其他的技术性或经济性标准）；在提交投标文件的最后截止日公开地开标；严格禁止招标人与投标人就投标文件的实质内容单独谈判。这样，招标投标活动就完全置于公开的社会监督之下，可以防止不正当的交易行为。

3. 公平竞争

招投标全过程自始至终按照事先规定的程序和条件，本着公平竞争的原则进行。在招标公告或投标邀请书发出后，任何有能力或资格的投标者均可参加投标。招标方不得有任何歧视某一个投标者的行为。同样，评标委员会在组织评标时也必须公平客观地对待每一个投标者。

4. 一次成交

一般交易往往在进行多次谈判之后才能成交。招标采购则不同，它禁止交易双方面对面的讨价还价。贸易主动权掌握在招标人手中，投标者只能被应邀进行一次性递价，并以合理的价格定标。

二、服务外包项目招投标的方式

服务外包项目招标方式有以下三种：

1. 竞争性招标

竞争性招标也称公开招标。公开招标是招标人以招标公告的方式邀请非特定的法人或者其他组织投标。这意味着所有具备条件的投标者都可以参加竞争，包括国内国外的竞争者，没有任何条件限制。

2. 有限竞争性招标

有限竞争性招标也称邀请招标。邀请招标是指招标人以投标邀请书的方式邀请特定的法人、自然人或者其他组织投标。这意味着投标范围相对缩小，一般采取邀请部分投标者的方式进行。

3. 谈判性招标

谈判性招标也称议标。议标是采购人和被采购人之间通过一对一谈判而最终达到采购目的的一种招投标方式。

三、服务外包项目招投标的一般程序

服务外包招投标活动一般分为四个阶段：

1. 招标准备阶段

基本分为以下几个步骤：具有招标条件的单位填写《某项目招标申请书》，报有关部门审批；获准后，组织招标班子和评标委员会；编制招标文件和标底；发布招标公告；审定投标单位；发放招标文件；组织招标会议和现场勘察；接受投标文件。

2. 投标准备阶段

根据招标公告或招标单位的邀请，向招标单位提交投标意向，并提供资格证明文件和资料。资格预审通过后，组织投标班子，跟踪投标项目，购买招标文件，参加招标会议和现场勘察，编制投标文件，并在规定时间内报送给招标单位。

3. 开标评标阶段

按照招标公告规定的时间、地点，由招投标方派代表并在有公证人在场的情况下，当众开标；招标方对投标者进行资格后审、询标、评标；投标方做好询标解答准备，接受询标质疑，等待评标、决标。

4. 决标签约阶段

评标委员会提出评标意见，报送决定单位确定。评标委员会依据决标内容向中标单位发出《中标通知书》。中标单位在接到通知书后，在规定的期限内与招标单位签订合同。

第二节　服务外包项目招标

一、服务外包项目招标程序

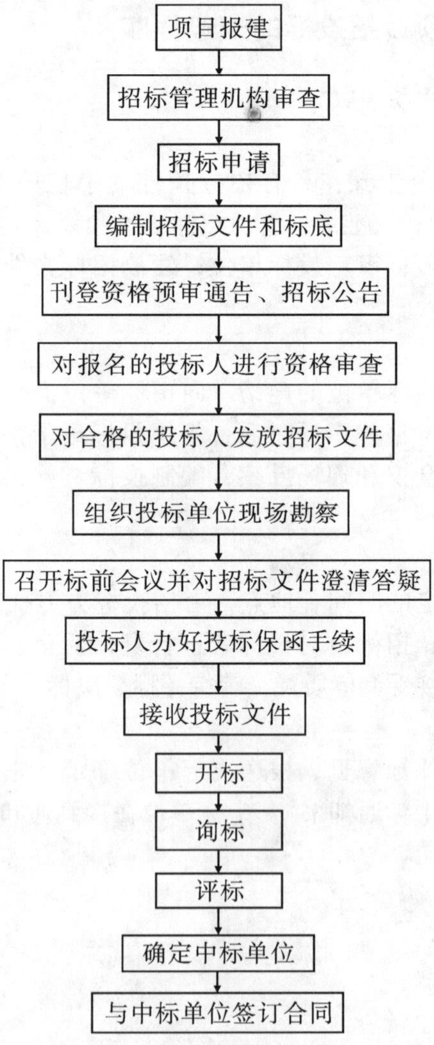

图 2－1　服务外包项目招标程序

二、服务外包项目招标组织

招标分为招标人自行组织招标和招标人委托招标代理机构代理招标两种形式。服务外包项目招标组织，即为组织招标的单位在招标前组建与招标项目相适应的招标机构，招标机构的资格需经项目行政主管部门批准。我国服务外包项目招标组织的负责人是项目单位法定代表人或法定代表人授权委托的代理人，招标组织组成人员必须是本单位正式员工，并经过招标专业培训，熟悉和掌握招投标的法律法规。

三、服务外包项目招标的文件与标底

（一）招标文件应包括的内容

服务外包项目招标，首先要有一份内容明确、考虑细致周密、兼顾招投标双方权益的招标文件。招标文件又称标书，是指招标人向投标人提供的为指导投标工作所必需的文件。招标文件还应包括以下几点：

1. 投标方须知

（1）项目概况。项目名称、地点、规模、场地条件、资金来源，项目的审查状况、招标人招标代理（如果有）和其他项目参与方（如设计单位、监理单位等）。

（2）招标方式、合同类型及招标原则。

（3）招标文件的修改与解释。招标人在投标截止日期前有对招标文件进行澄清或修改的权利，澄清或者修改的方式，澄清或修改对招标文件有效期的影响，澄清或修改的效力。

（4）投标资格要求。若采用资格预审的方式，则在招标文件中可以发出对资格预审的补充和进一步澄清的要求；若采用资格后审的方式，则在招标文件中全面、详细提出对投标人的资质要求。

（5）投标文件。说明投标文件应包括但不限于的全部内容，还应重点说明投标文件对招标文件的响应，以及编制投标文件的原则和编制质量的要求。

（6）投标费用。说明投标费用的发生和承担原则。

（7）对已发出的投标文件进行补充、修改和撤回。说明投标人对已发出的投标文件进行补充、修改或撤回的权利及方式。

（8）项目质量和进度的明确要求。

2. 招标范围及报价要求

（1）确定招标范围的目的在于使投标人了解投标项目的范围与承担的责任。首先，应明确投标人自行承担的部分；其次，确定由投标人承担总包责任发包人指定分包的部分，还要确定需要承包人配合由发包人平行发包的部分。

（2）报价要求须说明计量计价的依据、计价的方式与计价的规则。

3. 评标办法

评标办法中应包括总则、评标内容、评定标准、评标过程的保密、投标人投标文件的澄清和说明、开标的程序、中标人应符合的条件等。

4. 合同条款

合同条款就是未来的供应或承包合同规定的有关方面的权利和义务。

（二）招标文件的编制

招标文件既是投标人编制投标文件的依据，又是采购人与中标人商定合同的基础，因此招标人十分重视编制招标文件的工作，务必使招标文件严密、周到、细致、内容明确、合理、合法。编制招标文件是一项十分重要而又非常繁琐的工作，必要时应邀请有关专家参加。招标文件的分量和复杂性取决于采购项目的类型、规模、性质和复杂程度。在采购简单项目时，所需文件较简单，但当采购对象较为复杂，甚至非常复杂时，招标文件就相当繁多和复杂。

编制招标文件是项目管理组织的重要工作，需要多个部门和众多专业人员的参与。编制招标文件的流程如图 2 –2。

（三）标底的编制

标底是项目产品在市场交易中的一种预期价格。标底编制的过程是对招标项目所需费用的自我测算过程。通过标底的编制工作可以促进招标方事先加强项目的成本调查和成本预测，做到各项费用心中有数，为搞好评标工作打下基础。

1. 标底的编制原则

（1）按照国家公布的统一项目划分、统一计算原则，并参照国家制定的基础定额和国家、行业、地方规定的技术标准规范。

（2）标底的计价内容、计价依据应与招标文件的规定完全一致。

（3）标底价格应尽量与市场的实际变化相吻合。

（4）按服务外包项目类别计价。

（5）一个服务外包招标项目只能编制一个标底。

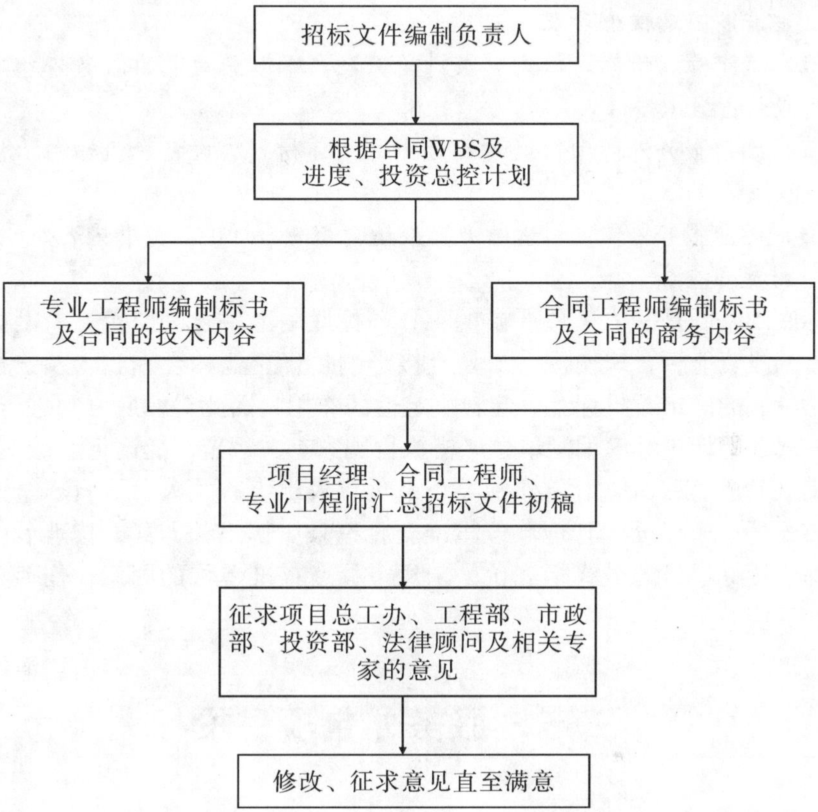

图2－2　编制服务外包项目招标文件的流程

（6）标底编制完成后，直至开标时，所有接触过标底价格的人员均负有保密责任，不得泄漏。

2. 标底的编制方法

综合单价方法编制标底即服务外包项目业务量清单法编制标底，是综合考虑单位项目量的直接费用、间接费用，有关文件规定的调价、利润、税金、风险金等一切费用，并据此确定项目量清单的单价与合价的方法。按综合单价方法编制标底应具备一定条件。从实践来看，主要有以下三点：第一，确定招标商务条款；第二，编制服务外包项目业务量清单的基础资料、编制标底所依据的运营方案、项目地点的现场情况的有关资料；第三，编制标底价格前的运营方案。

3. 招标标底的编制步骤

（1）确定标底价格计价内容及计价方法，编制总说明、服务外包项目运营方案或运营组织设计。

（2）确定服务外包项目运营周期内人工、材料、设备、机械台班价格波动的风险系数。

（3）确定服务外包项目运营方案或运营组织设计中的计费内容。

4. 标底审查

标底的编制是一项十分严肃的工作，标底的准备合理与否，一是直接影响项目的投资能否合理使用；二是直接影响投标企业的合理收入及投标的积极性。标底的确定对投标竞争起着决定性的作用，因此对标底必须进行审查。审查标底还能促进标底编制单位严格执行国家有关规定，提高标底编制质量。标底编制完成以后，应由招标领导小组负责人组织有关人员认真、全面地进行复核，再报送招投标管理单位核准。无论采用哪一种方式，核准后的标底总价即为招标项目的最终标底价，未经审核或核准单位的同意，任何人无权再改变标底总价。

第三节　服务外包项目投标

一、服务外包项目投标程序

服务外包项目投标的工作程序应与招标程序相配合、相适应。为了取得投标的成功，首先要了解图 2－3 所示的投标工作程序流程及其各个步骤。

1. 投标的前期工作

投标的前期工作包括获取投标信息与前期投标决策，即从众多招标信息中确定选取哪个（些）作为投标对象。正确地选择投标项目，将直接影响到企业的利益、信誉、生存和发展。通常要进行投标可行性评价，慎重地选择那些能发挥本企业特长和优势、有一定利润率、能保证工期和满足质量要求、具有中标可能性的项目进行投标。

2. 申请投标和递交资格预审书

向招标单位申请投标，可以直接报送，也可以采用信函、电报或传真等方式申请。申请投标和争取获得投标资格的关键是通过资格审查，因此申请投标的承包企业除向招标单位索取和递交资格预审书外，还可以通过其他辅助方式，如发送本企业的宣传印刷品等，使他们对本企业的实力及情况有更多的了解。

3. 接受投标邀请和购买招标文件

申请者接到招标单位的投标申请书或资格预审通知书，就表明他已具备并获得了参加该项目投标的资格。如果他决定参加投标，就应按招标单位规定的日期和地点，凭邀请书或通知书及有关证件购买招标文件。

4. 研究招标文件

招标文件是投标和报价的主要依据，也是承包商正确分析判断是否进行投标、如何获取成功的重要依据，因此应组织相关工作人员对招标文件进行认真研究。研究重点应放在投标人须知、合同条款、特殊要求等方面，同时要初步确定标价。

5. 现场勘察

投标竞争是一项十分细微、复杂的工作。投标文件必须根据文件中规定的期限编制完成，并送到指定地点，否则将被当作废标而失去中标机会。投标必须严格按照招标文件规定的内容、格式进行填写。投标者要重视并积极参加由招标单位组织的现场勘察活动，收集必需的资料。

6. 估价和确定投标标价

投标者对所要承接的任务，根据招标文件的要求、项目的各种费用、风险系数及利润期望值等确定标价。

7. 编制投标文件

编制投标文件，简称编标。投标文件应按招标文件规定的要求进行编制，一般不能带有任何附加条件，否则可能被否定和作废。

8. 投标文件的投递

投标文件备齐并有本单位负责人签印后，分类装订成册放入密封袋中，在规定的期限内投送到指定的地点，逾期作废。但也不宜过早，以便在发生新情况时可作更改。

9. 参加开标会、询标答辩

当招标者采取公开开标方式时，投标人应按规定的日期参加开标会议。在评标过程中，招标班子或评标委员会通常会要求投标者对投标文件中的技术、商务、报价计算等问题进行澄清和答辩。投标者如能充分利用这次机会，不仅能圆满回答招标方的问题，还能主动弥补投标文件的不足。因此，这是影响能否夺标的最后一搏。

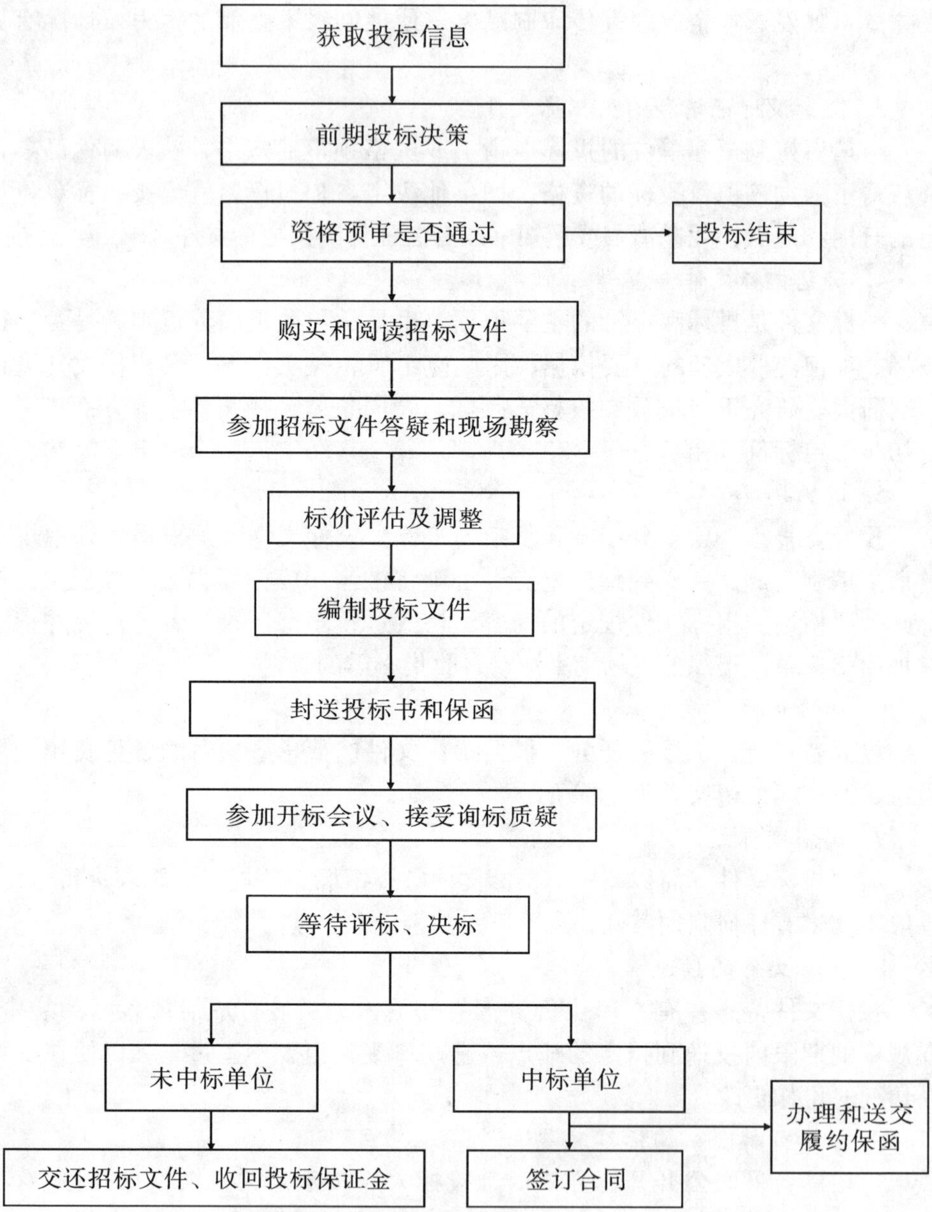

图 2－3 服务外包项目投标程序

二、服务外包项目投标文件

投标文件是服务外包项目投标人单方面阐述自己响应招标文件要求，旨在向招标人提出愿意订立合同的意思表示，是投标人确定、修改和解释有关投标事项的各种书面表达形式的统称。投标文件是投标人能否通过评标、决标进而签订合同的依据。因此，投标人应对投标文件的编制给予高度的重视。

1. 投标文件的编制原则

（1）投标人应按照招标文件的要求编制投标文件。

（2）投标文件应当对招标文件提出的实质性要求和条件作出响应。

（3）编制投标文件时应该仔细审阅招标文件合同条款内容，投标时若无书面疑问，则表示投标人已完全接受该合同条款。

（4）对招标文件内容的疑问，投标人必须在回标前以书面形式向招标人提出。只有由招标人向投标人发出的书面答复，才能被视为对投标文件具有影响力。

（5）编制投标文件时，投标人必须检查招标文件是否齐全，如发现任何遗漏、重复或不清楚的地方，应立即通知招标人，并纠正上述缺漏、重复或不清楚的地方。

（6）编制投标文件时，投标人应最大限度地了解项目的基本情况，并针对项目的特点做技术指标，提出科学可行的技术方案和管理方案。

（7）积极、认真地对待招标文件提出的各种承诺。

2. 投标文件的内容

投标文件一般由以下内容组成：①开标一览表；②投标函；③投标函附录；④投标保证书；⑤法定代表人资格证明书；⑥授权委托书；⑦具有标价的服务外包项目业务量清单与报价表；⑧辅助资料表；⑨投标保函；⑩资格审查表（资格预审的不采用）；⑪项目运营组织设计；⑫招标文件规定需要提交的其他资料。

3. 编制投标文件应注意事项

（1）投标文件必须采用招标文件规定的文件表格格式。填写表格应符合招标文件的要求，否则在评标时就会被认为是放弃此项要求。重要的项目和数字，如价格等，如未填写，将作为无效或作废的投标文件处理。

（2）所编制的投标文件“正本”只有一份，“副本”则按招标文件附表要求的份数提供。正本与副本若不一致，则以正本为准。

（3）投标文件应清楚、整洁、美观。所有投标文件均应由投标人的法定代表人签署，加盖印章以及法人单位公章。

（4）应核对报价数据，消除计算错误。

（5）全套投标文件应当没有涂改和行间插字。如投标人造成涂改或行间插字，则所有这些地方均应由投标文件签字人签字并加盖印章。

（6）如招标文件规定投标保证金为合同总价的某一百分比时，投标人不宜过早开具投标保函，以防泄露自己一方的报价。

（7）投标文件必须严格按照招标文件的规定编写，切勿对招标文件要求进行修改或提出保留意见。如果投标人发现招标文件确实有不少问题，要区别对待处理。对投标人有利的，可以在投标时加以利用或在以后提出索赔要求；发现明显对投标人不利的错误，投标人应及时向业主提出质疑，要求其更正。

（8）编制投标文件的过程中，投标人必须考虑开标后如成为评标对象，其在评标过程中应采取的对策。

三、服务外包项目投标报价

1. 投标报价方式

投标报价是投标人根据招标文件的内容要求、服务外包项目技术要求，按照自己制定的项目运行方案，结合自己企业的生产组织管理水平，指定投标项目总估价。投标报价是投标须知中对投标价格的构成、采用方式和投标货币等问题的说明。除非合同另有规定，具有标价的服务外包项目清单中所报的单价和合价，以及报价汇总表中的价格，应包括运营设备、劳务、管理、保险、利润、税金、政策性文件规定及合同包含的所有风险、责任等各项应有费用。

2. 投标报价组成

投标报价是项目投标竞争获胜的关键，一般要占整个投标书分值的60%～70%，对是否中标会产生直接影响。一个准确的报价，不仅要求对招标人有足够的吸引力，而且还要使承包商获得一定的甚至更多的利润。服务外包项目投标报价主要由直接运营费用、间接费用、计划利润、税金和不可预见费用组成。

（1）直接运营费。直接用于服务外包项目的费用，包括人工费、材料费、设备费、机械使用费、直接其他费用等。

（2）间接费。组织和管理服务外包项目所需的各项费用，主要包括企业管理费、运营现场管理费、财务费及其他费用。

（3）计划利润。服务外包项目的预计利润。

（4）税金。国际税法规定的服务外包项目工程的营业税、城市建设维护税和教育经费附加税。

（5）不可预见费用。由风险分析确定，一般在投标时可按总成本的3%～

5%考虑。

3. 投标报价策略

投标单位有了投标取胜的实力还不够，还需要将这种实力变为投标的技巧。投标报价技巧的作用体现在可以使实力较强的投标单位取得满意的投标成果；使实力一般的投标单位争得投标报价的主动地位；当报价出现某些失误时，可以得到某些弥补。因此，投标单位必须重视对投标报价方法的研究和使用。

（1）不平衡报价策略。不平衡报价法指的是一个项目的投标报价，在总价基本确定后，如果调整项目内部各部分的报价，以期望在不提高总价的条件下，既不影响中标，又能在结算时得到更理想的经济效益。

（2）多方案报价策略。对一些招标文件，如果发现招标文件的工程范围很不明确，条款很不清楚或很不公正，要在充分估计投标风险的基础上，按多方案报价法处理。即按原招标文件报一个价，然后再提出："如某条款（如某规范规定）作某些变动，报价可降低多少……"报一个较低的价，这样既可以降低总价，又能吸引招标方。

（3）先亏后赢策略。有的投标方为了打进某一地区，依靠某国家、某财团和自身的雄厚资本实力，采取一种不惜代价、只求中标的低价报价方案。采用这种手法的投标方必须有较好的资信条件，并且提出的实施方案也要先进可行，同时，要加强对公司情况的宣传，否则即使标价低，采购方也不一定选中。如果遇到其他承包商也采取这种方法，则不一定要与这类承包商硬拼，而应努力争取第二标、第三标，再依靠自己的经验和信誉争取中标。

（4）低价索赔策略。低价索赔策略的报价较低，往往可以获得较高的利润。采用这种策略，在报价过程中，应认真研究报价文件、合同条件，发现较多漏洞有索赔创利机会时，可以把报价压得低一些，中标后，在服务外包项目运营过程中利用这些漏洞进行索赔以提高赢利机会。在国际项目招标中，这是一种较为普遍的也是合法的策略，善于索赔的服务外包项目承包商往往能赚得高额利润。

第四节　服务外包项目评标与中标

一、服务外包项目开标

开标是指服务外包招标人把所有投标者递交的投标文件启封揭晓，亦称揭标。

1. 开标前的准备工作

开标会是招投标工作的一个重要法定程序。开标会上将公开各投标单位的标书，当众宣布标底，宣布评定方法等，这表明招投标工作进入一个新的阶段。开标前应做好下列各项准备工作：

（1）成立评标组织，制定评标办法。

（2）委托公证，通过公证人的公证，从法律上确认开标是合法有效的。

（3）按招标文件规定的投标截止日期密封标箱。

2. 开标的时间和地点

开标时间是招标文件规定的投标截止日期后的某一时间。有的在投标截止日的当天就开标，有的是在投标截止日后的 2～3 天内开标。开标的地点也应在招标文件中规定。鉴于某种原因，招标机构有权变更开标日期和地点，但必须以书面的形式通知所有的投标者。

3. 开标的组织

一般由业主或其委托的机构（公司）主持开标。有的还规定应邀请公证机关的代表参加，否则，开标在法律上无效。

4. 开标的方式

（1）公开开标。通知所有的投标者参加揭标仪式，其他愿意参加者也不限制，当众公开开标。

（2）有限开标。邀请投标者或有关人员参加仪式，其他无关人员不得参加开标会议。

（3）秘密开标。只有组织招标的成员参加开标，不允许投标者参加开标，然后只将开标的名次结果通知投标人，不公开报价。其目的是不暴露投标者的准备报价数字。

5. 开标的程序

开标、评标、定标活动应在招标投标办事机构的有效管理下进行，由招标单位或其上级主管部门主持进行，公证机关当场公证。开标的一般程序如下：

（1）上报到会人员，宣布开标会议主持人。

（2）投标单位代表向主持人及公证人员送验法人代表证明或授权委托书。

（3）当众检验和启封标书。

（4）各投标单位代表宣读标书中的投标报价等内容。

（5）招标单位公布标底。

（6）填写服务外包项目投标标书开标汇总表。

（7）有关各方签字。

（8）公证人口头发表公证。

（9）主持人宣布评标办法（也可在启封标书前宣布）。

二、服务外包项目评标

评标文件经开标后，送达服务外包项目评标委员会进行评议，以选择最有利的投标的过程称为评标。或者说评标是招标方根据招标文件的要求，对所有的标书进行审查和评比的行为。评标是招标方的单独行为，由招标方组织进行。

（一）评标原则

（1）公平、公正、科学、择优。

（2）客观公正，科学合理。

（3）实事求是，择优定标。

（二）服务外包项目评标的流程和内容

1. 评标的流程

服务外包项目评标的流程如图2－4所示：

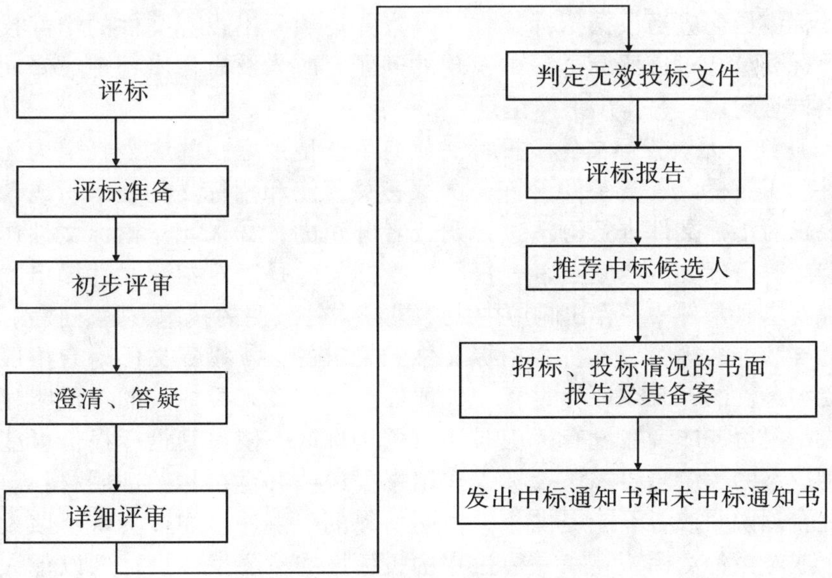

图2－4　服务外包项目评标流程

（1）评标准备。成立评标工作组，组建评标委员会并选举评标委员会负责人，准备评标会议。评标委员会成员应当编制供评标使用的相应表格，认真研究招标文件，了解和熟悉招标项目的基本情况；招标项目的范围和性质；招标文件中规定的主要技术要求、标准和商务条款；招标文件规定的评标标准、评标方法和在评标过程中考虑的相关因素。

（2）初步评审。①是否有单位盖章、法定代表人或法定代表人授权的代理人签字或盖章、有效的授权委托书；②是否按规定的格式填写，内容是否齐全，关键字迹是否模糊、无法辨认；③是否有投标人递交两份或多份内容不同的投标文件，或在一份投标文件中对同一招标项目报有两个或多个报价，且未声明哪一个有效；④投标人名称或组织结构是否与资格预审时一致；⑤是否按招标文件要求提交投标保函或保证金；⑥如果是联合体投标是否附有联合体协议。

（3）澄清、答疑。评标委员会可以以书面方式要求投标人对投标文件中含义不明确、对同类问题表述不一致或者有明显文字和计算错误的内容作必要的澄清、说明或者补正。澄清、说明或者补正应以书面方式进行，并不得超出投标文件的范围或者改变投标文件的实质性内容。

（4）详细评审。经初步评审合格的投标文件，评标委员会应当根据招标文件确定的评标标准和方法，对其技术部分和商务部分作进一步的评审、比较。评标委员会应当根据招标文件，审查并逐项列出投标文件的全部投标偏差。评标委员会对在评标过程中发现的问题，应当及时作出处理或者向招标人提出处理建议，并作出书面记录。

（5）判定无效投标文件。投标文件有下述情形之一的应当判定为无效投标文件。①投标人资格条件不符合国家有关规定和招标文件要求，或者拒不按照要求对招标文件进行澄清、说明或者补正的；②未能对招标文件作出实质性响应，评标委员会应当审查每一份投标文件是否对招标文件提出的所有实质性要求和条件一一作出响应的；③投标文件载明的技术方案、技术规格、技术标准和方法等明显不符合招标文件的要求的；④投标文件附有招标人不能接受的条件的；⑤在评标过程中，评标委员会发现投标人的报价明显低于其他投标报价，或者在没有标底时明显低于标底，使得其投标报价可能低于其个别成本的，应当要求该投标人作出书面说明并提供相关证明材料。投标人不能合理说明或者不能提供相关证明材料的，由评标委员会认定该投标人以低于成本报价竞标；⑥在评标过程中，评标委员会发现投标人以他人的名义投标、串通投标、以行贿手段谋取中标或者以其他弄虚作假方式投标的。

（6）评标报告。评标委员会完成评标后，应当向招标人提出书面评标报告，并抄送有关行政监督部门。

(7) 推荐中标候选人。评标委员会推荐的中标候选人应当限定在1~3人，并标明排列顺序。采用公开标准方式的，评标委员会应当向招标人推荐2~3个中标候选方案。采用邀请招标方式的，评标委员会应当向招标人推荐1~2个中标候选方案。评标委员会决定否决所有投标的，应在评标报告中详细说明理由。

(8) 招标、投标情况的书面报告及其备案。招标人应当在确定中标人之日起15日内，向有关行政主管部门提交招标投标情况的书面报告。

(9) 发出中标通知书和未中标通知。招标人向中标人发出中标通知书，并同时向未中标人发出未中标通知书。

(三) 评标方法

评标方法的科学性对于实现平等竞争，公正合理地选择中标者是极其重要的。评标设计的因素很多，应分门别类，在有主有次的基础上，结合项目的特点，确定科学的评标方法。现行常用的评标方法主要有以下几种：

1. 专家评议法

专家评议法是由评标小组或评标委员会拟定评标的内容，分项进行分析比较或调查，然后进行综合评议，选择其中各项条件都比较优秀者为中标单位。这种方法是一种定性的优选法，其优点是能深入听取各方的意见，但易出现众说纷纭、意见难以统一的现象。

2. 低标价法

这种方法是在通过了严格的资格预审和其他评标内容都符合要求的情况下，只按投标报价来定标的一种方法。世界银行贷款项目多采用此种评标方法。低标价法有两种方式：一种是将所有投标者的报价依次排列，取其中三个低报价的，对低报价的投标者进行其他方面的综合比较，择优定标；另一种是“A+B值评标法”，即以低于标底一定幅度以内的报价的算术平均值为A，以标底或者评标小组确定的更合理的标价为B，然后以A+B的均值为评标标准价，选出低于或者高于这个标准价某个幅度的报价者进行综合分析比较，择优选定。

3. 综合评定法

综合评定法是在充分阅读标书、认真分析标书优劣的基础上，经评委充分讨论后确定中标单位的评标定标方法。

评委按招标文件中确定的评标原则进行综合评标，若评委意见分歧较大，不能取得一致意见，可采用投票法决定中标单位。

4. 评分法

评分法是由评委对投标单位的报价、工期目标、质量等级目标等按事先确定的评分标准分别打分，汇总得分后，根据总得分和总报价综合评定，择优选定中标人的评标定标方法。

评分法常用百分比计分，评分要素的权重（分值分布）可根据工程具体情况确定。

评分法常将评委分成经济、技术两组分别打分。评分时，评委应经过充分讨论形成一致意见，对每个投标人每组只能打出一个分值。若分歧较大，不能形成一致意见，可由评委对各投标人打分。计分时，去掉一个最高分和一个最低分，然后取平均值。各投标得分汇总后，全体评委根据总得分和总报价综合评定，择优选择中标人。

5. 投票法

投票法是由全体评委投票表决中标人的评标定标方法。如果采用其他评标办法不能达成一致意见时，经招标投标管理机构批准，可采用投票法，在依据其他评标定标方法产生的两个中标候选人中投票确定一个中标人。

（四）评标报告

招标委员会或招标评审小组在对所有标书进行各方面评审之后，须编写一份评审结论报告，即评标报告。该报告作为评审结论，应提出意见和建议，并说明其授予中标的具体理由。评标报告的主要内容具体如下：

（1）招标过程简况、开标记录及评标委员会成员名单。

（2）列出参加投标的公司总数，以及因各种原因列为“废标”而被剔除的投标人名称、被废标的原因等，编制符合要求的投标一览表。

（3）经评审投标人排序并对其投标文件进行评述，这是评标报告的主题和重点。

（4）评标标准、评标方法或者评标因素一览表。

（5）经评审的价格、付款方式、技术方案、技术指标、对实现项目目标的承诺分析比较一览表。

（6）结论与建议。

（7）澄清、说明、补正事项纪要。

（8）附表包括开标记录表，投标单价、总价汇总综合表，投标方资质汇总表等。

三、服务外包项目中标

授标是指向最后决定的中标人发出通知，接受其标书，并将由项目业主与中标人签订合同。

在决定中标人后，业主向投标人发出中标通知书。中标通知书也称中标函，它连同承包商的书面回函（如果投标书已作修订）对业主和承包商之间具有约束力。中标函会直接写明该投标人的投标书已被接受，授标的价格是多少，应在何时、何地与业主签订合同。有时在中标函之前会有一份意向书，在意向书中已表达了接受投标的意愿，但又附有限制条件。意向书只是向投标人说明投标的意向，但之后取决于业主和该投标人进一步谈判的结果。

第五节　服务外包项目招投标管理及其发展趋势

一、服务外包项目招投标管理的主要问题与原因分析

1. 我国服务外包项目招投标存在的问题

（1）市场上有许多服务外包项目该招标的不招标、规避公开招标或弄虚假招标。

（2）绝大多数服务外包项目在招投标主要环节和程序上，都不同程度地存在操作不规范的现象。定标前出现的谈判压价、余款难收和违规分包等问题，在一些服务外包项目招投标中较普遍。

（3）一些地方在招投标工作中存在地方保护主义和部门保护主义。他们通过投标许可证和不合理的资质要求及收费等办法，给外地服务外包行业投标人进入本地和本行业市场设置障碍；通过缩小公报发布范围、缩短投标时间和划小标段等方式阻碍外地有实力的服务外包企业参与投标竞争；通过在招标文件和评标办法中预设有利于本地企业、本行业企业的条款及给予本地、本行业企业放宽资质要求，允许多投标和不合理加分等方式，实施地方保护；通过资格预审、限制投标范围等方法，卡住外地有实力的服务外包企业，提高本地企业的中标概率。

（4）一些地方和部门对招投标的行政审批和干预过多。一些部门仍然习惯于行政审批和管理，而对项目招投标活动的监督、指导和服务明显重视不

够，甚至以审批代替监管，侵害了服务外包项目发包方的招标自主权；一些地方政府领导通过打招呼、递纸条等方式，为特定企业说情，干扰了正常的招投标活动；一些部门政企不分，行政领导既当裁判员，又当教练员和运动员。

（5）互借“牌子”，串通投标。打着“招标”的旗号，实则借几家单位的名义，弄虚假招标。

（6）许多服务外包项目招标文件的编制不科学、不严密，质量参差不齐。

（7）评标办法存在问题：①有标底的招标方式，标底的设立有不准确性和保密性；②无标底的招标方式，这种方式的要点就是事先不设立标底，而是先去掉一个最低价和一个最高价，其余求平均值作为基数，与之相近的或有限区间下限的打高分，反之打低分，这种方法能在一定程度上防止标底被泄露的弊端，但是很容易产生串通投标，甚至有的企业购买了若干个标，分别以不同的名义出现，就能控制评价系数；③复合标底的招标方式，这就是发包方的标底权重占60%左右，各投标人报价的平均权重占40%左右，加权平均值作为评标基数，设定有效区间和赋分区段。这种方法实际上使各投标者竞争的空间很小，投标者之间微小的价格差别很可能产生很大的分数差异。

（8）评标专家选择的问题。决策过程只要有人参与就存在不确定性。传统的评标专家体系采取的随机抽取或轮流排出专家组成专家小组的方式虽然承认了评标专家之间存在的差异性，但是对这种差异性的控制却无能为力，而这种差异性对最终的评标结果产生的影响是不容忽视的。

2. 服务外包项目招投标管理问题产生的原因

（1）相关法律法规不健全。行政主管部门目前主要依靠《招标投标法》及有关部令和地方法规来负责招投标监管工作，但在实际工作中缺乏实施细则。特别是法律规定的歧视性条款较难把握，导致行政自由裁决权过大，极易发生越位和缺位行为，这也给招标人（招标代理人）“暗箱操作”提供了可乘之机。

（2）评标专家的作用难以发挥到位。不少地方特别是县市一级符合条件的评标专家在数量上明显不足；社会化选拔评标专家的方式，对专家仅有法律的约束，行政上对其约束不足。当前招标项目众多，项目规模以及专业差异都较大。对大部分项目而言，代理机构从压缩招标成本考虑，评标时间仅有几个小时，在这么短时间内要求评标专家客观、公正地拿出高质量的评标成果是不现实的，最多只是履行法律上的程序而已。

（3）行业主管部门监管手段缺乏。一是对招投标过程中违法违规行为的证据难以掌握、认定，执法人员在思想上有畏难情绪，不敢理直气壮地进行管理、处罚；而对有些证据确凿的又因怕麻烦、怕影响关系而放任自流，因此有法不依、执法不严、违法不究的问题突出。二是就组织机构而言，监督执法队伍在编制、经费等方面缺乏应有的保障，不能满足现实需要。

二、服务外包项目招投标管理科学化的发展趋势

随着电脑技术及网络传媒日新月异的发展，招投标管理的科学化发展势不可挡。招投标科学化管理，从总体上来讲，就是以计算机等技术为依托，以网络传输为媒介，以计算机信息软件的智能管理为途径进行现代化管理。只有加快招投标管理科学化的步伐，才能扎实有效地推进招投标工作。推进服务外包项目招投标管理的科学化建设，对加强服务外包项目招投标市场管理，规范市场秩序，体现公开、公平、公正原则，有着十分重要的意义。同时也可以增加工作透明度，提高办事效率，能更好地为招投标的参与方提供及时、准确、周到的服务。

【思考练习题】

1. 服务外包项目招投标的方式主要有哪些？
2. 为什么要进行标底编制？
3. 编制投标文件时应该注意什么？
4. 服务外包项目招投标管理的主要问题有哪些？

第三章　服务外包项目整合管理

【案例引导】

2003年，跟宝供合作了5年的红牛饮料遇到了新问题。当时，红牛饮料公司虽然了解全国的销售情况，但对库存和市场终端的随时反应缺乏了解。于是红牛以宝供为第三方物流供应，将全国29个区域和仓库的所有物流业务全部外包给了宝供。

宝供在仓储和物流基础上，不仅为红牛量身定做了一套针对物流业务的订单管理系统，而且把红牛的订单流程整合，并负责红牛的所有物流环节。红牛工厂出货后，由宝供负责将货送到全国29个区域，仓库由宝供管理，根据红牛指令配送。目前宝供还在进一步整合供应商环节和宝供ERP，以期进一步提高系统效能。

通过宝供定做的红牛物流系统与宝供自身系统的对接，红牛可以随时掌握各区域终端卖场对产品的反应，从而为企业的生产决策提供强有力的支持，有效地降低了库存成本，大大提升了红牛的市场反应速度和竞争力。

第一节　服务外包项目整合管理概述

一、服务外包项目整合管理的含义

服务外包项目整合管理包括保证项目各要素相互协调所需要的所有过程，它需要在相互影响的项目目标和方案中作出平衡，以满足或超出项目干系人的需求和期望，尽管服务外包项目管理的各个过程在某种程度上都是综合的，但本章描述的是那些根本性的综合过程。图3－1提供的是服务外包项目整合管理过程的概述。

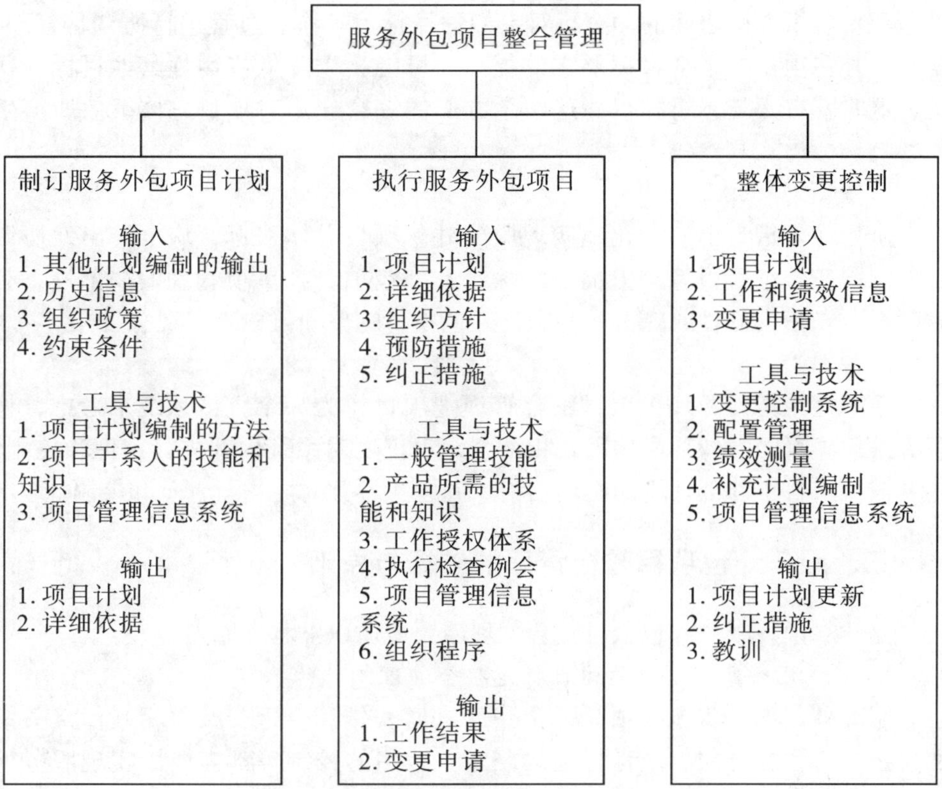

图 3－1　服务外包项目整合管理图

二、服务外包项目整合管理的特点

从服务外包项目管理的角度来看，“整合管理”兼有统一、合并、结合等各方面的特征，包括为完成项目和满足客户与其他服务外包项目干系人的要求，为管理他们的期望而必须采取的贯穿项目整体的行动。从管理服务外包项目的角度，在任何给定的一天，“整合管理”都要从多种选择中决定应集中的资源和努力，预测潜在的问题并加以处理，以避免日后恶化，为服务外包项目的整体利益而协调工作。“整合管理”还必须努力在各个相互冲突的目标与方案之间权衡取舍。概括起来，服务外包项目整合管理具有综合性、全局性和系统性的特点。

1. 综合性

服务外包项目整合管理是综合每个单项项目管理的所有方面，平衡服务外包项目各个方面之间的冲突，对它们的目标、工作和过程进行协调、管理，如服务外包项目的某个目标要求的提高，可能会以降低或牺牲其他目标为代价，这时就有必要分析和权衡这两个方面的综合作用对项目总体绩效所产生的影响。

2. 全局性

全局性是指为了最大化地实现服务外包项目总体目标，从全局出发协调和控制服务外包项目各个方面，消除服务外包项目各单项管理的局部性，有时甚至可以不惜牺牲或降低一些服务外包项目的单项目标来实现总目标。

3. 系统性

系统性是指服务外包项目整合管理把项目作为一个整体系统来考虑，将服务外包项目的内外部影响因素相结合，不仅要对系统内部进行管理和控制，还要兼顾来自于外部环境的影响因素、问题等，并对之进行管理和控制。

三、服务外包项目整合管理的依据与原则

一般来说，服务外包项目整合管理需要遵循以下基本原则：

1. 实现服务外包项目总体目标是整合管理工作的基准

服务外包项目实施各项具体工作的进度安排和合理交叉、相互衔接关系的确定、资源的分配、质量标准的制定、费用的控制等都需要以实现服务外包项目总体目标的功能和技术、经济指标要求为基准，并通过这个基准来化解各项矛盾和冲突。

2. 分析和理解范围是服务外包项目整合管理的前提

在实施服务外包项目整合管理时，服务外包项目管理团队必须认真分析和理解范围，其中包括服务外包项目产品的要求、准则、假设、制约因素和与服务外包项目有关的其他影响，以及如何在服务外包项目中管理或者处理上述的每一个方面。

3. 保持服务外包项目各项工作的整合、协调、运行是整合管理工作的保证

各项工作必须分工明确、界面清晰、层次分明、责任到人，以便于管理。各项工作都要按计划运行和完成，但不能盲目赶工期。许多情况下，单项工作的盲目超前，不仅不能带来整体效益，而且还会造成大量的无效劳动以及损失和浪费。

4. 建立完善的服务外包项目管理制度使整合管理工作规范化

服务外包项目的整合管理必须建立在完善的服务外包项目管理制度基础之上，没有完善的服务外包项目管理制度，服务外包项目管理就会出现无序、

混乱、低效的情况。

第二节 服务外包项目整合管理过程

一、制定服务外包项目章程

（一）服务外包项目章程的定义

服务外包项目章程是服务外包项目启动阶段的输出物，用于说明服务外包项目、产品的商业目标、项目范围、项目里程碑等，并告知组织中其他成员该项目的项目经理是谁，即服务外包项目的决策者，项目章程是正式批准服务外包项目的文件。在实际服务外包项目中，往往以服务外包项目约定的方式来代替，并会增加一些项目激励、项目验收的说明。制定服务外包项目章程的三个主要过程分别是依据、工具与技术、成果（如图3－2）。

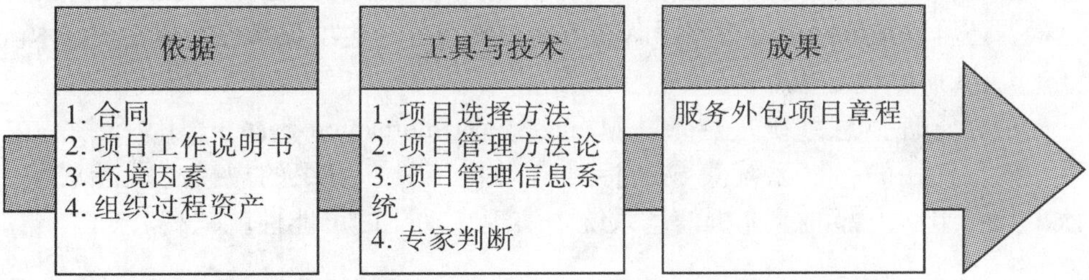

图3－2 制定服务外包项目章程：依据、工具与技术、成果

（二）制定服务外包项目章程的依据

1. 合同

如果服务外包项目是针对外部客户进行的，则以客户业务组织的合同为依据。

2. 项目工作说明书

服务外包项目工作说明书是一种对服务外包项目提供的产品或者服务的叙述性文字记录。

3. 环境因素

在制定服务外包项目章程时，应该要考虑任何会影响到服务外包项目成功并存在于企业四周的环境因素和制度。

4. 组织过程资产

在制定服务外包项目章程及以后的服务外包项目文件时，任何一种用于影响服务外包项目成功的资产都可以作为组织过程资产。任何一种以及所有参与服务外包项目的组织都可能有正式或非正式的方针、程序、计划和原则，所有这些影响都必须考虑。

（三）制定服务外包项目章程的工具与技术

1. 项目选择方法

服务外包项目选择方法是用来确定组织选择哪一个服务外包项目。这些方法通常分为以下两大类：

（1）效益测定方法，如比较法、评分模型、对效益的贡献或经济学模型。

（2）数学模型，如利用线性、非线性、动态、整数或多目标规划算法。

2. 项目管理方法论

服务外包项目管理方法确定了若干服务外包项目管理过程组及其有关的子过程和控制职能，所有这些都结合成为一个有机统一整体。服务外包项目管理方法既可以是仔细加工过的服务外包项目管理标准，也可以是正式成熟的过程，还可以是帮助项目管理团队有效地制定服务外包项目章程的非正式技术。

3. 项目管理信息系统

项目管理信息系统（Project Management Information System，PMIS）是在组织内部使用的一套系统集成的标准自动化工具。组织的规模越大越成熟，该工具在组织内部的计算机信息系统中实现自动化的可能性就越高。

4. 专家判断

专家判断是用来评价制定服务外包项目章程所需要的依据。在这一过程中，专家的意见适用于任何技术上和管理上的细节。任何具有专门知识或训练的集体或个人都可提供此类专家知识，其中知识来源包括：实施组织内部的其他单位、咨询公司、包括客户或赞助人在内的服务外包项目干系人、专业和技术协会、行业集团等。

二、制订服务外包项目管理计划

（一）服务外包项目管理计划的定义

制订服务外包项目管理计划是利用其他计划编制过程（包括战略规划）的结果，建立一份连贯一致的文档，以指导服务外包项目的实施和控制，这个过程所产生的服务外包项目管理计划可通过整合变更控制过程加以更新与修改。

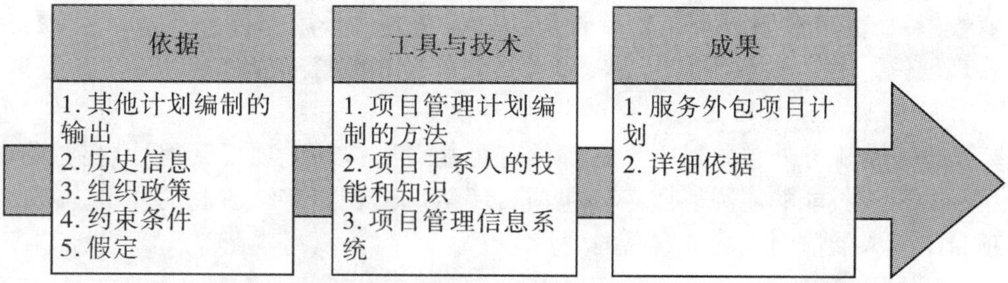

图 3－3　制订服务外包项目管理计划：依据、工具与技术、成果

（二）制订服务外包项目管理计划的依据

1. 其他计划编制的输出

所有其他知识领域计划编制过程的输出都可作为服务外包项目计划制订的依据。其他计划编制过程的成果包括基本的文档（如工作分解结构）及其详细依据等。

2. 历史信息

可获得的历史信息（如估算数据库，过去项目绩效的记录等）应当可以在其他服务外包项目管理计划编制的过程中作为参考。

3. 组织政策

任何与服务外包项目有关的组织都有正式或非正式的政策，这些政策的影响应予以考虑。

4. 约束条件

它是指影响服务外包项目绩效的那些限制因素。例如，预先规定的服务外包项目预算很可能限制服务外包项目团队对范围、人员和进度方案的选择。

5. 假定

就计划编制的目的而言，“假定”被认为是真实、现实或确定的因素。假定影响服务外包项目管理计划的各个方面，是逐步细化的一部分。服务外包项目团队经常确定、归档和验证所用假定，并作为他们计划编制的一部分。

（三）制订服务外包项目管理计划的工具和技术

1. 项目管理计划编制的方法

服务外包项目管理计划编制的方法是用来在项目计划制订过程中，指导服务外包项目团队工作的任何结构化方法。它有可能如标准的表格或模板一样简单（不管它们是以纸面的形式还是电子文档形式，也不管它们是正式的还是非正式的），也可能如一系列必要的模拟一样复杂（如进度风险的蒙特卡罗模拟）。大多数服务外包项目管理计划编制方法采用“硬”工具（如项目管理软件）和“软”工具（如项目动员会议）相结合的办法。

2. 项目干系人的技能和知识

每一个服务外包项目干系人都具有可能对服务外包项目管理计划制订有用的知识和技能的能力。服务外包项目团队应当创造一个有利的环境，使得项目干系人能恰当地贡献自己的力量。

3. 项目管理信息系统

服务外包项目管理信息系统（PMIS）包括用于收集、综合和分发服务外包项目管理过程输出的工具和技术。它常用来支持服务外包项目从启动到收尾的各个方面，并且通常分为人工系统和自动系统。

三、指导和管理服务外包项目执行

（一）指导和管理服务外包项目执行的内容

指导和管理服务外包项目执行是实施服务外包项目管理计划的主要过程，服务外包项目预算的绝大部分将用于执行本过程。在这个过程中，项目经理和项目管理团队需要一起指导服务外包项目活动的开展，管理服务外包项目各种技术与组织接口，执行项目管理计划中的各种行为来完成服务外包项目范围说明中定义的工作。

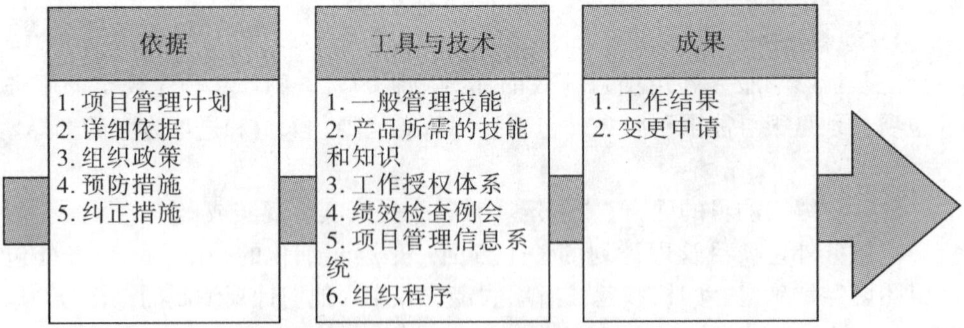

图 3－4　指导和管理服务外包项目执行：依据、工具与技术、成果

（二）指导和管理服务外包项目执行的依据

1. 项目管理计划

服务外包项目辅助的管理计划（范围管理计划、风险管理计划、采购管理计划、配置管理计划等）和服务外包项目绩效测量基准计划是指导和管理服务外包项目执行的重要依据。

2. 详细依据

即服务外包项目计划制订部分的输出。

3. 组织政策

涉及服务外包项目的任何组织都可能拥有正式或非正式的政策，这些政策可能会影响项目计划的实施。

4. 预防措施

预防措施是指降低服务外包项目风险事件发生概率的任何措施。

5. 纠正措施

纠正措施是为了确保服务外包项目始终按计划实施所采取的任何措施，它是各种控制过程的输出，但此处是服务外包项目执行的依据，是完成确保服务外包项目有效管理的反馈循环。

（三）指导和管理服务外包项目执行的工具和技术

1. 一般管理技能

诸如领导、沟通和谈判等一般管理技能对有效的服务外包项目管理计划执行来说是不可或缺的。

2. 产品所需的技能和知识

项目团队应当对服务外包项目产品所需的技能和知识有适当的了解，这些设备的技能被定义为计划编制的一部分，并通过人员获取提供。

3. 工作授权体系

工作授权体系是批准服务外包项目工作的一个正式程序，用来确保按照恰当的时间、合适的顺序完成工作，典型的授权是开始其具体活动或工作的书面授权。

4. 绩效检查例会

绩效检查例会应定期按计划进行，以便交流服务外包项目的信息，对大多数服务外包项目而言，绩效检查例会有不同的频率和层次。

5. 项目管理信息系统

6. 组织程序

服务外包项目涉及的所有组织都会有一些正式的或者非正式的程序，这些程序在服务外包项目实施期间可能有用。

四、监控服务外包项目工作

（一）监控服务外包项目工作的内容

服务外包项目工作的监督和控制过程即指被用来监督服务外包项目启动、计划、执行和结束中的各个过程，采取纠正和预防措施控制服务外包项目的执行情况。对服务外包项目的监督是贯穿项目始终的服务外包项目管理的一个方面，监督包括收集、衡量和发布工作绩效信息，以及评价测度和趋势以推动过程的改进。持续的监督使得服务外包项目团队能够洞察服务外包项目的状态是否正常，并识别任何需要特别注意的事项。

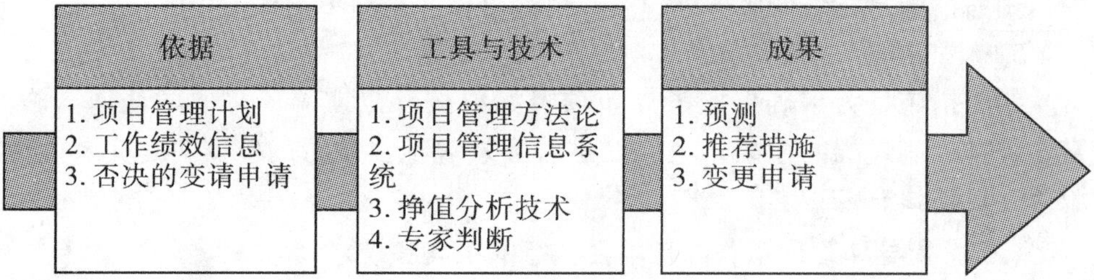

图 3－5　监控服务外包项目工作：依据、工具与技术、成果

（二）监控服务外包项目工作的依据

1. 项目管理计划

综合与集成服务外包项目的各种子计划，建立起一个连贯一致的文档，确定执行、监督、控制和结束服务外包项目的方式与方法，记录计划过程组的各个计划子过程的全部成果，是一份经过批准的正式文件。

2. 工作绩效信息

指在服务外包项目执行过程中，周期性地收集任务进度状态信息、已经开始和已经完成的服务外包项目活动、正在形成的服务外包项目可交付成果等为了完成服务外包项目工作而进行的项目活动状态信息。

3. 否决的变更申请

被否决的变更申请包括变更申请、支持文件和显示被否决变更申请处理情况的变更审计状态。

（三）监控服务外包项目工作的工具和技术

1. 项目管理方法论

服务外包项目管理方法论定义了协助服务外包项目管理团队按照项目管理计划监督和控制项目工作的过程。

2. 项目管理信息系统

服务外包项目管理信息系统是一个自动化系统，服务外包项目管理团队利用管理信息系统监督和控制项目管理计划中规划和安排的项目活动。服务外包项目管理信息系统在必要时还会根据需要提供新的预测。

3. 挣值分析技术

从服务外包项目的启动开始一直到项目结束阶段，挣值分析技术被用于衡量服务外包项目的实施成效，根据过去的实施结果预测未来的成效。

4. 专家判断

服务外包项目管理团队可以依据专家判断来监督和控制服务外包项目。

五、实施整体变更控制

（一）整体变更控制的内容

整体变更控制贯穿服务外包项目的始终。由于服务外包项目很少会准确地按照项目管理计划进行，因而变更控制必不可少。整体变更控制关心的是：①对引起变更的各种因素施加影响，以保证这些变更是征得同意的；②确定变更是否已经发生；③当变更发生时，对实际变更进行管理，必须保持最初定义的服务外包项目范围和综合绩效基准计划，方法是按照基准计划持续不断地管理变更，否决新的变更或同意变更，并把这些变更融入到修改的项目基准计划中。整体变更控制的要求是维护绩效测量基准计划的完整性，并确保把产品范围的变更反映在项目范围定义中。

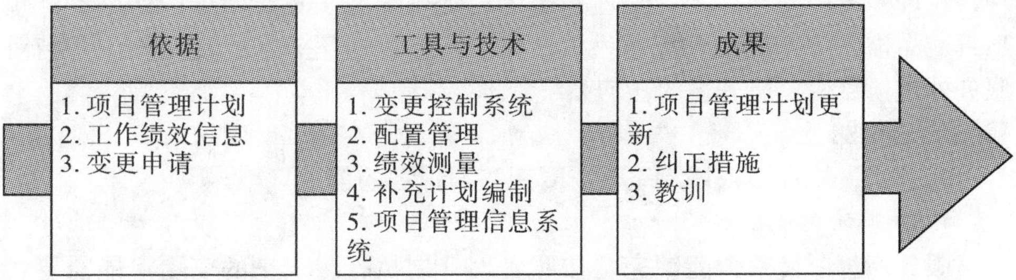

图3－6 服务外包项目整体变更控制：依据、工具与技术、成果

（二）整体变更控制的依据

1. 项目管理计划

服务外包项目管理计划提供了一个控制变更的基准计划。

2. 工作绩效信息

工作绩效信息不仅提供服务外包项目绩效的信息，还可以提醒服务外包项目团队注意未来可能发生问题的事项。

3. 变更申请

变更申请可以有很多形式：口头的或书面的、直接的或间接的、外部的或内部的、强制的或自愿的。

（三）整体变更控制的工具与技术

1. 变更控制系统

变更控制系统是一系列正式的、文档化的程序，这些程序定义了如何对服务外包项目绩效进行监控和评估。变更控制系统不仅包括正式的服务外包项目文件变更的步骤，还包括文档工作跟踪系统和用于授权变更的批准层次。

在许多情况下，执行组织都拥有变更控制系统，并且可供服务外包项目采纳使用。如果没有现成适合的变更控制系统可供服务外包项目使用，项目管理团队就需要建立一个变更控制系统并把它作为项目的一部分。

2. 配置管理

配置管理是任何已经归档的程序，这些程序用于对以下几个方面进行技术和行政的指挥与监督。

（1）识别一个工作子项或系统物理特性和功能特征，并将其形成文档。

（2）控制这些特征的任何变更。

（3）记录和报告这些变更及其绩效。

（4）审计这些工作项和系统以证实其与需求相一致。

在许多应用领域，配置管理是变更控制系统的子集，用于确保服务外包项目产品描述的正确性和完整性。然而，在某些应用领域，变更控制是指对服务外包项目变更所进行的任何系统管理。

3. 绩效测量

绩效测量技术用来评定是否需要纠正与计划的偏差。

4. 补充计划编制

服务外包项目很少能够完全按照管理计划执行，未来的变更可能需要新的或修正的成本估算、重新修改的活动顺序、分析后的风险应对方案以及其他一些对服务外包项目管理计划的调整。

5. 项目管理信息系统

六、结束项目或阶段

（一）结束服务外包项目概述

项目最大的特点就是有始有终，结束服务外包项目是实施项目管理计划的收尾部分。对于多阶段服务外包项目，结束项目过程结束的是给定阶段对应的部分项目范围和有关活动。这一过程包括最后结束所有服务外包项目管理过程组完成的所有活动、正式结束项目或项目阶段、移交已完成或取消的服务外包项目。结束项目过程还建立了若干流程，用以协调服务外包项目可交付成果的各项活动并形成文件，协调和配合客户对可交付成果的验收，调查未完成而中止项目的原因并将其形成文件。一般把结束项目过程分为管理结束和合同结束两类。

1. 管理结束

管理结束是对于发包方来说的，对外宣称服务外包项目已经结束，转入维护期。此流程详细描述了在服务外包项目执行管理结束流程中涉及的所有项目组成员和干系人的活动、交互、角色和职责。项目审计也是管理结束的一部分，管理结束的执行中还包括对服务外包项目记录的综合性活动的收集以及对服务外包项目成败的分析和经验教训的收集，这对降低服务外包项目失败率有重大的意义。通过分析可以知道为什么会失败，有什么地方可以改进，获得了什么经验，这些是可迭代复用的资源，总结得越多，资源就越丰富，以降低未来类似服务外包项目的风险和成本。

2. 合同结束

合同结束包括结清与结束服务外包项目的所有合同协议，以及确定服务外包项目正式管理结束的有关活动时所需的相关活动。这一过程既涉及产品的验收（所有工作顺利完成并满足要求），又涉及管理结束（更新合同记录以反映最终的结果，将信息归档供以后使用）。合同条款和条件中可能对合同结束作了具体规定，如果有相关的规定，则必须作为本程序的一部分。服务外包项目的提前中止是结束项目的一个特殊情况，中止原因有无法交付产品、预算超支或者缺乏必需的资源等。

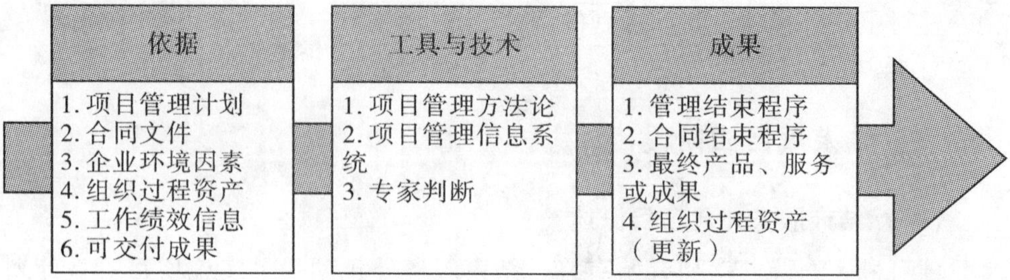

图 3－7　结束服务外包项目：依据、工具与技术、成果

（二）结束服务外包项目的依据

1. 项目管理计划

2. 合同文件

合同文件是实施合同结束过程的依据之一，包括合同本身、合同变更和其他文件的修改（比如技术方法、产品说明书、可交付成果验收标准与程序等）。

3. 企业环境因素

在服务外包项目结束时，应该考虑组织或公司的文化、结构、基础设施、政府性的或者工业性的标准等任何会影响到服务外包项目的成功，并存在于企业四周的环境因素和制度。

4. 组织过程资产

任何跟服务外包项目有关的组织都有正式或非正式的政策、程序、计划和指导方针，它们对项目的影响都应该被考虑到。

5. 工作绩效信息

6. 可交付成果

服务外包项目可交付成果是指某种唯一的可验证的产品、结果或者在服务外包项目管理计划中定义的服务能力，项目必须在生产和提供这种服务能力后才可能完成，此处需要被整体变更控制所批准。

（三）结束服务外包项目的工具与技术

1. 项目管理方法论

服务外包项目管理方法论确定了协助服务外包项目管理团队执行项目的管理和合同结束的过程。

2. 项目管理信息系统

服务外包项目管理团队利用项目管理信息系统实施整个项目管理和合同

结束过程。

3. 专家判断

专家判断用于开发与执行管理和合同结束过程。

第三节　服务外包项目整合管理的工具与技术

一、专家判断法

（一）专家个别判断法

这是早期的专家预测方式，先征求单个专家的意见，然后再汇集各人意见进行分析预测。这种方式能充分发挥专家个人的知识、经验和特长方面的优势。其优点是简单易行，专家不至于受外界干扰，没有心理压力，能最大限度地发挥个人的知识潜能；缺点是容易受专家个人经验及主观因素的影响，难免带片面性。

（二）德尔菲法（Delphi）

德尔菲法是在20世纪40年代由O. 赫尔姆和N. 达尔克首创，经过T. J. 戈尔登和兰德公司进一步发展而成的。德尔菲这一名称起源于古希腊有关太阳神阿波罗的神话。传说中阿波罗具有预见未来的能力，因此这种预测方法被命名为德尔菲法。1946年，兰德公司首次用这种方法进行预测，后来该方法被迅速传播，并得到了广泛采用。

德尔菲法依据系统的程序，采用匿名发表意见的方式，即专家之间不得互相讨论，不发生横向联系，只能与调查人员发生关系，通过多次调查专家对问卷所提问题的看法，反复征询、归纳、修改，最后汇总成专家基本一致的看法，并作为预测的结果。这种方法具有广泛的代表性，较为可靠。

二、项目变更控制委员会

服务外包项目变更控制委员会（Change Control Board，简称CCB）是一个负责服务外包项目变更审批的团体，它批准或拒绝服务外包项目的变更申请。服务外包项目变更控制委员会由主要的项目干系人组成，包括发包方、客户、主要承包方、项目团队成员等。它的职能是：为准备提交的变更申请提供指导；对变更申请作出评价后批准或拒绝服务外包项目的变更申请；管理经批准的变更实施过程。

制订服务外包项目的启动计划时，就要建立项目变更控制委员会，将确定的变更控制委员会成员记录到配置管理计划中，并发通知给项目组和相关组。当发生变更时，需召开变更控制会议，对发生的变更申请进行分析、整理，依照一定的变更机制作出决定，从而进行会议记录，会后将形成的《CCB 会议纪要》放入项目配置库，同时也要把会议结果发送给变更控制委员会成员及相关组。大型、复杂的服务外包项目可能要设立多个变更控制委员会，承担不同的责任。

三、项目管理信息系统

（一）项目管理信息系统概述

服务外包项目管理信息系统（Project Management Information System, PMIS）是计算机辅助项目管理的工具，为服务外包项目目标的实现提供了强有力的帮助。服务外包项目管理信息系统不仅能够帮助估算，进行复杂的时间和资源调度，还能进行风险分析和形成适宜的不可预见的费用计划等。

建立服务外包项目管理信息系统的目的是能够及时、准确地提供服务外包项目管理所需要的信息，完整地保存历史信息，以便预测未来，为项目经理提供决策的依据。它还能够发挥电子计算机的管理作用，实现数据的共享和综合应用。

（二）项目管理信息系统的基本结构与处理流程

服务外包项目管理信息系统的基本结构包括系统的范围、外部基本结构与处理流程、内部基本结构与处理流程三部分。项目管理信息系统的范围与外部处理流程实质上是项目生命周期在信息管理过程中的逻辑展开，项目管理信息系统的内部基本结构与处理流程是项目管理职能在信息处理过程中的客观反映。项目管理信息系统的性能、效率和作用，不取决于系统的内部结构与功能，而是取决于系统的外部接口结构与环境，这是项目管理信息系统区别于企业管理信息系统的特点与规律。

1. 项目管理信息系统的范围与外部处理流程规划

要正确规划项目管理信息系统的外部结构与功能，就必须正确建立项目信息源的总体结构与处理流程。例如，一个较大型建设外包项目的信息管理范围涵盖了项目业主、规划设计单位、勘察设计单位、技经设计单位、主管部门（规划、建设、土地、计划、环保、质监、金融、工商等）、施工单位、设备制造与供应商、材料供应商、调试单位、监理单位等众多项目参与方，每个项目参与方即是项目信息的提供方，也是项目信息的需求方。每个项目参与方由于其在项目生命周期中所处的阶段与工作不同，相应的项目管理信息系统的结构和功能也会有所不同。

2. 项目管理信息系统的内部基本结构与处理流程规划

（1）项目管理信息系统的内部结构。大型建设外包项目管理信息系统从内部功能上一般包括项目进度信息、造价信息、质量信息、安全信息、合同信息、财务信息、物料信息、图（纸文）档信息、办公与决策信息九大管理系统和管理功能。但是处于不同项目生命周期阶段的信息系统，其核心功能和目标会有所侧重和区别。

（2）项目管理信息系统的处理流程规划。由于系统的结构与功能目标的差异，不同项目生命周期的项目管理信息系统的内部处理流程也有所不同。一般来讲，项目业主管理信息系统内部处理流程的规划设计原则是：以施工机具需求计划等项目资源计划，作为项目管理控制的基本预期目标；以实际进度、实际财务数据为依据，将动态产生的实际的人力、资金、物料、机具等资源支出消耗数据自动与指导性目标数据相比较，为后续的合同结算和成本控制提供动态、实时的信息和依据。

第四节　服务外包项目整合管理各阶段的成果形式

一、制定服务外包项目章程的成果形式

签发服务外包项目章程，建立服务外包项目与组织日常工作之间的联系，给服务外包项目经理提供授权，使他能获得进行服务外包项目活动所需的组织资源。

二、制订服务外包项目管理计划的成果形式

1. 服务外包项目管理计划

服务外包项目管理计划是一份经过批准的正式文件，用来管理服务外包项目的执行。服务外包项目进度计划列出需执行的各项活动以及达到项目管理计划中各里程碑所计划的日期。服务外包项目管理计划和进度计划应当按管理计划中所定义的方式进行分发（例如，对执行组织的管理层而言，需要有较广泛的面，但并不追求细节；然而对一个承包方来说，可能需要有关某

个问题的完整细节）。在一些应用领域，综合项目计划（Integrated Project Plan）被用来指此文件。

2. 详细依据

在制订服务外包项目管理计划的过程中，输出的详细依据包括：

（1）不包含在服务外包项目管理计划中的来自其他计划编制过程的输出。

（2）在服务外包项目管理计划制订过程中产生的辅助信息和文档（如先前不了解的约束条件和假定）。

（3）技术文档，如所有要求、规范和概念设计等的历史记表。

（4）有关的标准。

（5）早期的服务外包项目开发计划编制中的规范。

这些材料应被恰当地加以组织，以便它们在服务外包项目计划执行期间被使用。

三、指导与管理服务外包项目执行的成果形式

1. 工作结果

工作结果是为完成服务外包项目所执行活动的各种结果。关于工作结果的信息，包括但不仅限于以下内容：表明进度绩效的状态信息；已经完成与尚未完成的可交付成果；已经开始与已经完成的计划活动；质量标准满足的程度；批准与已经开销的费用；对完成已经开始的计划活动的估算；绩效过程中的计划活动实际完成百分比；吸取并已记录且转入经验教训知识库的教训；资源利用的细节。工作结果将作为项目管理计划实施的一部分进行收集，再输入到工作绩效信息过程中。

2. 变更申请

变更申请会在执行服务外包项目任务中被识别，其结果是：扩展或者缩小服务外包项目范围、修订方针政策或过程/规程、修改服务外包项目成本/预算，延长或减少服务外包项目工期。变更申请可以是直接的或者间接的，外部的或者内部的，可选的或者法律/合同强制执行的。

四、监控服务外包项目工作的成果形式

1. 预测

预测包括根据现有的信息和知识，对服务外包项目将来的状况和事件作出估计或预测。根据服务外包项目执行中提供的绩效信息，需要对预测进行更新和重新发布。这些信息包括可能会影响到服务外包项目将来的成果，例

如，对项目结束时情况的估计和对在项目完成情况的估计。

2. 推荐的措施

在监控服务外包项目工作的过程中，需要形成推荐的纠正措施、推荐的预防措施和推荐的缺陷补救等文件，确保预期的未来服务外包项目成果与项目管理计划相一致，减少出现与服务外包项目风险相关的负面影响的可能性，针对质量检查和审计过程中找出的缺陷，提出改正措施。

3. 变更申请

五、实施整体变更控制的成果形式

1. 服务外包项目管理计划更新

服务外包项目管理计划更新是对项目管理计划或详细依据内容的任何修改，必须根据需要把服务外包项目管理计划的更新情况通知项目干系人。

2. 纠正措施

为了确保服务外包项目始终按计划执行，批准那些正式的、指导需要的纠正措施。

3. 教训

服务外包项目管理计划产生变更的原因、纠正措施选择的理由以及其他教训应以书面形式记录下来，以便其成为项目或执行组织其他项目的历史数据库的一部分。

六、结束项目的成果形式

1. 管理结束程序

本程序包含所有在执行管理结束程序中涉及的活动，以及服务外包项目团队成员的相关角色和职责。它将服务外包项目产品、服务移交生产或运营，是一种逐步完成的管理结束方法，其处理的对象有：

（1）确定服务外包项目干系人批准变更和所有级别可交付成果要求的行动与活动。

（2）确认服务外包项目已满足所有出资人、客户和其他服务外包项目干系人的要求，核实所有可交付成果已提交并验收。

2. 合同结束程序

制定这一程序是为合同结束提供一种逐步、顺序处理合同条款与条件，以及所需完成和出口标准的方法。其中包括服务外包项目团队成员、客户，以及参与合同结束过程的其他项目干系人的所有活动和有关职责。

3. 最终产品、服务或成果

正式验收和移交授权服务外包项目提交的最终产品、服务或成果。验收包括接收正式的验收鉴定书，证实已经满足了合同条款的要求，验收的工作程序如图 3－8 所示。

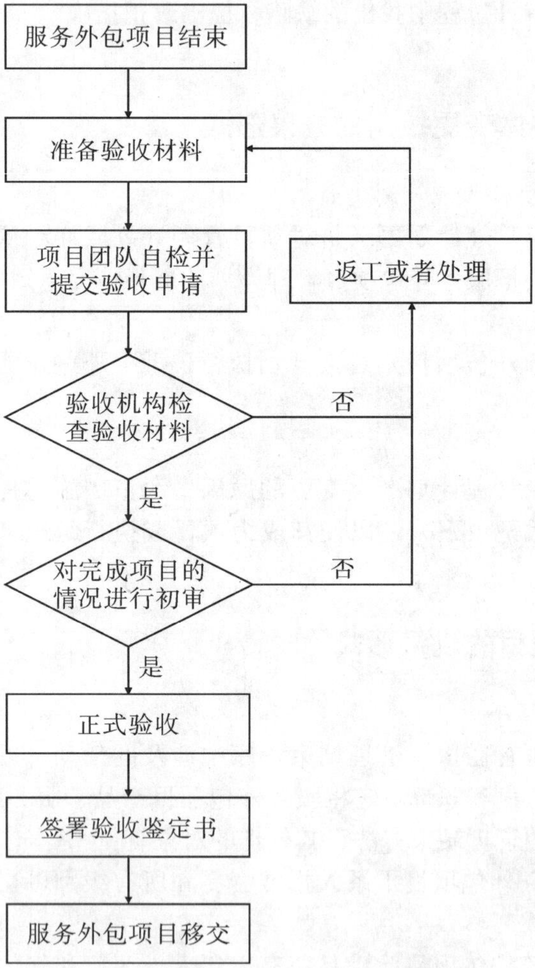

图 3－8　服务外包项目验收的工作程序

4. 组织过程资源（更新）

服务外包项目结束包括使用配置管理系统为项目文件编制一份索引来定位。其主要内容有：正式验收文件、服务外包项目文件、服务外包项目结束文件、历史信息。

【思考练习题】

1. 服务外包项目整合管理的概念和内容有哪些？
2. 制订服务外包项目管理计划的依据是什么？
3. 什么是整体变更控制？
4. 简述执行服务外包项目计划的工作内容。
5. 什么是项目结束？在这一阶段，输出的成果是什么？

第四章　服务外包项目范围管理

【案例引导】

华为外包项目如果竞标成功，项目就要开始启动了。

华为方会提供一份 CRS（客户需求）和 SOW（工作任务书），还会派人过来进行需求培训，这时该项目的测试组长也要参与到项目需求的培训和评审中，也就是测试工作应该从需求开始介入。

项目经理编写《项目计划》，开发人员产出《SRS》，这时测试组长就要根据 SOW 开始编写《测试计划》，其中包括人员、软件硬件资源、测试点、集成顺序、进度安排和风险识别等内容。

《测试计划》编写完成后需要进行评审，参与人员有项目经理、测试经理和华为方人员，测试组长需要根据评审意见修改《测试计划》，并上传到 VSS，由配置管理员管理。待开发人员把《SRS》归纳好并打了基线，测试组长开始组织测试成员编写《测试方案》。测试方案要求根据《SRS》上的每个需求点，设计出需求点简介、测试思路和详细测试方法三部分的方案。《测试方案》编写完成后也需要进行评审，评审人员包括项目经理、开发人员、测试经理、测试组长、测试成员和华为方。如果华为方不在公司，就需要测试组长把《测试方案》发送给华为进行评审，并要其反馈评审结果。测试组长组织测试成员修改测试方案，直到华为方评审通过后才进入下个阶段——编写测试用例。

测试用例是根据《测试方案》来编写的，通过《测试方案》，测试人员对整个系统需求有了详细的理解，这时开始编写用例才能保证用例的可执行和对需求的覆盖。测试用例需要包括测试项、用例级别、预置条件、操作步骤和预期结果。其中操作步骤和预期结果需要编写详细和明确。测试用例应该覆盖测试方案，而测试方案又应该覆盖测试需求点，这样才能保证客户需求不遗漏。同样，测试用例也需要通过开发人员、测试人员和华为方的评审，测试组长也需要组织测试人员对测试用例进行修改，直到华为方评审通过。

在编写测试用例的阶段，开发人员基本上完成了代码的编写，同时完成了单元测试。华为的外包项目一般是一次性集成，所以软件转到测试部后就直接进行系统测试。测试部对刚转过来的测试版本进行测试，如果软件未实现清单上 CheckList 的 10%，测试部会把该版本打回。根据《测试计划》进度安排，测试组长进行多轮的测试，每轮测试完成后测试组长需要编写测试报告，其中包括用例执行通过情况、缺陷分布情况、缺陷产生原因、测试中的风险等，这时测试人员就修改增加测试用例。待到开发修改完 bug 并转来新的测试版本，测试部开始进行第二轮的系统测试，首先回归原问题单，再继续进行测试，编写第二轮的测试报告，如此循环下去，直到系统测试结束。在系统测试期间，测试人员还需要编写验收手册，验收用例和资料测试用例等。

完成系统测试后，软件就开始转到华为进行验收测试，大概会测试半个月，一般会要求测试部派人到华为方进行协助测试，并发回问题单给公司开发人员修改。

如果验收发现的缺陷率在 SOW 规定的范围内，那么就验收成功，华为方则付钱给公司，项目结束。如果超过规定的缺陷率，那么公司就会被罚钱，整个项目组的成员（包括开发和测试）都可能被罚。这种情况会有，但如果按照流程做事，概率不会很大。

——摘自项目管理者联盟网（http：//www. mypm. net/articles/show_ article_ content. asp？ articleID = 14583）

第一节 服务外包项目范围管理概述

一、服务外包项目范围管理的定义与特点

（一）服务外包项目范围管理的定义

1. 服务外包项目范围的含义

服务外包项目范围（Project Scope）是指为了成功地实现项目目标所必须完成的全部且最少的工作。该定义包含如下两层含义：

（1）全部的——实现该服务外包项目目标所进行的所有工作，任何必需的工作都不能遗漏，也就是不能少做，否则将会导致项目范围萎缩（Project Scope Shrink）。

（2）最少的——完成该服务外包项目目标所规定的“必要的、最少量的”工作，不进行此项工作就无法最终完成项目，也就是不能多做，否则将

导致项目范围蔓延。

确定了服务外包项目的范围，项目组织就明确了项目所要完成的工作，用以创造出项目最终成果——服务外包项目的产品或服务。

2. 服务外包项目范围管理的含义

服务外包项目范围管理（Project Scope Management）是对服务外包项目所要完成的工作范围进行管理和控制的过程和活动，包括确保服务外包项目能够按要求的范围完成所涉及的所有过程，实质上是一种功能管理。例如，启动一个新的服务外包项目、编制项目范围计划、界定项目范围、由项目干系人确认项目范围、对项目范围变更进行控制等内容。

（二）服务外包项目范围管理的作用

服务外包项目范围管理是服务外包项目能否成功的决定性因素，在与客户（发包方）及组织界定项目范围时，还必须同时确定项目的假设、限制条件以及排除事项，也就是通常所说的“是什么，不是什么”的问题。服务外包项目范围管理的具体作用如下：①为服务外包项目的实施提供工作范围的框架；②提高资金、时间、人力和其他资源估算的准确性；③确定进度测量和控制的基准，便于对服务外包项目的实施进行有效的控制；④有助于清楚地分派责任。

二、服务外包项目范围管理过程

服务外包项目范围管理主要包括从收集需求到范围控制五个过程（见图 4－1），具体内容如下：

（1）收集需求。收集需求是将满足客户/发包方需求和预期的服务外包项目或产品的特征及功能确定并记录下来的过程。

（2）服务外包项目范围定义/分析。服务外包项目范围定义、分析是制定详细项目和产品描述的过程，即如何制订服务外包项目范围管理计划，如何确定核实和控制项目范围以及如何建立和制作工作分解结构所必需的过程。

（3）创建工作分解结构。创建工作分解结构是将服务外包项目可交付成果及项目工作分解成更小的、易于操作的工作单元的过程。

（4）服务外包项目范围核实。项目范围核实是正式接受完工可交付成果的过程。服务外包项目主要干系人，如项目客户/发包方和项目接包方等要在这个过程中正式接收服务外包项目可交付的成果。

（5）服务外包项目范围控制。服务外包项目范围控制是监督项目和项目范围，并管理变更的过程，主要的过程输出是范围变更、纠正行动与教训总结。

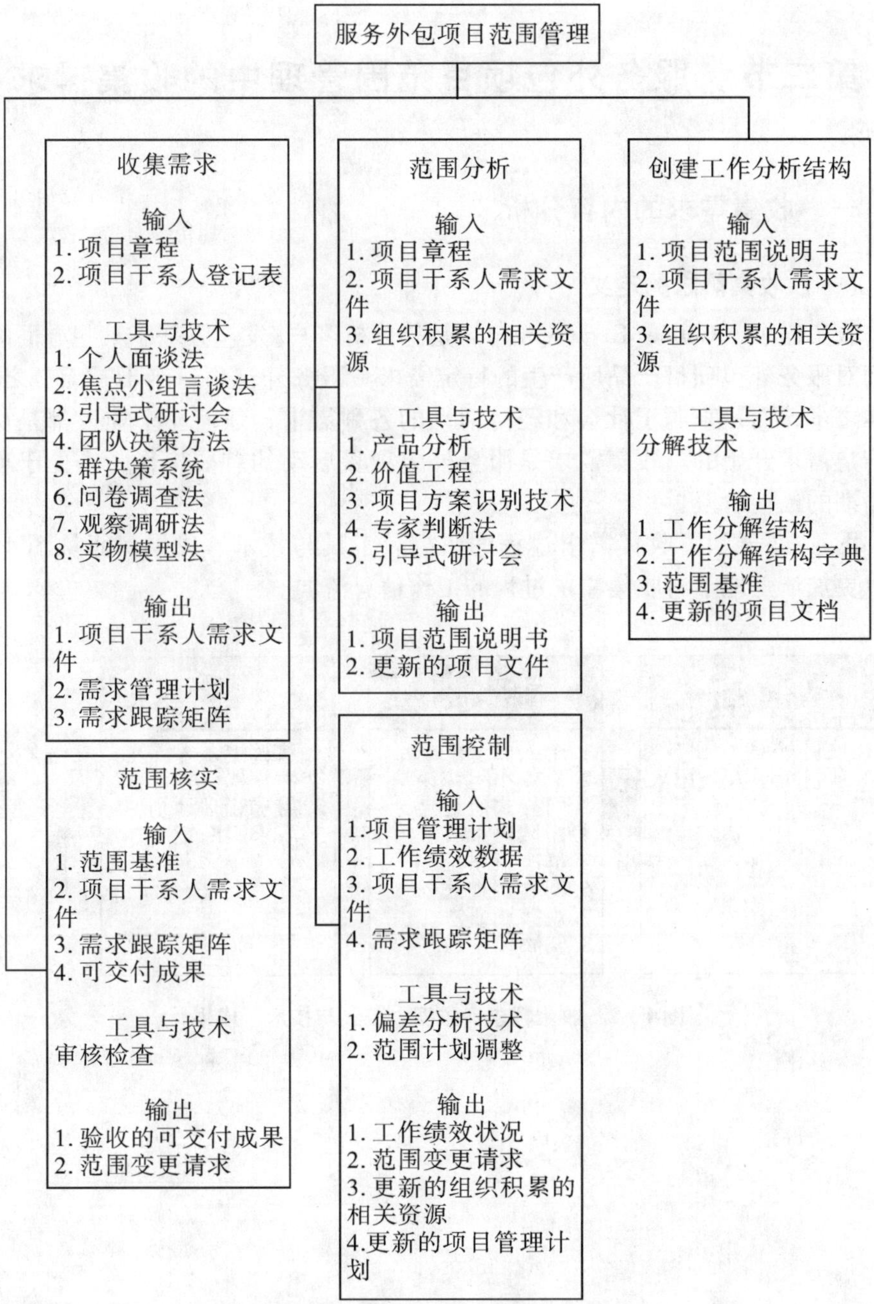

图 4－1　服务外包项目范围管理图

第二节 服务外包项目范围管理中的收集需求

一、收集需求的内容分析

（一）收集需求的定义

收集需求（Collect Requirement）是指分析客户/发包方基于某些方面的变化而对服务外包项目产品所产生的特定需求。服务外包项目绝不是无源之水、无本之木，而是来源于社会和经济活动的各种需求，任何一个项目都是从收集客户需求开始的。收集需求是服务外包项目启动的首要工作，它处于项目生命期的最初阶段。

图4－2显示了收集需求过程的依据、工具与技术、成果，而从图4－3可以更加清楚地了解收集需求过程的工作信息流向。

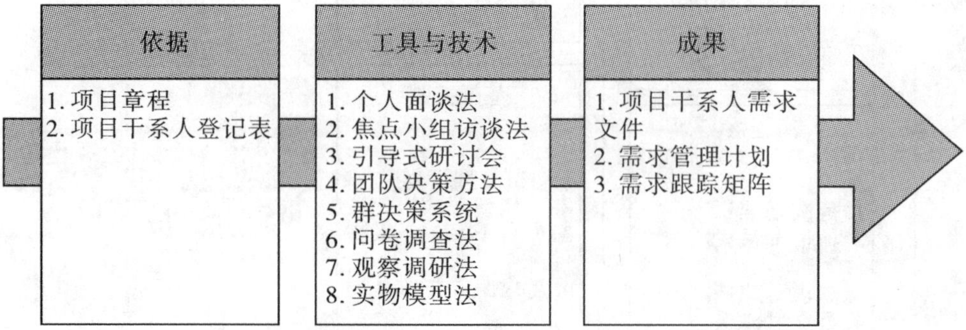

图4－2　收集需求：依据、工具与技术、成果

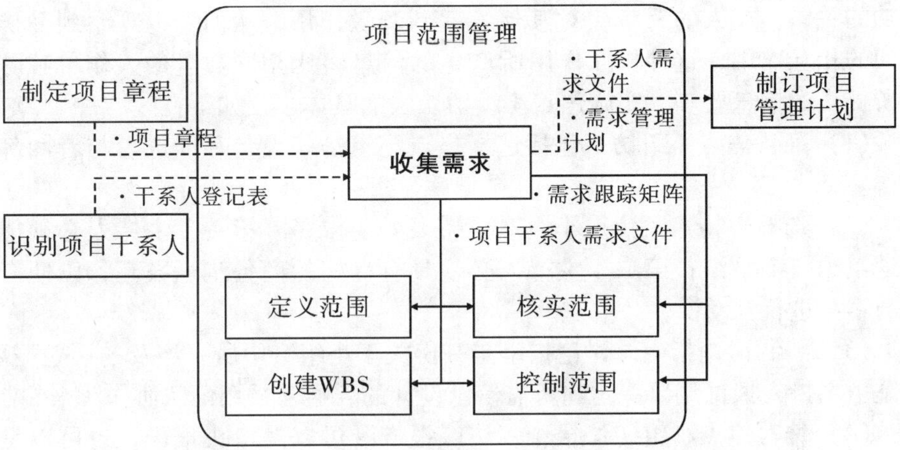

图4-3 收集需求过程的工作信息流向示意图

（二）收集需求的依据

1. 项目章程

服务外包项目章程是项目整合管理过程中输出的文档，具体请参考服务外包项目整合管理。

2. 项目干系人登记表

服务外包项目干系人登记表用于标识那些可以提供服务外包项目和产品需求信息的项目干系人。服务外包项目干系人登记表将在沟通管理中详细阐述。

二、收集需求的工具与技术

1. 个人面谈法

个人面谈法作为一种正式或非正式的方法，通过直接与主要干系人谈话的方式来获取服务外包项目的相关信息，它有助于项目团队对所需项目可交付成果的特征、功能进行识别和确定。个人面谈法还有利于控制问题的次序，使信息沟通具有直接性、可靠性和针对性。

2. 焦点小组访谈法

焦点小组访谈法是由8~12人组成焦点小组，并在一位主持人的引领下，由焦点小组成员共同对某一主题或观点展开深入讨论。焦点小组访谈法的目的在于了解所有服务外包项目参与者对同种产品的想法。

焦点小组访谈法远不止是一问一答的面谈。互动作用是焦点小组访谈法成功的关键，个人的反应会对其他人起到刺激作用，从而可以观察到受访者之间的相互作用，这种相互作用所产生的信息将比相同数量的人作单独陈述时所提供的信息要多。实施焦点小组访谈法的具体过程如下：

（1）准备焦点小组访谈包括选择焦点小组访谈设备和征选参与者两部分工作。

（2）选择主持人。焦点小组对主持人的要求是：第一，主持人必须能恰当地组织一个小组；第二，主持人必须具有良好的商务沟通技巧，以便有效地与客户进行互动。

（3）编制讨论指南。讨论指南是一份关于小组会中所要涉及的话题概要。它是由主持人根据调研课题和所需信息设计的，通常采用团队协作法来编制。

（4）编写焦点小组访谈报告。访谈报告既可以是口头报告，也可以是正式的书面报告。

3. 引导式研讨会

引导式研讨会是以服务外包项目干系人为基础，进行项目方案信息收集和决策的一项关键技术。引导式研讨会提供了一个让项目干系人彼此充分理解和信任的机会。在引导式研讨会上，与会的项目干系人通过各抒己见、互动交流，最终达成共识提出问题的解决方案。

4. 团队决策方法

团队运作的出色与否取决于团队决策过程集思广益的程度。服务外包项目经理应当尽可能地营造一个畅所欲言的氛围，给团队成员提供发表见解的机会，在耐心倾听团队成员的意见后再作决策。虽然运用团队决策方法在项目团队中达成共识时会占用一些时间，但可以提高日后项目的执行效率。在团队决策过程中，服务外包项目经理应当扮演的角色是激励者和协调者。常用的团队决策方法主要有头脑风暴法、名义群体法、德尔菲法和心智图法。

5. 群决策系统

群决策系统是指一个群体在对项目活动方案分析、评价、比较的基础上，最终对方案作出选择的一种工具。该系统由决策者（项目经理和项目团队）、决策对象（项目方案）、决策信息（项目信息系统）、决策理论和方法（项目团队决策方法）以及决策结果（最终选定的方案）等基本要素构成。该系统具体的实施过程如下：①分析客户需求状况及存在的问题；②确定项目团队决策系统的目标；③拟订项目团队的决策方案；④对决策方案进行选择和比较。

6. 问卷调查法

问卷调查法是通过问卷形式间接收集研究材料的一种调查手段。研究者以问卷形式给出一系列与所要研究目的有关的问题，让被调查者作出回答，通过对问题答案的回收、整理、分析来获取有关信息。问卷是为了达到调研目的，收集必要数据，它可以使问题的用语和提问的程序标准化，问卷必须将调查目的转化为让被调查者能理解的形式，并从调查者处获得必要的信息。同时，它还能够将所得的信息重新整理成便于列表的形式，并将其转化为满足调查者要求的调查结果和建议。

7. 观察调研法

观察调研法是在不提出任何问题与被观察者交流的情况下，凭借调查人员的直观感觉或借助于某些摄录设备和仪器，分析、记录被观察者的行为模式、调研客体和所发生事件的过程。观察调研法既包括被调查人，又包括观察现象。为确保成功，所需信息必须是通过现实得到的，被调查的行为必须是重复性的、经常性的，并且在一定程度上是可预测的。此外，被观察的行为应具有相对短的持续时间。

8. 实物模型法

通过实物模型来揭示项目产品原型的形态、特征和本质的方法称为实物模型法。实物模型法是借助于与项目产品原型相似的物质模型或抽象反映项目产品原型本质的思想模型，间接地研究项目产品原型的性质和规律，也就是说，它是通过引入实物模型（能方便解释那些难以直接观察到的事物的内部构造，事物的变化以及事物之间关系的符号、公式、表格、实物等）将物理问题实际化。

三、收集需求的成果

1. 项目干系人需求文件

服务外包项目干系人需求文件是描述不同项目干系人的个体需求与项目产品特性相匹配情况的文档。需求是项目产生的最主要原因和驱动因素。服务外包项目干系人需求可能始于一个比较抽象化的概念，但随着项目的深入和逐步细化，这一概念将会越来越具体。起初的干系人需求文件可以仅列出干系人的各项需求以及需求的优先级别，较为详细的干系人需求文件补充了对需求细节的描述和一些附件等。然而无论怎样，建立干系人需求文件时必须遵循明确性、可行性、完整性和一致性的原则。

2. 需求管理计划

需求管理计划是一份描述在整个服务外包项目中，如何分析、记载和管理客户需求的文档。需求管理计划包括但不限于下述内容：

（1）如何计划、跟踪和报告客户需求收集的各项活动。

（2）如何进行客户需求收集的配置管理活动。

（3）如何确定客户需求收集的优先次序和级别。

（4）如何在需求跟踪矩阵中捕获项目干系人的需求属性。

3. 需求跟踪矩阵

需求跟踪矩阵是贯穿服务外包项目整个生命期的、动态的、实时跟踪干系人需求的一种方法。该方法的目的是保证干系人需求文件中列示的需求能够在项目结束时得以实现，并保证项目干系人的每项需求都能通过与业务或项目目标的链接产生价值。此外，需求跟踪矩阵也是管理产品范围变化的一种方法。

第三节　服务外包项目范围管理中的范围分析

一、服务外包项目范围分析的主要内容

（一）范围分析的定义

服务外包项目范围分析是以服务外包项目的实施动机为基础，确定项目范围，并编写项目范围说明书的过程。项目范围说明书表明了进行该项目的目的、项目的基本内容和结构，规定了项目文件的标准格式，其形成的项目成果核对清单既可作为评价项目各阶段成果的依据，也可作为项目管理计划的基础。服务外包项目范围说明书是项目团队/接包方和项目客户/发包方之间就项目的工作内容达成共识的结果。

图 4－4 显示了服务外包项目范围分析的依据、工具与技术、成果，而从图 4－5 可以更加清楚地了解范围分析过程的工作信息流向。

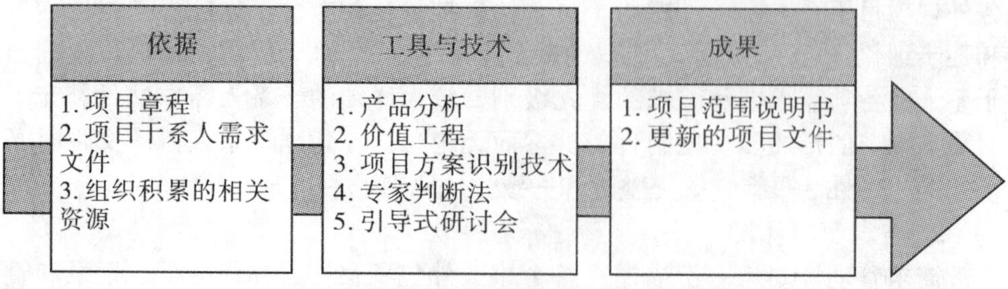

图 4－4　范围分析：依据、工具与技术、成果

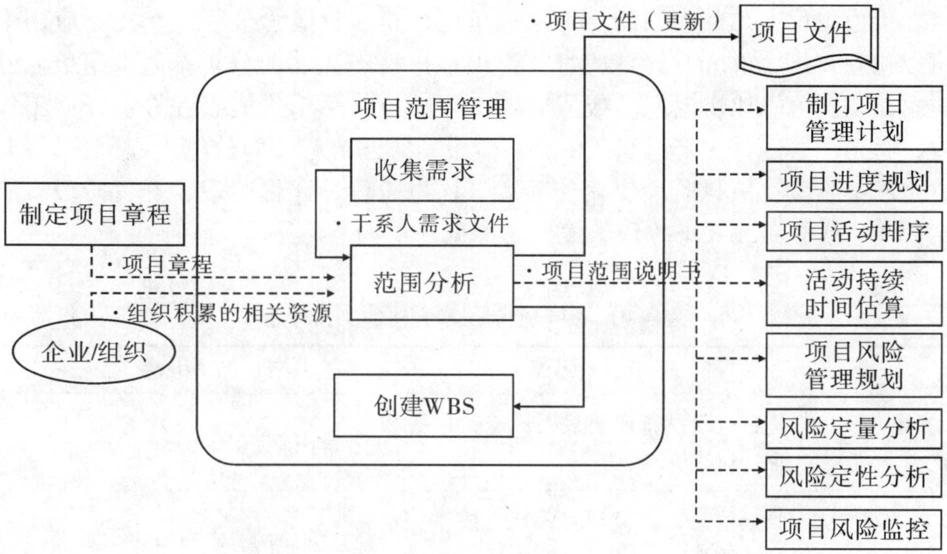

图4－5　范围分析过程的工作信息流向示意图

（二）范围分析的依据

服务外包项目章程和干系人需求文件分别是服务外包项目整合管理和收集客户需求的输出文件，在此仅对组织积累的相关资源进行说明。

在制定服务外包项目章程及后续的项目文件时，任何一类用于影响项目成功的资源均可视为组织积累的相关资源，如任何组织都可能有若干正式或非正式的方针、程序、计划和原则。它还包括组织从以前项目中吸取的教训和学到的知识，如完成的进度表、风险数据和实现的价值数据等。因行业、组织和应用领域的类型不同，组织积累的相关资源亦各有差异。

二、服务外包项目范围分析的工具与技术

1. 产品分析

产品分析是服务外包项目范围分析常用的工具，目的是使项目团队对项目产品有更好的理解。产品分析可以加深对项目成果的理解，从项目产品的功能和特性着手分析，反向推导项目的工作范围，目的是使项目团队开发出一个更好、更明确的项目产品。对项目成果进行分析时，可以综合运用不同的分析方法，如运用系统工程等技术。

2. 价值工程

价值工程有几种不同的称谓，如价值分析、价值管理等，在实际应用中可以相互替代。价值工程是通过有组织地进行产品功能分析，以求用最低的成本，切实可靠地实现产品或服务的必要功能。采用价值工程方法开展工作时，必须严格遵守一套组织严密、多阶段的方法流程，即价值工程工作计划。它由准备阶段、信息阶段、功能阶段、构思阶段、评估阶段、开发阶段、演示阶段、实施阶段8个阶段组成，具体见表4－1。

表4－1　采用价值工程方法的工作计划

阶段	工作内容	方法
准备阶段	确定对象；确定干系人；定义目的和需求；组织保障	事前会议
信息阶段	收集信息；定义项目；定义成本；定义时间进度	简单的成本模型
功能阶段	定义功能；功能分类；确定关系	功能分析；功能分析系统图（FAST）
构思阶段	产生想法	头脑风暴法
评估阶段	评估想法；确定替代方案	评估矩阵
开发阶段	开发替代方案；完善陈述；完善草图；开发成本	替代方案表格；草图或图表；成本估算
演示阶段	通知干系人；展示替代方案；编档结果	详细方案报告
实施阶段	审查替代方案；决定部署；实施替代方案	技术审查会议；实施会议；实施计划

3. 项目方案识别技术

服务外包项目方案识别技术一般指用于提出项目目标方案的所有技术，其目的是针对项目的每个问题提出尽可能多的备选方案，在此注重的是方案的数量而不是方案的质量。将所有备选方案都记录下来后，再运用各种经济评价方法，找出最佳方案从而根据该方案制订项目的范围计划。

4. 专家判断法

5. 引导式研讨会

三、服务外包项目范围分析的成果形式

1. 项目范围说明书

服务外包项目范围说明书定义了项目组织应该执行和应该剔除的工作，详细说明了项目的可交付成果和为提交这些可交付成果而必须开展的工作。它在项目干系人之间建立了一个对项目范围的共识，并将其作为未来变更控制和项目决策的基准。

服务外包项目范围说明书的主要内容包括：

（1）服务外包项目目标。它包括可测量的项目成功标准。

（2）产品范围说明书。它说明了项目应创造的产品、服务或成果的特征。

（3）服务外包项目可交付成果。它既包括由项目产品、服务或成果组成的结果，也包括附带结果，如服务外包项目管理报告和文件。

（4）服务外包项目边界。它通常需要明确哪些事项属于项目的内容。

（5）服务外包项目要求说明书。服务外包项目要求说明书说明了项目可交付成果为满足合同、标准、技术规定说明书或其他正式强制性文件的要求，而必须满足的条件或必须具备的能力。

（6）产品验收准则。它确定了验收已完成产品的过程和原则。

（7）服务外包项目的制约因素。它列出并说明与服务外包项目范围有关并限制项目团队选择的具体项目制约因素。

（8）服务外包项目假设。它列出并说明同服务外包项目范围有关的具体项目假设及其在不成立时可能造成的潜在影响和后果。

2. 更新的项目文件

需要根据服务外包项目实际情况及时对干系人需求文件、需求管理计划、需求跟踪矩阵等文档进行更新。

第四节 服务外包项目范围管理中的创建工作分解结构

一、创建工作分解结构的意义与特点

工作分解结构（Work Breakdown Structure，WBS）是服务外包项目范围管理中最重要的工具，是项目团队制订项目进度计划、项目成本计划等多项计划的基础。

工作分解结构以可交付成果为对象，是将项目团队为实现项目目标创造

必要的可交付成果而执行的工作进行分解之后得到的一种层次结构。工作分解结构将项目目标分解为许多可行的、逐步细化的、相对短期的任务，将需要完成的项目按照其内在工作性质或内在结构划分为相对独立、内容单一和易于管理的工作单元。工作分解结构定义和组织了服务外包项目的全部范围。

创建工作分解结构的特点是：①分解后的任务应该是可管理的、可定量检查的、可分配的、独立的；②可以明确地进行专业化操作，使该工作成为一个相对简单的劳动；③一项工作可以授权一个人负责；④一项工作可以指定精确的量化指标，使绩效测量没有扯皮的余地；⑤无须再协调资源，消灭低层次预算和小金库，没有本位活动空间。需要强调的是，这些特点不是硬性的，具体的工作如何分解，需要根据实际情况决定。

图4－6显示了服务外包项目创建工作分解结构的依据、工具与技术、成果，而从图4－7可以更加清楚地了解在创建工作分解结构过程的工作信息流向。

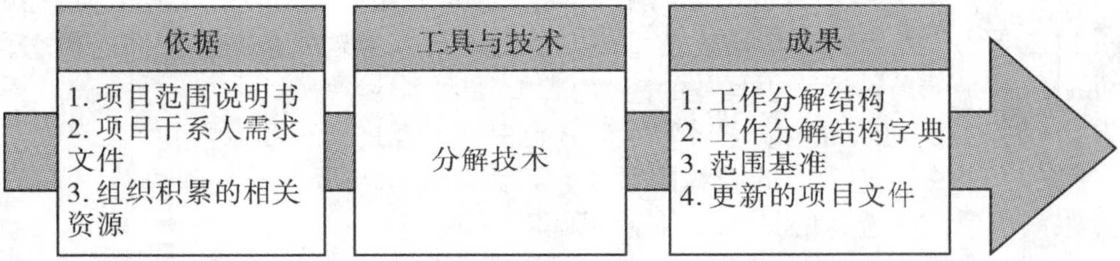

图4－6　创建工作分解结构：依据、工具与技术、成果

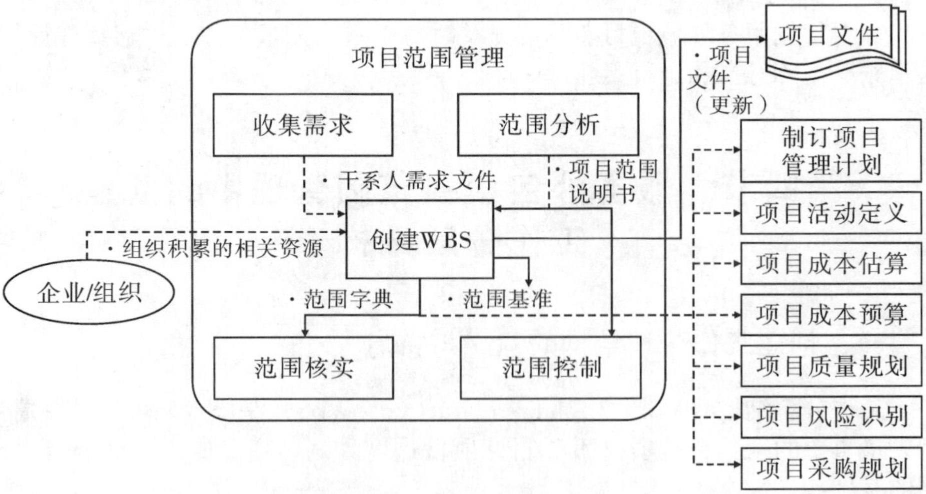

图4－7　创建工作分解结构过程的工作信息流向示意图

二、创建工作分解结构的主要方法

分解技术是创建工作分解结构的工具。采用分解技术可以把项目可交付成果分成较小的、便于管理的组成部分。工作分解结构设计的原则是：①必须有效划分等级，但不必在结构内构建太多的层次，层次太多反而不易于有效管理，一般情况下设计4～6个层次就足够了；②必须保证信息在各层次之间能顺畅、有效地交流；③必须使结构具有足够的灵活性。最为常见的工作分解结构是按照服务外包项目各工作任务范围的大小从上到下进行逐步分解，其框架如图4－8所示。

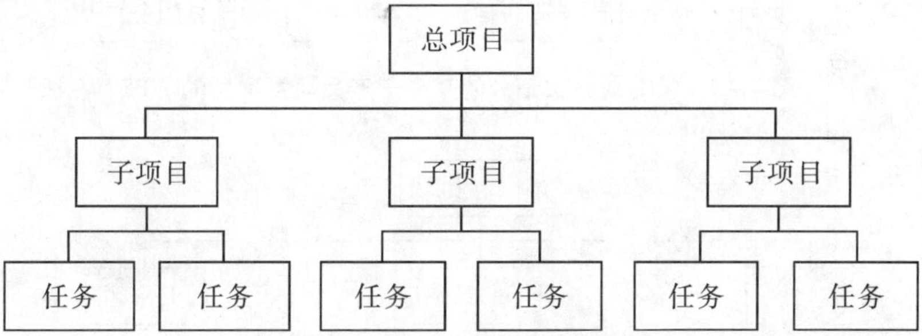

图4－8　工作分解结构框架

进行工作分解结构分解时必须清楚要完成该服务外包项目必须完成哪些主要活动。完成这项活动，必须要完成哪些具体子任务。在从上到下排列的过程中，工作分解结构的每一层都变得更为具体，最终形成一个类似树状的组织结构。在图4－8所示的工作分解结构框架中可以看出，总项目工作已被分成较小且更便于管理的多项工作，并且每降一个层次就意味着对服务外包项目工作做更详尽的说明。这时，项目团队需要对工作分解结构规划的详细程度作出权衡，既不能太粗，也不能太细，具体详细程度因项目的规模与复杂程度、项目团队的控制能力而异。原则上，应该将项目工作任务最终分解到可操作和可计量的水平上，即其已经达到了足以估算成本和时间的要求，即工作包层次。

工作包处于工作分解结构中的最底层。工作包是完成一项具体的工作任务所要求的一个特定的、可确定的、可交付的、独立的基本工作单元。工作包不仅为项目控制过程提供了充分和适宜的管理信息，而且也代表着项目团队和主要干系人对管理项目所要求的最低控制水平。项目团队必须借助于具体的工作包来估算项目所需要的成本和时间。

此外，需要说明的是，并非工作分解结构中所有的分支都必须分解到同一水平，而各分支的分解方法也并非完全不同。例如，按项目的专业分工分解（图4－9为按专业分工划分的某电子产品研发项目的WBS）；按照项目的可交付成果分解（图4－10为按项目的可交付成果划分的某机场建设项目的WBS）；按项目的子系统分解（图4－11为按项目的子系统划分的铁路项目的WBS）等。以上每种分解方法都有其优缺点，一般情况下，在确定项目的工作分解结构时可以将它们加以组合运用，即在不同的层次可以使用不同的分解方法。

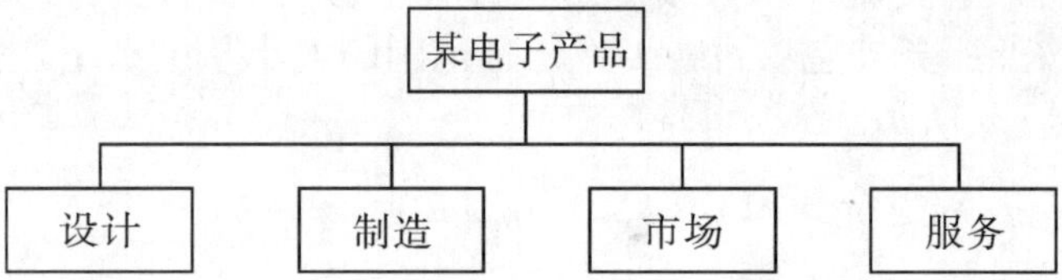

图4－9　按专业分工划分的某电子产品研发项目的WBS

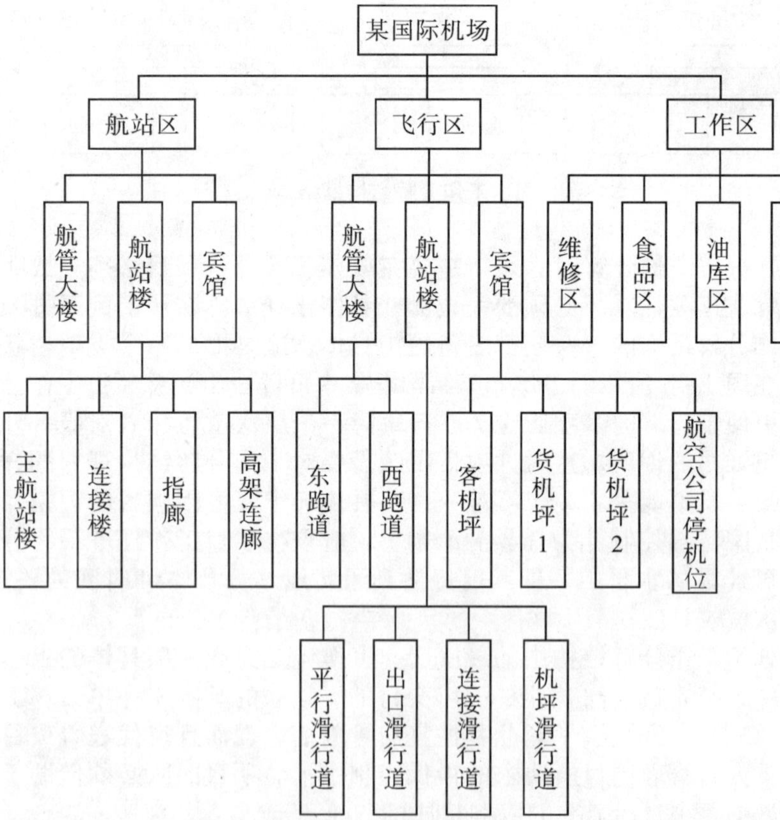

图4－10　按项目的可交付成果划分的某机场建设项目的WBS

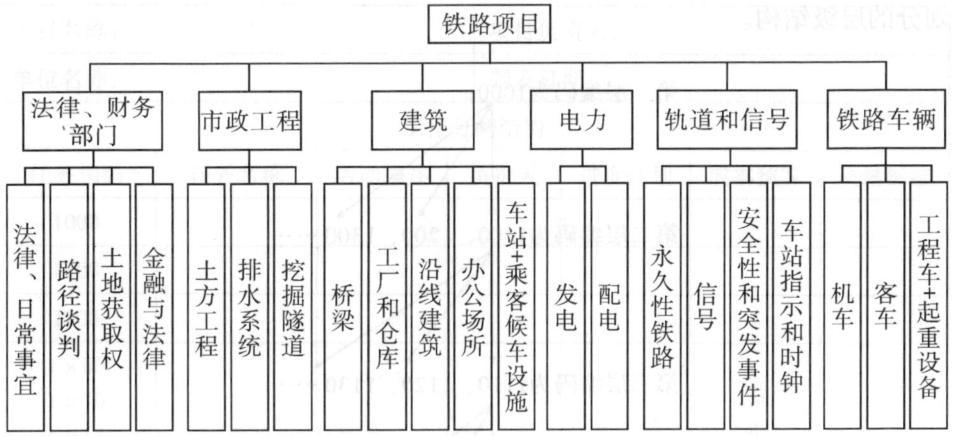

图4－11　按项目的子系统划分的铁路项目的 WBS

三、创建工作分解结构的成果形式

1. 工作分解结构文件

工作分解结构文件是在创建工作分解结构的过程中生成的关键文件。为了方便服务外包项目实施过程中的信息交流，一般情况下还需要运用特定的规则对分解结构图中的各个节点进行编码。这样在制订项目的成本、进度和质量等计划时，不但可以利用编码代表任务名称，而且可以根据任务的编码情况推断出该任务在工作分解结构图中的位置，如果某项工作任务执行得不理想，项目经理只要一看编码就可以知道哪里出了问题，该问题应该由谁负责。因此，工作分解结构中每个节点的编码必须保持唯一性。

工作分解结构的编码方法有多种，最常见的方法是利用数字进行编码。图4－12和图4－13说明了应如何对一个四层的工作分解结构进行编码以及如何对一个制造机器人项目的工作分解结构图编码（编码在括号里表示）。

工作分解结构不应与用来表示项目信息的其他“分解”结构混为一谈。在某些应用领域或其他知识领域使用的其他结构包括：

（1）组织分解结构（OBS）。按照层次各工作纲目与组织单位形象地、有条理地联系起来的一种项目组织安排图形。

（2）材料清单（BOM）。将制造产品所需的实体部件、组件和组成部分按照组成关系以表格形式表现出来的正式文件。

（3）风险分解结构（RBS）。按照风险类别形象而又有条理地说明已经识别的项目风险的层次结构的一种图形。

2. 系统归口管理机制的缺失

客户的IT系统和软件在开发的过程中经常会出现这样或那样的问题，这个是正常现象，但是由于企业内部的业务和技术人员不熟悉系统，而IT外包开发商（×公司）则更多考虑到的是自身的商业利益，有些不负责任的项目负责人会抱着不负责任的态度，对没有暴露出来的问题，即使有所了解或者知道有隐患，也不告知客户企业，甚至会故意把问题隐藏起来。这时候，如果客户企业内部没有熟悉项目、业务和技术的人员，对项目没有反馈和跟踪制度，就可能造成外包开发系统的设计隐患和潜在问题。

3. 测试的不完整

在IT外包系统开发的过程中，客户企业没有详细的测试计划，测试工作都交给×公司，对×公司开发的软件系统的测试往往在具体使用时才进行，有时只对部分主要功能有具体、详细的测试，对次要或不那么重要的功能则不进行测试或测试很少。而实际使用的业务部门由于IT知识的缺乏，可能都不懂得如何进行测试，因此，测试也就不完全。在这种情况下，系统一旦上线，问题可能会层出不穷，容易造成大量的返工，系统的实际实施进度和质量也会受到很大的影响。

4. 项目文件、项目知识交接不全面

在外包开发商系统开发阶段、测试修改阶段和完工系统移交业主的过程中，有些没有经验的外包开发商会对撰写必需的文档资料不够重视，文档资料只提供合同中明确写出的那些，而且撰写的文档资料可能又不够详细，使得最终开发完成的系统的使用、维护知识只被那些参与了系统开发的企业或外包开发商的人员所掌握。但是由于没有形成文字资料，本该显性的知识变成了隐性的知识。如果人员发生变动，就有可能对所开发的系统的后续的维护和使用造成重大的困难。×公司不可避免地也存在这个问题。

——摘自项目管理资源网（http：//www. leadge. com/yctj/38760. html）

第一节　服务外包项目时间管理概述

服务外包项目时间管理（Time Management），又称进度管理（Schedule Management），即针对服务外包项目制订一个进度计划，加强进度控制，使之不偏离服务外包项目运行的轨道，顺利交接，省时完成。加强时间进度管理，协调项目施工进度，才能使项目按期、保质完成。服务外包项目时间管理是一个过程，由若干个子过程构成，具体主要包括以下几个方面的内容：

（1）定义服务外包项目活动（项目分解结构最底层的工作单元），即确定为完成服务外包项目必须进行的诸项具体活动。

（2）排列活动顺序，找出各项活动之间的依赖关系，并形成相应的文档。

（3）估算活动持续时间，以及估算各项活动所需要的时间。

（4）制订进度计划，研究和分析活动顺序、活动时间和资源要求，进而制订服务外包项目时间进度计划。

（5）控制进度，涉及控制和管理服务外包项目进度计划的变更。

图 5－1 概括了服务外包项目时间管理的主要工作过程。这些工作相互作用，同时又与其他知识领域中的各个过程相互作用。

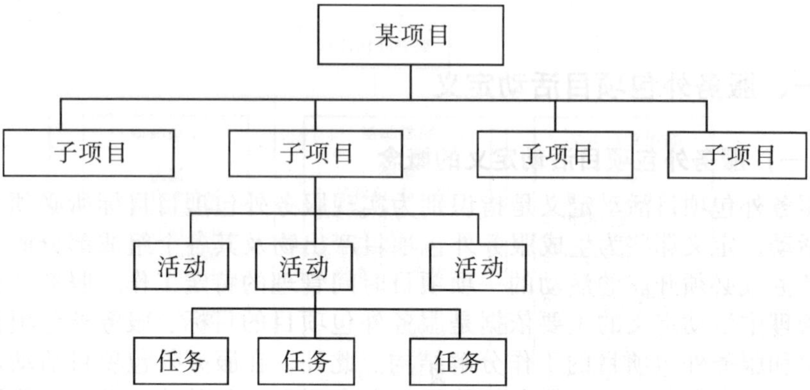

图 5－3　简单的工作分解结构模型图

2. 范围说明

范围说明是服务外包项目活动定义的另一个基本依据。范围说明是指在活动定义期间，必须明确考虑其中所列入的项目合理性和项目目标说明。正确的范围定义是服务外包项目成功的关键。当范围定义不明确时，变更就会不可避免地出现，并破坏项目的节奏，造成返工、延长服务外包项目工期、降低工作人员的生产效率和士气等后果，从而使项目最终成本大大超出预算。

3. 历史信息

历史信息包括服务外包项目前期工作的实际执行情况，也包括服务外包项目组织过去开展的类似服务外包项目的例子。在定义服务外包项目活动的过程中，应当参考这些信息，特别是借鉴以前的、类似的服务外包项目中实际必需的那些活动。

4. 约束条件

任何一个服务外包项目都会面临各种各样的约束条件，这些约束条件会影响服务外包项目活动的开展，是限制项目管理班子进行选择的因素。

5. 假设条件

上面所讨论的服务外包项目约束条件是一种已经确定的、在服务外包项目进程中需要考虑的限制条件。然而，在服务外包项目管理中，由于信息的不完全，还有很多因素或前提条件是尚不确定的，但根据服务外包项目的需要还必须对这些条件加以考虑。因此，需要根据分析判断和经验，假设出这些条件，以作为服务外包项目活动定义的前提条件。

（三）服务外包项目活动定义的工具与方法

要完成一个服务外包项目，首先必须确定要通过哪些工作才能实现项目的总目标，所以服务外包项目活动定义的结果是输出一份包括该项目的所有活动清单。制作一份大型的、复杂的项目活动清单，要做到疏而不漏，还需借助一定的工具和方法。

1. 分解技术

项目分解技术是为了使项目更易管理，以项目工作分解结构为基础，按照一定的层次结构把项目工作逐渐分解为更小的、更易操作的工作单元，直到将项目工作分解到具体活动为止的一种结构化的、层次化的活动分解技术。在这里，需要注意的是项目活动分解技术最终得到的是项目活动定义，而不是对项目产出物的描述。

2. 模板法

模板法是使用已经完成的类似服务外包项目的活动清单或部分活动清单作为一个新服务外包项目活动定义的模板，并根据新服务外包项目的实际情况，进行适当的调整，从而制定出新服务外包项目的活动清单的一种方法。模板法的优点是快捷、方便，但在使用时一定要注意具体情况具体分析，因为不存在完全相同的两个项目。

（四）服务外包项目活动定义的成果

1. 辅助性说明

辅助性说明是服务外包项目活动定义过程中产生的辅助性的详细资料，它将与具体活动相关的假设和约束条件形成相应的文件。

2. 活动清单

活动清单作为工作分解结构的补充，确保了包括服务外包项目所要进行的所有活动，并且排除超过服务外包项目范围的活动。同时，活动清单对每个活动进行了简要说明，从而保证服务外包项目团队能够全面、正确地理解服务外包项目要进行的所有活动。

3. 更新工作分解结构

在利用工作分解结构识别需要进行哪些活动时，服务外包项目队伍成员可以发现漏掉的可交付物或者可以确定哪些交付物的说明需要澄清或更正。所以，要对原有的工作分解结构进行更新，同时也要对其他的相关项目管理文档进行更新。

二、服务外包项目活动排序

（一）服务外包项目活动排序的概念

服务外包项目活动排序就是对活动清单定义的各项活动之间的相互关系进行识别，并据此对各项活动的先后顺序进行安排和确定。

服务外包项目活动排序的主要内容如图 5－4 所示。

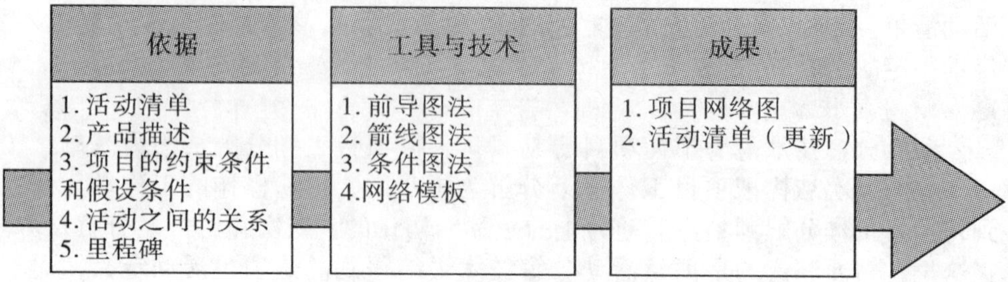

图 5－4　活动排序的主要内容

（二）服务外包项目活动排序的依据

服务外包项目活动排序的依据包括活动清单、产品描述、各项活动之间的关系、其他的约束条件与假设条件、里程碑五个方面。

1. *活动清单*

服务外包项目活动定义的主要输出结果，同时也是服务外包项目活动排序的主要依据和基础。

2. *产品描述*

服务外包项目产品描述是对服务外包项目将产生的产品或服务进行描述的文档。

3. *项目的约束条件和假设条件*

与服务外包项目活动定义相同，我们在进行服务外包项目活动排序时，也要考虑到约束条件和相关的合理假设。

4. *活动之间的关系*

在安排活动顺序时，要确定各项活动之间的逻辑关系。活动之间的逻辑关系通常有三种：强制性依赖关系、可灵活处理的关系和外部依赖关系。

5. *里程碑*

里程碑是服务外包项目实施中的重大事件，通常指可交付的主要成果的实现。

（三）服务外包项目活动排序的工具和技术

1. *前导图法*

利用方框（节点）代表活动，并利用箭头线表示活动之间的依赖关系，将节点联系起来绘制项目网络图的方法。

2. *箭线图法*

利用箭线来代表活动，通过节点将活动连接起来表示依赖关系的绘制项目网络图的方法。

3. 条件图法

前导图法和箭线图法都不允许存在回路或条件分支，因此这两种方法在某些情况下难以较好地描述活动之间的依赖关系。而条件图法则允许诸如回路的非顺序性活动或条件分支。

4. 网络模板

一些标准的网络图可以应用到项目网络图的准备和绘制过程中，标准的网络可能包括整个项目的网络或其中一部分的子网络。

（四）服务外包项目活动排序的成果

服务外包项目活动排序的成果主要包括下面两个方面：

1. 项目网络图

即服务外包项目活动及其逻辑关系的示意图。该图可以包括服务外包项目的所有具体活动，也可以只包括主要活动，图中还附有简单的说明，描述活动排序的基本方法，对于任何特别的排序都有详细的说明。

2. 活动清单（更新）

在编制服务外包项目网络图的过程中，可能会发现必须对某些活动进行再分解或重新定义后，才能编制出正确的逻辑关系图，从而更新原有的服务外包项目活动清单。

三、估算服务外包项目活动资源

（一）服务外包项目活动资源估算的概念

服务外包项目活动资源是指为了开展服务外包项目中的活动所需要的资本、人力、设备或材料。服务外包项目活动资源估算就是确定服务外包项目在实施过程中要使用什么样的资料、每一种资源使用的数量以及何时用于服务外包项目计划活动中。图 5－5 呈现了服务外包项目活动资源估算的主要内容。

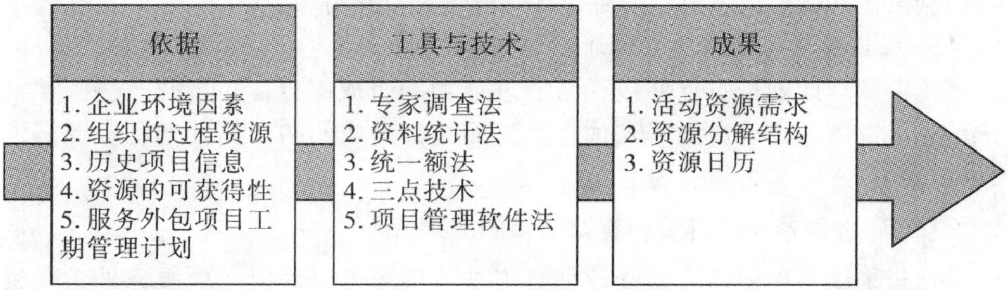

图 5－5 服务外包项目活动资源估算的主要内容

（二）服务外包项目活动资源估算的依据

1. 企业环境因素

在服务外包项目活动资源估算过程中，我们需要使用企业环境因素中关于基础资源可得性的信息。这些信息包括但不限于以下内容：

（1）公司的文化和结构。

（2）政府和行业标准、质量标准和工艺标准。

（3）现有设备和资本资产。

（4）现有人力资本。

（5）人事管理（如雇佣和解雇指南、员工绩效评审、培训记录）。

（6）公司授权系统。

（7）干系人风险容忍程度。

（8）商业数据库（如标准化的成本估算数据、行业风险研究信息和风险数据库）。

（9）项目管理信息系统（如自动化的成套工具、进度软件工具）。

2. 组织的过程资源

组织的过程资源不仅包括正式和非正式的政策、程序、计划和指南，还包括完整的进度计划、风险数据等。

3. 历史项目信息

这是指已完成的同类服务外包项目在项目所需资源、项目资源计划和项目实施消耗资源记录等方面的历史信息。此类信息可以作为新的服务外包项目编制资源计划的参考资料，它可以使人们为新的服务外包项目建立的资源需求和计划更加科学。

4. 资源的可获得性

一般来说，可以使用潜在资源可获得性的信息来估计资源需求。这些知识包括资源从哪些地方可以得到、什么时候可以获得等。

5. 服务外包项目工期管理计划

工期管理计划是服务外包项目管理计划的组成部分，初步的一些工期要求信息可以用在活动资源需求估计上，而且日渐成熟的工期计划和资源需求估计是相互影响和相互制约的。

（三）服务外包项目活动资源估算的成果

通过采用各种项目活动资源估算方法，最终可以确定每项服务外包项目活动需要的资源目录和资源水平，同时还可以获得其他一些与资源需求有关的文档资料。

1. 活动资源需求

通过活动资源估算，无疑可以得出各个工作包中每项活动所需要的资源类型和数量的描述与说明。每项活动的资源需求文档包括每项资源的基本估算、决定使用哪种资源类型的假设以及它们的可获得性，此外还有每项资源的使用数量以及什么时候需要什么资源。

2. 资源分解结构

资源分解结构是通过资源分类和资源类型来识别资源的层次结构，它是项目分解结构的一种。通过它可以在资源需求上制订出进度计划，并可以通过汇总的方式向更高一层汇总资源需求和资源可用性。

3. 资源日历

资源日历确定了项目中所有资源在该服务外包项目中要共同遵守的工作时间。此外，还确定了每个可能的工作时间中每项资源可获得的数量。

四、估算服务外包项目活动持续时间

（一）服务外包项目活动持续时间估算的概念

服务外包项目活动持续时间估算是指根据服务外包项目范围和资源的相关信息对项目已确定的各项活动的可能持续时间进行估算。对一个服务外包项目所需要的时间进行估算时，需要分别估计服务外包项目包含的每种活动所需的时间，然后根据活动的先后顺序来估计整个服务外包项目所需要的时间。

（二）服务外包项目活动时间估算方法

对活动所需要的时间进行精确估算是不容易的，对于比较熟悉的业务可获得相对比较准确的估计，而在缺乏经验的时候进行估算则带有相当的不确定性。在服务外包项目进展中，可以获得更多的经验和认识，从而给出比事前更准确的估算，那么相应地就需要重新计划，重新安排剩余的工作。进行时间估算的方法主要有以下几种，需要根据具体情况来决定采用其中哪一种。

1. 经验类比

对于一个有经验的工作人员来说，当前进行估算的活动可能和以往所参加过服务外包项目中的某些活动较为相似，借助这些经验可以得到一种具有现实根据的估计。当然经历过完全相同的活动在现实中比较少见，往往还需要附加一些推测，但无论如何这提供了一种可以接受的估算。

2. 历史数据

在很多文献资料中存在大量相关行业的信息，这些信息可以作为一种估算的基础，其中不仅包括杂志、报纸、学术刊物等正式出版物，也包括各种各样非正式的印刷品。更为重要的是，正规成熟的企业一般均有（也应该有）关于以往所完成的服务外包项目的资料记载，以便从中获得真实有效的信息。

3. 专家意见

当服务外包项目涉及新技术的采用或者某种不熟悉的业务，而工作人员不具有做出较好估算所需要的专业技能和知识，这时就需要借助相应专家给出的意见和判断。最好是得到多个专家的意见，在此基础上采用一定方法来获得更为可信的估计结果。

4. 德尔菲法

在专家意见难以获得时，德尔菲法（Delphi）是一种有效的替代估计方法。这是一种群体技术，是集中利用一个群体的知识来获得的一种估计。

德尔菲法的过程是：首先是对服务外包项目和要估算的活动进行简要介绍，然后让该群体中的每个人给出他所能得到的最好估计，其结果（第一轮）以列表和直方图形式反馈给该群体。在此基础上，给出的估计与平均值相差大的人先各自讲述自己的理由，然后每个人再进行下一轮推测，得到新的结果（第二轮）。接着让人们讨论后进行新的估计（第三轮）。最后，在第三轮结果的基础上进行最终的调整，而得到的平均值就是德尔菲法估算得到的结果。当然如果对结果不满意的话，还可以继续下去。一般来说，通过这种估计和反馈过程，人们的估计会越来越接近，意见更为统一，因而也就能得到综合各方面意见后的更为准确的结果。

5. 三点法

由于活动所需时间是一个随机变量，在某种活动重复进行时，实际完成时间一般会表现为一种随机分布的形式。这种随机分布可能集中在一个特定值的周围，也可能比较分散。针对这种情况，三点法被提出来，其基本思想是：确定活动完成的三种可能时间，一种是乐观估计，即假设活动所涉及的所有事件均对完成该活动最为有利，比如说合适的环境、没有任何故障、人员能全力工作等，这给出了该活动最快能够完成的时间，记为 O；一种是悲观估计，即假设现实中总是遇到不利因素，使得活动的完成被延误或耽搁，这给出了该活动在最糟的情况下完成所需要的时间，记为 P；最后一种是正常估计，即一般情况下完成活动所需要的时间，这相当于活动时间的随机分布的均值，记为 M。得到这三种估计后，通过以下公式来得到估算结果 E：

$$E = (O + 4M + P) / 6$$

三点法和德尔菲法相结合可以得到另一种方法，就是宽带德尔菲技术。其主要思路是德尔菲法中参与估计的群体需要进行估计的是三种时间，即乐观时间、悲观时间和正常时间。在最后一轮，对结果进行调整，去掉其中的极端估计，得到三种估计的均值分别作为以上所述的 O、P 和 M，然后得到最终的估算结果 E。

第二节　制订服务外包项目进度计划

一、服务外包项目进度计划制订概述

（一）服务外包项目进度计划制订概念

服务外包项目进度计划就是在工作分解结构、活动排序、资源估算以及持续时间估算的基础上对服务外包项目活动进行的一系列时间安排。它明确了服务外包项目活动必须何时开始以及完成服务外包项目活动所需要的时间。服务外包项目进度计划的制订就是根据时间管理前几个过程的结果所进行的分析和项目计划的编制，即根据服务外包项目的活动定义、活动排序、活动资源估算及活动持续时间估算所进行的进度计划编制的工作。其主要任务是确定各项活动的起始和完成日期、具体的实施方案和措施。制订服务外包项目进度计划的目的是控制时间和节约时间，而项目的主要特点之一，就是有严格的时间期限要求，由此决定了进度计划在项目管理中的重要性。

（二）制订服务外包项目进度计划的依据

制订服务外包项目进度计划，自然要根据我们已经掌握的方法来进行，其主要依据为项目网络图、活动历时估算、资源需求、资源库描述、项目和资源日历、约束条件、各种假定以及提前和滞后等。上述内容，大部分我们在前面已经接触过，这里重点要注意以下几个方面的依据。

1. 资源库描述

在制订服务外包项目的计划时，明确在何时以何种形式取得何种资源是必要的，例如，如果某种共有的资源的可用性很不可靠，那么就很难按共享资源制订进度计划。在资源库描述中，详细资料的数量和具体水平是不同的。

2. 项目和资源日历

项目和资源日历表明了可以工作的时段。项目日历影响所有的资源。例如，某些项目只在正常营业时间进行，而另外一些项目则可以在全部工作时

间进行。

资源日历影响某一具体资源或一类资源。例如，某一服务外包项目成员可能在休假参加培训，一个劳务合同可能限定某些工作人员在一周内的某几天工作。

3. 约束条件

约束条件在前面的章节里我们也有描述。在制订服务外包项目的项目进度计划过程中必须考虑以下两类约束条件：

（1）强制日期。服务外包项目发起人、服务外包项目顾客或其他外部因素（比如技术项目的市场窗口、环境恢复项目的法院裁决完成日）可能要求在规定的某个日期之前完成某些可交付物。

（2）关键事件或主要里程碑。服务外包项目发起人、服务外包项目发包方或其他服务外包项目干系人可能要求在某一规定日期前完成某些可交付物，一旦确定下来，这些日期就成了预期时间，一般只有在非常困难时才可能改动。

4. 提前和滞后

为了准确确定活动关系，有些逻辑关系可能需要规定提前或滞后的时间。例如，一件设备从订购、安装到使用可能有两周的滞后时间。

二、制订服务外包项目进度计划的工具与技术

服务外包项目进度计划的影响因素很多，其编制过程需要反复试算和综合平衡。由于服务外包项目进度计划的复杂性，在进度计划的编制过程中，主要使用到了以下几种工具与技术。

1. 进度网络分析

进度网络分析是提出与确定服务外包项目进度计划的一种技术。进度网络分析使用一种进度模型和多种分析技术，如用关键路线法、局面应对分析法和资源平衡法来计算最早、最迟开始和完成的日期，以及项目计划活动未完成部分的计划开始完成的日期。如果模型中使用的进度网络图含有任何网络回路或网络开口，则需要对其加以调整，然后再选用上述分析技术。某些网络路线可能含有路径汇聚或分支点，在进行进度压缩分析或其他分析时可以识别出来并可加以利用。

2. 关键路线法

关键路线法是利用进度模型时使用的一种进度网络分析技术。关键路线法沿着项目进度网络路线进行正向与反向分析，计算出所有计划活动理论上

的最早开始、完成日期及最迟开始、完成日期，而不考虑任何资源限制。由此计算而得到的最早开始与完成日期及最迟开始与完成日期不一定是项目的进度计划，它们只不过是指明计划活动在给定的活动持续时间、逻辑关系、时间提前与滞后量，以及其他已知制约条件下应当安排的时间段与长短。

3. 计划评审技术

计划评审技术利用网络顺序逻辑关系和加权平均持续时间估算来计算项目日历，当项目活动持续时间估算存在很大不确定性时使用较多。它和关键路线法的本质区别是：关键路线法是假设项目完成的时间是确定的，不存在其他可能性，侧重于活动；计划评审技术是估计整个项目在某个时间内完成的可能性，侧重于事件。计划评审技术把各项目活动时间看成是服从某种概率分布的独立随机变量。第 i 项活动的持续时间数学期望用 t_i 表示，则

$$t_i = \frac{a_i + 4m_i + b_i}{6}$$

式中，a_i 是第 i 项活动的乐观持续时间，是假定一切顺利，不出意外的情况下活动需要的最短时间；m_i 是第 i 项活动最可能的持续时间，即活动在最可能的情况下需要的时间；b_i 是第 i 项活动悲观的持续时间，是假定活动很不顺利，遇到许多意外时需要的最长时间。第 i 项活动的持续时间方差为 σ_i^2，则有

$$\sigma_i^2 = \frac{(b_i - a_i)^2}{36}$$

相应地，均方差为

$$\sigma_i = \frac{b_i - a_i}{6}$$

方差越大，即活动的悲观和乐观持续时间之间的差别越大，表明项目团队对该活动真正需要的时间把握越小，所以应当采取措施。需要注意的是，在进行方差计算时，一定是计算路径上的方差。

4. 假设情景分析

假设情景分析就是对“情景××出现时应当如何处理”这样的问题进行分析，进度网络分析是利用进度模型计算各种各样的情景，如推迟某大型部

件的交货日期，延长具体设计工作的时间，或加入诸如罢工或申请许可证过程变化的外部因素。假设情景分析的结果可用于估计服务外包项目进度计划在不利条件下的可行性，编制克服或减轻由于出乎意料的局面出现而造成后果的应急和应对计划。最常用的技术是蒙特卡罗分析，这种分析为每一计划活动确定一种活动持续时间概率分布，然后利用这些分布计算出整个项目持续时间可能结果的概率分布。

5. 资源平衡

资源平衡有时被称为“基于资源的方法”，它是当资源成为制约项目进度计划的因素时，所采取的一种分析方法，其结果通常会使项目的历时比最初估算的项目工期长。服务外包项目活动的进行需要各种各样的资源，如何合理安排利用各种资源是非常重要的问题，一般可以分为两种情况：一种是在资源限定的情况下如何寻求时间最短的实施方案；另一种是在工期限定的情况下如何合理利用资源，以保证资源供需的平衡。处理这两种问题的数学模型往往很复杂，难以应用，要使得进度计划尽可能接近最初总体历时，一种最常用的方法是将资源从非关键活动分配到关键活动。

资源平衡的结果经常是服务外包项目的预计持续时间比初步服务外包项目进度计划长。这种技术有时候叫做“资源决定法”，当利用进度优化管理项目进行资源平衡时尤其如此。将资源从非关键活动重新分配到关键活动的做法，是使服务外包项目由始至终尽可能接近原来为其设定的整体持续时间而经常采用的方式。也可以考虑根据不同的资源日历，利用延长工作时间、周末或选定资源多班次工作的办法，缩短关键活动的持续时间。提高资源生产率是另外一种缩短或延长服务外包项目初步进度安排持续时间的办法。不同的技术或机器，如电脑源程序的重用、自动焊接、电子管材切割机以及自动化生产线都是为了提高资源的生产率。某些项目可能拥有数量有限但关键的项目资源。遇到这种情况，可以将资源从项目的结束日期开始反向安排，这种做法叫做按资源分配倒排进度法，但不一定能制订出最优项目进度计划。资源平衡技术提出的资源限制进度计划，有时候叫做资源制约进度计划，开始日期与完成日期也是计划的开始日期与计划的完成日期。

6. 关键链法

关键链法是另一种进度网络分析技术，可以根据有限的资源对服务外包项目进度计划进行调整。关键链法结合了确定性与随机性办法。一开始利用进度模型中活动持续时间的非保守性进行估算，根据给定的依赖关系与制约条件来绘制服务外包项目进度网络图，然后计算关键链。在确定关键链之后，将资源的有无与多寡情况考虑进去，确定资源制约进度计划。这种资源制约进度计划也会经常改变关键链。

为了使活动计划持续时间得以保证，关键链法添加了持续时间缓冲段，这些持续时间缓冲段属于非工作计划活动。一旦确定了缓冲计划活动，就按照最迟开始与最迟完成日期安排计划活动。这样一来，关键链法就不再管理网络路线的总时差，而是集中注意力管理缓冲活动持续时间和用于计划活动的资源。

7. 工期压缩

工期压缩是指在不改变服务外包项目范围、满足进度制约条件、加强日期或其他进度目标的前提下，缩短服务外包项目的进度时间。工期压缩技术主要包括赶工和快速跟进。

（1）赶工。赶工是对成本和进度进行权衡，确定如何以最小的成本增加取得最大的持续时间压缩。赶工应当在关键路径上进行，通常引起成本增加。同时应当选择那些赶工成本最低的关键活动优先进行。由于在进度和费用之间往往存在一定的转换关系，这种技术的本质就是通过增加一定的费用来换取工期的适度压缩，因而此技术也被称为费用转换。

（2）快速跟进。快速跟进是将一般情况下按顺序实施的多项活动改为平行进行，因而也叫并行处理。快速跟进一般会导致返工和增加风险，应当首先在关键路径上进行，常用的技术有：①试探法，即把稀有资源首先分配到关键路线活动上去。②提高资源利用率，如加班、倒班、使用不同的技术及学习曲线。

8. 项目管理进度安排

项目管理进度安排已经成为普遍应用的进度计划制订手段。其他项目也许能够直接或间接地同项目管理进度安排配合起来，体现其他知识领域的要求，如根据时间段进行费用估算，以及定量风险分析中的进度模拟。这些产品自动进行正向与反向关键路线分析和资源平衡的数学计算，这样一来就能够迅速地考虑许多种进度安排方案。它们还广泛地应用于打印或显示制订完毕的进度计划成果。

9. 应用日历

服务外包项目日历和资源日历标明了可以工作的时间段。服务外包项目日历会影响所有的活动，例如，因为天气原因，一年当中某些时间段是不可能进行现场工作的。资源日历会影响某种具体资源或资源种类。资源日历反映了某些资源是如何只能在正常营业时间工作的，而另外一些资源可分三班整天工作，或者服务外包项目团队成员正在休假或参加培训而无法调用，或者某一劳动合同限制某些工人一个星期工作的天数。

10. 调整时间提前与滞后量

提前与滞后时间量使用不当会造成服务外包项目进度计划不合理，在进度网络分析过程中调整提前与滞后时间量，以便提出合理可行的服务外包项目进度计划。

11. 进度模型

进度数据和信息经过整理，用于服务外包项目进度模型之中。在进行进度网络分析和制订服务外包项目进度计划时，将进度模型工具与相应的进度模型数据同手工方法或项目管理结合在一起使用。

三、制订服务外包项目进度计划的成果

服务外包项目进度计划在制订过程中一般能够得到下列成果。

（一）服务外包项目进度计划

服务外包项目进度计划至少包括每项计划活动的开始日期与完成日期。如果在服务外包项目的初始阶段进行了资源规划，那么在资源分配未确认，计划开始与计划完成日期未确定之前，服务外包项目进度计划始终属于初步进度计划。服务外包项目进度计划可以以摘要或详细的形式表示，称为“控制性进度计划”。它也可以用表格（如带有日期的工作任务分配表）表示，但经常是以一种或多种格式的图形表示。

1. 时标网络计划图

所谓时标，即时间坐标，是按一定单位表示工作进度时间的坐标轴。时标网络图即是以时间坐标为尺度绘制网络图。如图 5－6 所示，是按照最早开始的时间绘制的双代号时标网络图。其中，坐标轴表示时间（单位一般是天，也可以是月），大写字母表示某项活动，字母下方对应数字表示该项活动的历时。

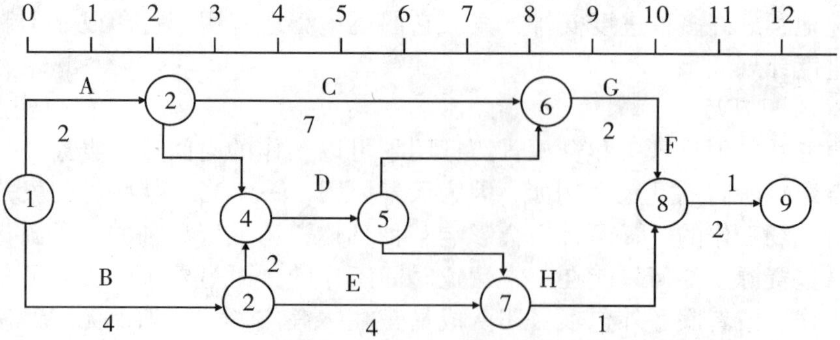

图 5－6　双代号时标网络图

2. 甘特图

甘特图又叫横道图，表示活动开始、完成日期及预期的活动历时，但一般不表示依赖关系。这种图主要用于服务外包项目计划和服务外包项目进度安排。甘特图是一个二维平面图，横轴表示进度或活动时间，纵轴表示工作包内容。它简便易懂，常用于管理计划的介绍，如图 5 – 7 所示。

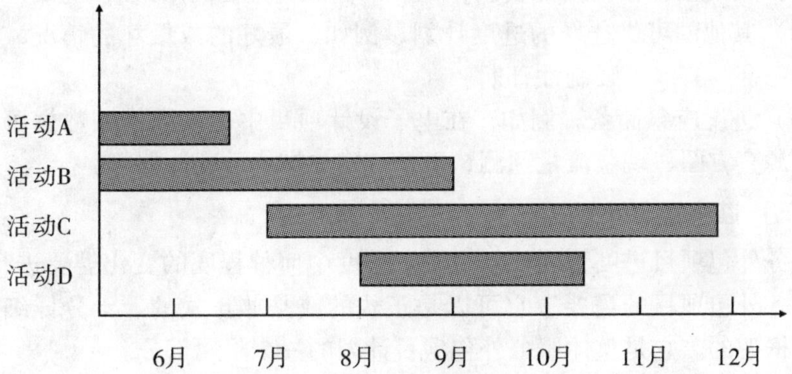

图 5 – 7　甘特图

3. 里程碑事件图

这种方法主要是列出服务外包项目关键节点以及这些节点的完成或开始时间。它显示了服务外包项目为达到最终目标而必须经过的条件或状态序列，描述了服务外包项目在每一个阶段应该达到的状态，而不是如何达到。图 5 – 8即为里程碑事件图。其中，列代表时间，行代表里程碑事件，行列交叉的三角形给出了该里程碑事件发生的时间。

事件	1 月	2 月	3 月	4 月	5 月	6 月	7 月	8 月
前述分包合同			△					
技术要求说明书确定				△				
系统审查					△			
子系统测试						△		
第一个单元交付							△	
生产计划完成								△

图 5 – 8　里程碑事件图

（二）进度模型数据

服务外包项目进度计划的辅助数据至少应该包括进度里程碑、计划活动、活动属性，以及所有已经是别的假设与约束条件的文档，此类数据的多少因应用领域而异。经常当做辅助细节被列入进度模型数据中的信息包括但不限于如下方面：

（1）按时段提出的资源要求，往往以资源直方图的形式表示。

（2）其他的可供选择的进度计划，例如，最好的或最坏的情况，资源平衡或不平衡，有或无强制性日期。

（3）进度应急储备。例如，在电子设计项目中，进度模型数据可能包括人力资源直方图、现金流量预测，以及订货与交货进度计划等。

（三）进度管理计划

服务外包项目进度管理计划说明了进度中何种程度的变化需要进行管理。根据服务外包项目的需要，它可以是正式的或是非正式的、十分详细的或只有基本框架的。它是整体服务外包项目计划的一个附属部分。

（四）资源需求更新

资源平衡和活动清单更新对资源需求的初步估算可能会产生很大的影响。所以在服务外包项目进度计划的编制中，会出现对初步估算的资源需求的改动。因此在进度计划的编制过程中应对这些改动进行整理，重新编制服务外包项目资源需求文件。

（五）服务外包项目日历

服务外包项目日历就是编排确定开展计划活动的工作日或工作班次的日历。服务外包项目日历也确定了不开展计划活动的非工作日，如节假日、周末以及无工作班次的时间。每一服务外包项目的日历可以根据不同的日历单位安排项目的进度。

（六）进度基准

进度基准是根据对进度模型进行的进度网络分析而提出的一种特殊的项目进度计划。该进度计划在项目管理团队认可与批准之后，被当做进度基准使用，需要标明基准开始日期和基准完成日期。

（七）活动属性（更新）

活动属性更新后，应列入修改的资源要求以及所有其他在制订进度计划过程中提出且经批准的变更。

第三节 控制服务外包项目的进度

一、服务外包项目进度控制的概念

服务外包项目的进度计划为项目的实施提供了科学、合理的依据，从而确保了项目可以如期完成。但是在进度计划实施过程中，由于外部环境的变化，服务外包项目的实施进度经常会与进度计划发生偏离。如果不能及时纠正这些偏差，就可能会导致项目延期完成，甚至影响到项目目标的实现。

服务外包项目进度控制就是在服务外包项目开始实施后，时刻对服务外包项目及每项活动的进度进行监督，及时、定期地将服务外包项目实际进度与计划进度进行比较，以便发现偏差时采取有效的对策，使服务外包项目按预定目标完成。

服务外包项目进度计划控制的主要内容包括：

(1) 确定服务外包项目的进度是否发生了变化，如果发生了变化，找出变化的原因，如有必要，须采取措施加以纠正。

(2) 对影响服务外包项目进度变化的因素进行控制，从而确保这些变化朝着有利于服务外包项目目标实现的方向发展。

二、服务外包项目进度计划的检查

服务外包项目进度控制是根据服务外包项目进度计划的实际进展情况进行对比、分析和调整，从而确保服务外包项目进度目标的实现。进度控制的作用在于收集和处理有关工作项目、进度等方面的信息，监督、保证项目进度按基准计划执行，为项目经理及时进行决策提供依据。

在服务外包项目实施过程中，项目内部和外部环境的变化是绝对的，不变是相对的。所以服务外包项目进度计划的平衡是暂时的，而不平衡是经常的。为适应这种情况，首先必须建立一套科学的进度控制系统（包括健全的进度报告制度和进度监测系统），以保证实际进度资料/数据的收集；其次，还需一套科学的数据资料分析和进度调整系统，以保证数据资料分析和调整措施的科学性、准确性；最后，还要有高效的组织实施系统，以保证调整措施得到及时准确的执行。

进度控制中的项目监测系统及调整系统的运作过程如图 5－9 和 5－10 所示。项目进度的监控系统指借助信息化手段建立进度数据采集系统，收集实际进度数据，并将其与计划进度基准进行比较，一旦出现偏差，就要及时找出原因，采取必要的补救措施以确保基准进度计划的完成或更新，修改原计划，直至过程结束。

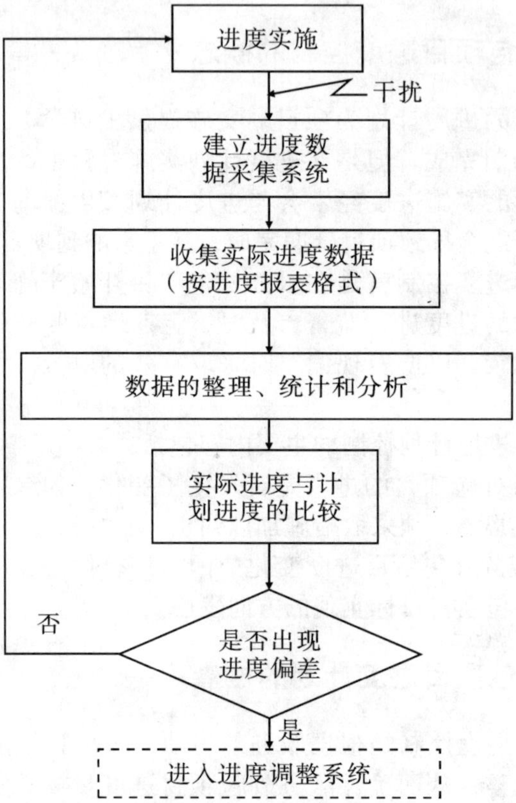

图5－9 服务外包项目进度监测系统

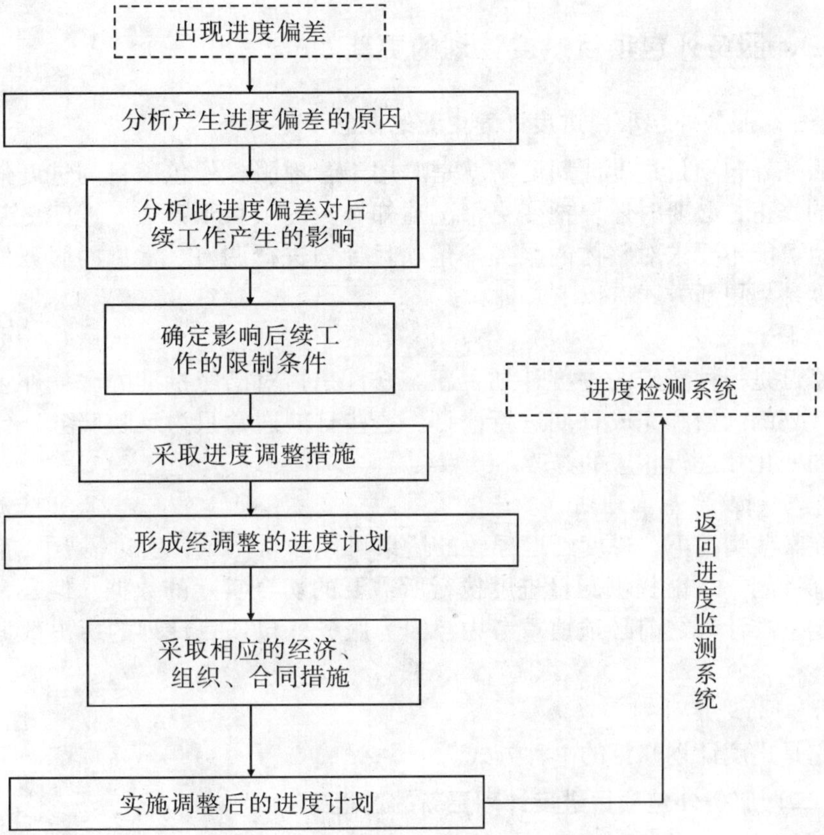

图 5－10　服务外包项目进度调整系统

服务外包项目中的各项计划工作都要通过控制系统才能落实，进度控制反复进行的过程，每个周期的活动大概分为四个阶段，先后的顺序是：编制计划、实施计划、检查与调整计划、分析与总结。在前一循环和后一循环相衔接处，靠信息反馈起作用，使后一循环的计划阶段与前一循环的分析总结阶段保持连续，解决前一阶段遗留的问题，并应用其经验，使工作向前推进。每一循环构成一个封闭的回路，从发展水平上看不同阶段应呈现逐步提高的趋势。为使水平不断提高，在每个循环的开始阶段（计划编制阶段）都应针对前一循环的最后一个阶段（分析与总结阶段，也称处理阶段）遗留的问题采取有力的措施加以解决。

三、服务外包项目进度计划的更新

（一）服务外包项目进度计划更新的概念

服务外包项目进度计划更新就是对用于管理服务外包项目的进度信息所进行的修正，必要时还要把变更情况通知有关的项目干系人。进度更新可能要求也可能不要求对整体的服务外包项目计划进行调整。常见的服务外包项目进度计划更新方式有以下几种：

1. 修订

修订是一种特殊的进度计划更新。修订是指对已经批准的服务外包项目进度计划的开始和完成日期进行修订。这些日期通常只为反映服务外包项目范围的变化才进行相应的修改。

2. 重新确定基准计划

在某些情况下，进度延迟导致的后果可能非常严重，所以需要“重新确定基准计划”才能提供测量进度执行所需要的切合实际的数据。但是，在重新确定基准计划之前必须慎重考虑，因为服务外包项目计划的历史数据将会丢失。

3. 新的进度计划

它是进度计划修订的一种方式。

（二）服务外包项目进度计划更新的过程

服务外包项目进度计划更新主要包括两方面的工作，即分析进度偏差的影响和进行服务外包项目进度计划的调整。

1. 分析进度偏差的影响

当出现进度偏差时，要分析该偏差对后续工作及总工期的影响，以便确定是否需要进行调整和更新。主要从以下几方面进行分析：

（1）分析产生进度偏差的工作是否为关键工作，若出现偏差的工作是关键工作，则无论其偏差大小，对后续工作及总工期都会产生影响，因此，必须进行进度计划更新。若出现偏差的工作为非关键工作，则需要根据偏差值与总时差、自由时差带的大小关系，确定其对后续工作和总工期的影响程度。

（2）分析进度偏差是否大于总时差。如果工作的进度偏差大于总时差，则必将影响后续工作和总工期，因而应及时采取相应的调整措施；若工作的进度偏差小于或等于该工作的总时差，则表明其对总工期没有影响，但其对后续工作有影响，此时，需要将其偏差与其自有时差进行比较才能判断。

（3）分析进度偏差是否大于自由时差。如果工作的进度偏差大于该工作的自由时差，则会对后续工作产生影响，应该如何调整，则需要根据后续工作允许的程度而定；若工作的进度偏差小于或等于该工作的自由时差，则对后续工作无影响，进度计划可不做调整更新。

2. 服务外包项目进度计划的调整

服务外包项目进度计划的调整，一般有以下几种方法：

（1）关键工作的调整。关键工作没有机动时间，其中任何一个工作持续时间的缩短或延长都会对整个服务外包项目工期产生影响。因此，关键工作的调整是服务外包项目进度更新的重点。主要表现为两种情况：①关键工作的实际进度较计划进度提前时，若仅要求按工期执行，则可利用此机会降低资源强度和费用，即选择后续关键工作中资源消耗量大或直接费用高的子项目在已完成关键工作提前的量范围内予以适当延长；若要求缩短工期，则应重新计算与调整未完成的工作，并编制、执行新的计划，以保证未完成的工作按新计算的时间完成。②关键工作的实际进度较计划进度落后时，调整的方法主要是缩短后续关键工作的持续时间，将耽误的时间补回来，保证服务外包项目按期完成。

（2）改变某些工作的逻辑关系。在工作之间的逻辑关系允许改变的条件下，改变关键线路和超过计划工期的非关键线路上有关工作之间的逻辑关系，如将依次进行的工作变为平行或相互搭接的关系，以达到缩短工期的目的。需要注意的是这种调整应以不影响原定计划工期和其他工作之间的顺序为前提，调整的结果不能形成对原计划的否定。

（3）重新编制计划。当采用其他方法仍不能奏效时，则应该根据工期要求，将剩余工作重新编制网络计划，使其满足工期要求。

（4）非关键工作的调整。当非关键线路工作时间延长但未超过其时差范围时，因其不会影响服务外包项目工期，一般不必调整，但有时为更充分地利用资源，也可对其进行调整；当非关键线路上某些工作的持续时间延长而超出总时差范围时，则必然影响整个服务外包项目工期，关键线路就会转移。这时，其调整方法与关键线路的调整方法相同。

非关键工作的调整不得超过总时差，且每次调整均需进行时间参数计算，以观察每次调整对计划的影响，其调整方法有三种：一是在总时差范围内延长其持续时间；二是缩短其持续时间；三是调整工作的开始或完成时间。

（5）增减工作项目。由于编制计划时考虑不周，或因某些原因需要增加或取消某些工作，则需要重新调整网络计划和计算网络参数。增加工作项目，只是对原遗漏或不具体的逻辑关系进行补充；减少工作项目，只是对提前完成的工作项目或原不该设置的工作项目予以删除。因此，增减工作项目不应影响原计划的总逻辑关系和原计划工期，若有影响，应采取措施使其保持不变，以便原计划得以实现。

（6）调整资源。若资源供应发生异常时，应进行资源调整。资源供应发生异常是指因供应不能满足需要，如资源强度降低或中断，影响到计划工期的实现。资源调整的前提是保证工期不变或使工期更加合理，资源调整的方法是进行资源优化。

四、服务外包项目进度计划实施的比较分析

将服务外包项目的实际进度与计划进度进行比较分析，以评判其对服务外包项目工期的影响，查找实际进度与计划不相符的原因，进而找出对策，这是进度控制的重要环节之一。进行比较分析的方法主要有以下几种：

（一）横道图比较法

横道图比较法是将在服务外包项目进展中通过观测、检查、收集到的信息，经整理后用不同颜色或不同线条将实际进度横道线并列画在进度计划的横道线之下，一起进行比较的方法。它明确直观地反映了实际进度与计划进度的关系，如图 5－11 所示。

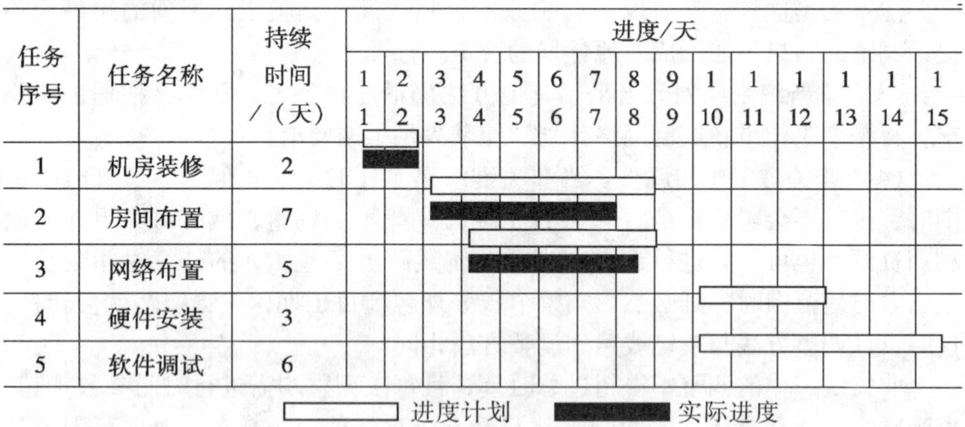

图 5－11　进度计划与实际进度的比较

这种比较方法直观、清晰，但是只适用于各项工作都是匀速进行的情况下，也就是每单位时间完成的工作量相等。当工作为非匀速进行时，就要对横道图的表示方法稍作修改，即横道的长度只表示投入的工作时间，而所完

成的工作量的累计百分比在横道图上下两侧用数字表示。如图 5－12 所示，当 3 月末进行检查时，计划应完成的工作量为 45%，实际完成的工作量已达 50%，实际进度已超前 5%。但随后有 10 天停工未干，当 6 月底检查时，该项目工作只完成了 90%，而进度计划要求该项目在 5 月底就全部完成，所以实际进度已远远落后于计划进度，必须采取调整措施以追回整个项目的进度。

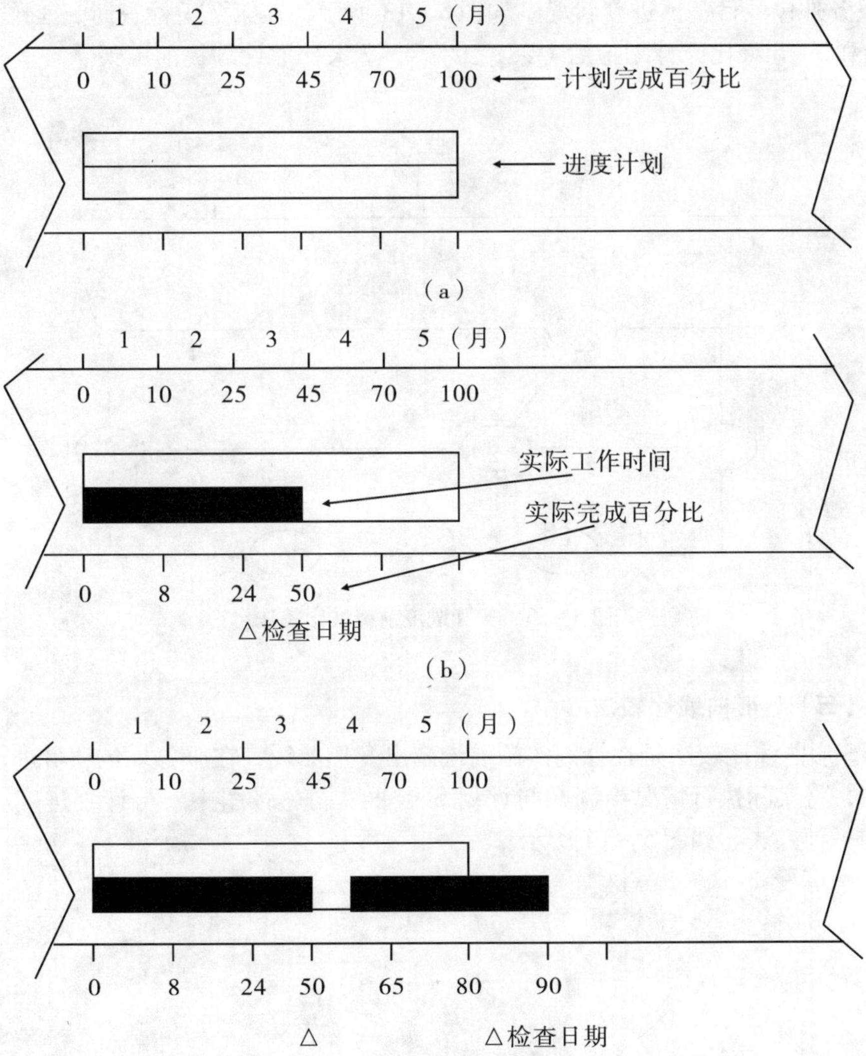

图 5－12　横道图比较法

（二）实际进度前锋线比较法

实际进度前锋线是一种在时间坐标网络中记录实际进度情况的曲线，简称前锋线。它是网络计划执行过程中，某一时刻正在进行的各项工作的实际进度前锋线的连线。根据前锋线与工作箭线交点的位置判断服务外包项目实际进度与计划进度的偏差，以此分析判断服务外包项目相关工作的进度状况和服务外包项目整体进度状况。如图 5 – 13 所示，在第 7 天检查时，工作 2 ~ 5 天和 3 ~ 6 天比原计划拖后 1 天，工作 4 ~7 天比原计划提前 1 天。

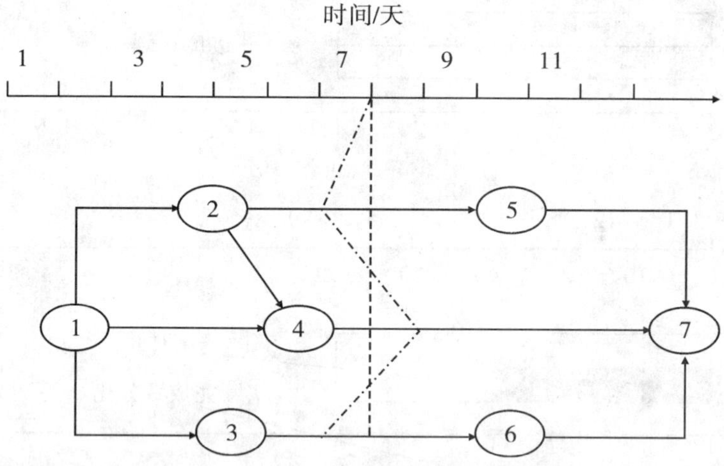

图 5 – 13　实际进度前锋线比较法

（三）S 形曲线比较法

S 形曲线比较法是在计划实施前绘制出 S 形曲线，在服务外包项目进行过程中，将实际执行情况绘制在与计划 S 形曲线同一张图中，与计划进度相比较的一种方法。如图 5 – 14 所示。

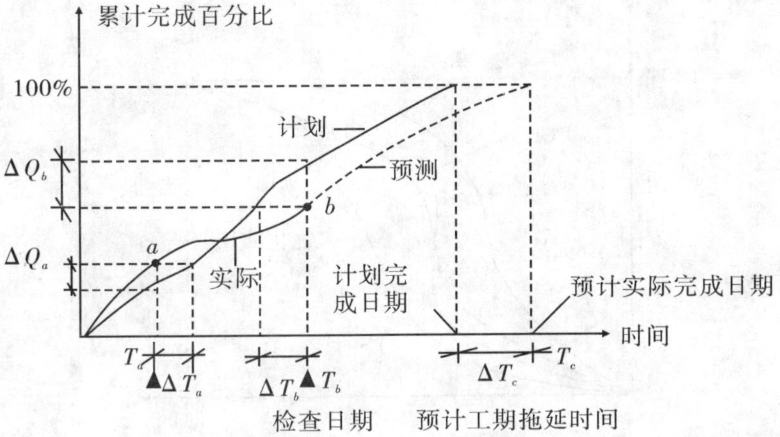

图 5－14　S 形曲线比较图

通过分析，可以看出以下几点：

(1) 工作实际进度与计划进度的关系。如按工作实际进度描出的点在计划 S 形曲线的左侧（如 a 点），则表示此刻实际进度已比计划进度超前；反之，则表示实际进度比计划进度拖后（如 b 点）。

(2) 实际进度超前或拖后的时间。从图 5－14 中可得知实际进度比计划进度超前或拖后的具体时间（如图 5－14 中的 ΔT_a 及 ΔT_b）。

(3) 已完成的工作量。由实际完成的 S 形曲线上的一点与计划 S 形曲线相对应点的纵坐标可得出此时已超额或拖欠的工作量的百分比差值（如图 5－14 中 ΔQ_a 和 ΔQ_b）。

(4) 后期工作进度预测。在实际进度偏离计划进度的情况下，如工作不调整，仍按原计划安排的速度进行（如图 5－14 虚线所示），则总工期必将超前或拖后，从图 5－14 中可得此时工期的预测变化值（如 ΔT_c）。

(四)“香蕉”曲线比较法

“香蕉”曲线是两条 S 形曲线组合而成的闭合曲线。它根据网络计划中的最早和最迟两种开始和完成时间分别绘制出相应的 S 形曲线，前者称为 ES 曲线，后者称为 LS 曲线。如图 5－15 所示，两条曲线除起点和终点重合外，其他点，ES 曲线皆在 LS 曲线左侧，形如一只“香蕉”，故命名为香蕉曲线。如图 5－15 所示的资源累计曲线就是“香蕉”曲线的一个实例。理想的服务外包项目实施过程，其实际进度曲线应处于香蕉状图形以内（如图 5－15 中的 R 曲线）。

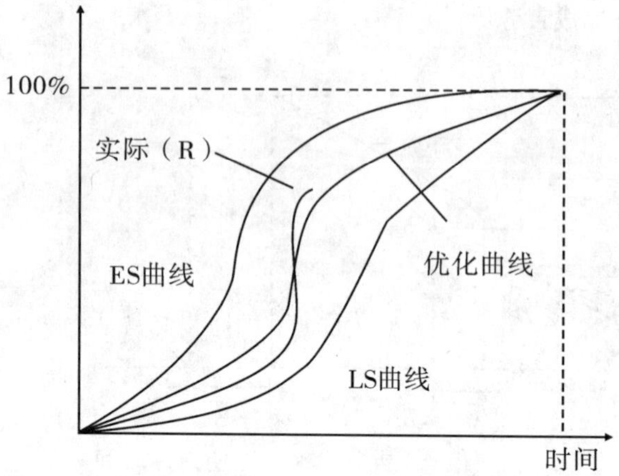

图 5－15　香蕉形曲线比较图

利用“香蕉”形曲线进行比较，其所获得的信息和 S 形曲线基本一致，但由于它存在按最早开始时间的计划曲线和最迟开始时间的计划曲线构成的合理进度区域，从而使得对实际进度是否偏离计划进度及是否会对总工期产生影响的判断变得更为明确、直观。

第四节　关键链项目管理

一、关键链的概念

1997 年，高德拉特（Goldratt）出版了《关键链》一书，将约束理论（Theory of Constraints，TOC）应用于项目管理领域，提出了项目管理的全新方法。高德拉特将关键链定义为既考虑工作间的依赖关系又考虑资源间的依赖关系的最长工作序列。他认为在计划评审技术中的工期估计中包含了大部分的安全时间，而安全时间并不能保证项目的按时完成。因此他将工作 50% 可能完成的时间作为工作工期的估计，并以此建立工作网络图。根据工作间的资源制约关系，修改网络图，确定关键链。

关键链法的提出主要基于两方面的考虑：

(1) 如果一项工作尽早开始，往往存在着一定的松弛量、时间浮动和安全裕量，那么这个工作往往会被推迟到它最后所允许的那一天为止。在这期间整个工作就没有充分发挥它的效率，从而造成了人力、物力的浪费。如果按照最迟的时间开始做安排，没有浮动和安全裕量，无形当中就会对从事这个项目的工作人员施加压力，使他没有任何选择余地，只有尽可能努力地按时完成既定任务。这是关键链法所采用的一种思路。

（2）在进行项目估算的时候，需要设法把个人估算当中一些隐藏的裕量剔除。经验表明，人们在进行估算的时候，往往是按照100%所需要的时间来进行估算的。在这种情况下，如果按照50%的可能性，只有一半的可能性能够完成任务，有50%的可能性又要延期，这样就大大缩短了原来对工作的时间估算。

按照平均规律，把服务外包项目中所有的任务都按照50%的概率进行服务外包项目的时间估算，结果使服务外包项目整个估算时间总体压缩了50%。如果把它富余的时间压缩出来，作为安全备用和服务外包项目管理的一个公共资源统一调度、统一使用，使备用的资源有效运用到真正需要它的地方，这样就可以大大缩短原来项目的工期。

二、关键链项目管理方法

（一）关键链项目管理方法的概念

关键链项目管理（Critical Chain Project Management，CCPM）方法是高德拉特（Goldratt）博士在其专著《关键链》（*Critical Chain*）中提出的一种新的方法，这是一种全新的、革命性的思维方式，可以有效地缩短工期，提高项目满足进度与预算约束的能力。关键链项目管理方法是指在项目的整个过程中，对关键链进行规划、工期计划和维护等方面的一种管理方法。

CCPM方法是约束理论（TOC）在项目管理领域的具体应用。首先它根据项目活动（工序）的技术约束做出项目的网络图，然后考虑项目活动所受到的资源（如劳动力、施工机械等）约束，对网络图进行必要的调整，得到项目的初始进度（Initial Schedule）计划，初始进度计划中持续时间最长的线路即为项目的关键链（Critical Chain），最后将所有项目活动（工序）的持续时间减半，按照某种特定的计算方法，将节省的时间以缓冲区的形式加入到进度计划当中。

CCPM方法中主要有三种形式的缓冲区，即项目缓冲（PB：Project Buffer）、输入缓冲（FB：Feeding Buffer）和资源缓冲（RB：Resource Buffer）。项目缓冲（PB）应插入在关键链的最后一项活动中，用来保护项目的总工期，吸收关键链上活动（工序）的延误；输入缓冲（FB）的插入位置在非关键链和关键链的汇合处，用来吸收非关键链上活动的延误，保证关键链不受非关键链延误的影响；另外，当某种资源投入到关键链工序，而它前面的关键链工序却使用另外一种资源时，就需要插入资源缓冲（RB）。在项目实施过程中，CCPM 方法通过对缓冲区的管理实现对项目的控制，根据缓冲区的消耗制定不同的管理对策。

自从 CCPM 方法提出以后，该方法已成功地应用于多个企业，并在北美和欧洲等地的发达国家受到了相当的重视和研究，Texas Instruments，Honeywell，Harris Semiconductor，Israeli Aircraft，Lucent Technologies 等公司在应用这一方法后都取得了不错的成绩，这与 CCPM 方法独特的思维视角是分不开的。

下面通过例子来说明制订关键链计划的每个步骤。

步骤 1：按照最早开始时间建立进度项目网络图。

图 5 - 16 显示的是一个由 7 个任务组成的项目最早开始时间及项目进度。整个项目的工期预计是 16 天，每个任务都有自己的储备时间，C1 - C2 - C3 正是传统的关键路径。

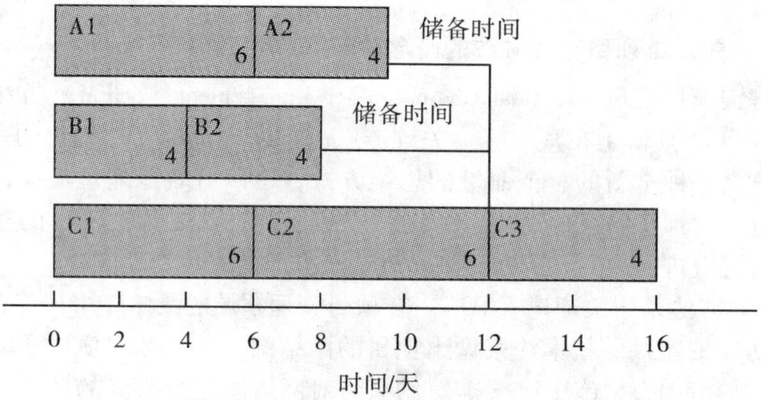

图 5 - 16　依据最早开始时间的进度计划

步骤 2：将最早开始进度转化为最迟完成进度并增加资源。

使用 CCPM 方法的服务外包项目经理首先是将任务进度转化为最迟完成进度，具体如图 5 - 17 所示。在这个过程中，去掉了任务 A1 - A2 和任务 B1 - B2 所在任务链上的储备时间。实际上，已取消了本项目中所有任务和任务链中的储备时间。同时，用任务 C1 和 C2 的最可能完成时间替代原来的预计工期（包括一定的应急储备时间）。因此，整个项目的预计工期从原来的 16 天减为现在的 8 天。并且还为各项任务增加了 3 个资源/人员（小王、小李和小张)。其中，在任务 A2 与任务 B2 中，资源小李是互相冲突的。

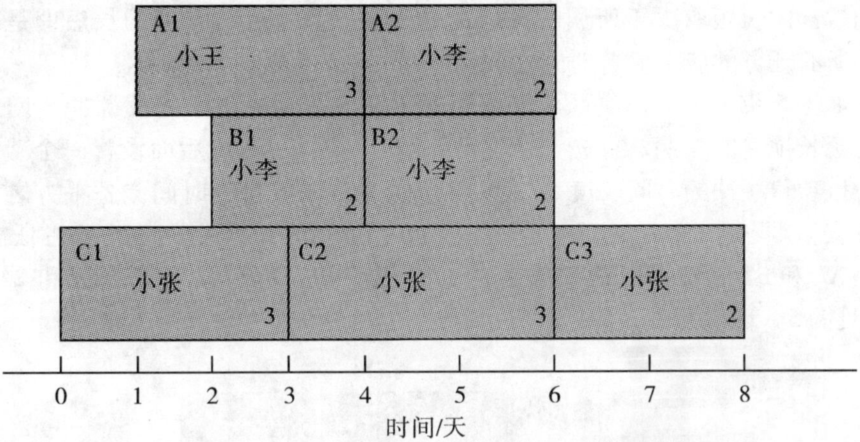

图 5－17　带资源配置的最迟完成时间进度计划

步骤 3：解决资源冲突。

总体来讲，解决资源冲突的步骤一般从缓冲时间最少的任务链开始。从图 5－17 中可以看出，关键链（C1－C2－C3）没有任何资源冲突的问题。接着应考虑缓冲时间次少的任务链 A1－A2。可让小李先做任务 B2，当小王完成 A1 之后，小李再开始做 A2。具体解决方案如图 5－18 所示。

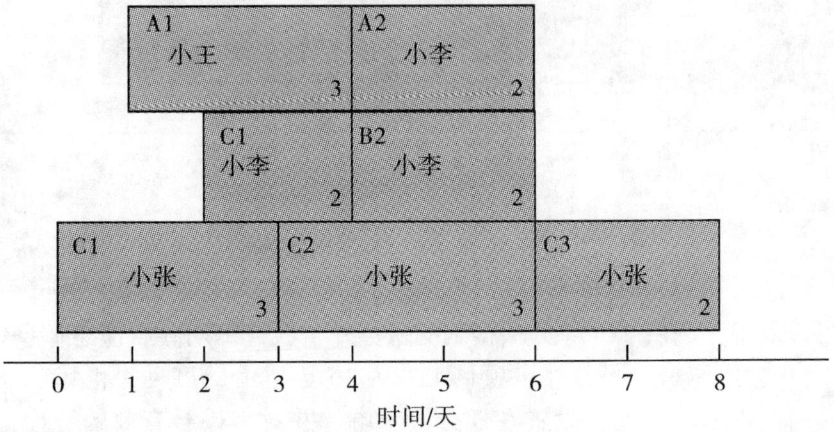

图 5－18　解决资源冲突方法之一

步骤4：使用缓冲。

缓冲是一种时间段，通常被设置在任务链的末端，以保护任务的进度。时间缓冲的长短取决于所属任务链的总工期。基本上，缓冲的长短即是任务链中所有任务的应急储备时间之和。

如图5－18所示，项目可以在第8天完成。解决小李的资源冲突问题并没有延长项目的工期。首先，在项目的最后一项任务C3后面设置一个项目缓冲。该项目缓冲的时间长度是任务C1、C2和C3各自的时间储备平方之和的平方根（即9、9、4之和的平方根），大约是4.7天。其次，在任务链A1－A2和B1－B2后面设置输送缓冲。相应的时间分别为3.6天和2.8天（参见图5－19）。

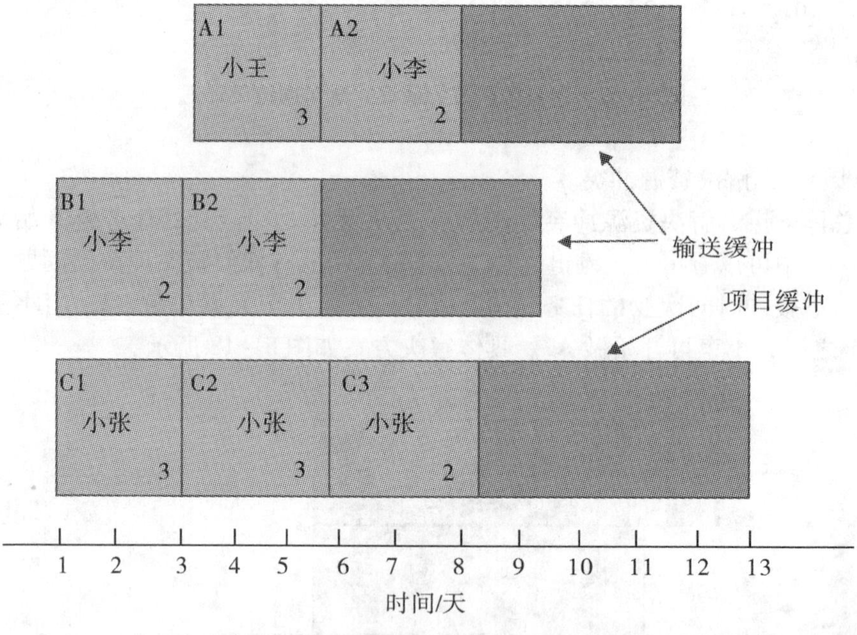

图5－19　增加了缓冲的项目进度

可以发现，利用CCPM方法得到的服务外包项目工期（含应急储备缓冲）是13.7天，而原来的服务外包项目工期为16天。由此可见，将每项任务中的储备时间提取出来统一设置在任务链末端，并对其进行有效的管理，可以使预期服务外包项目进度缩短。

实践证明，CCPM方法已使很多项目获得了成功。例如霍尼韦尔航空电子防御系统利用关键链的概念，将一个项目的预计工期从 13 个月缩短至 6 个月，而且他们最终也的确在 6 个月内完成了该项目；朗讯科技通过 CCPM 方法，确认一个项目的工期为 1 年，尽管很多人都认为该项目根本无法在 1 年内完成，但它的确如期完成了，而且还有富余的缓冲时间。

【思考练习题】

1. 试简单阐述服务外包项目时间管理的工作过程。
2. 试阐述服务外包项目进度管理和控制管理的内涵。
3. 试论述制订服务外包项目进度计划的方法有哪些。
4. 试论述如何控制服务外包项目的执行进度。
5. 试论述关键链项目管理方法的概念。

第六章　服务外包项目成本管理

【案例引导】

2010年中国铁建发布公告，称公司承建的沙特麦加萨法至穆戈达莎轻轨项目计划于2010年11月13日开通运营。该项目在实施过程中，因实际工程量比签约时预计工程量大幅增加等原因，预计将发生大额亏损，按2010年9月30日的汇率折算，总的亏损额预计约为人民币41.53亿元。

根据公告，公司于2009年2月10日与沙特阿拉伯王国城乡事务部签署《沙特麦加萨法至穆戈达莎轻轨合同》，约定采用EPC+OM总承包模式（即设计、采购、施工加运营、维护总承包模式），由公司负责轻轨项目的设计、采购、施工、系统（包括车辆）安装调试以及从2010年11月13日起的三年运营和维护。工期要求：2010年11月13日开通运营，达到35%运能；2011年5月完成所有调试，达到100%运能。该项目合同总金额为66.50亿沙特里亚尔，约为17.70亿美元，按2010年9月30日的汇率，折合人民币120.70亿元。

公司公告，按2010年9月30日的汇率折算，该项目合同预计总收入为120.70亿元，合同预计总成本为160.69亿元，两者相减后，合同损失为39.99亿元。加上财务费用1.54亿元，该项目的亏损预计为41.53亿元。

公司解释，合同预计总成本变化的主要原因是该项目采用EPC+OM总承包模式，项目签约时只有概念设计，但由于业主提出新的功能需求导致工程量的增加，因此该项目在实施过程中，合同预计总成本也在逐步增加。到2010年6月30日，预计总成本增加到125.44亿元。

2010年下半年，项目全面进入大规模施工阶段，各项工程全面展开，而实际工程数量比签约时预计工程数量大幅度增加，再加上业主对该项目的2010年运能需求较合同规定大幅提升、业主负责的地下管网和征地拆迁严重滞后、业主为增加新的功能大量指令性变更使部分已完工工程重新调整等因素影响，导致项目工作量和成本投入大幅增加，计划工期出现阶段性延误。

就上述变化导致合同预计总成本大幅增加，公司已根据合同向业主递交了变更及索赔资料，业主承诺在项目结束后将成立专门委员会，商谈相关索赔和补偿问题。到目前为止，公司仍在就上述变更索赔事宜与业主协商，但尚未获得业主的批准。

公司认为，该项目将对本公司第三季度的利润造成重大影响。如果不能于2010年年度业绩报告前就变更及索赔事宜获得业主的批准，该项目将对本公司2010年度利润产生重大影响。

中铁建的人员称：亏损的原因很复杂，对方突然变更工期，增加了成本；在工程设备采购方面也比较混乱；再则，由于当地人信誉不太好、拆迁难度大等原因，导致工程进展也非常缓慢。

——中国证券报，2010－10－26

第一节　服务外包项目成本管理概述

一、服务外包项目成本管理的含义与特点

服务外包项目成本管理是指为保证服务外包项目实际发生的成本不超过项目预算成本所进行的成本估算、成本预算和成本控制等方面的管理过程和活动。换句话说，服务外包项目成本管理就是为了确保完成项目目标，在批准式的预算内，对项目实施所进行的按时、保质、高效的管理过程和活动。

影响服务外包项目成本管理的因素有很多，主要包括以下四个方面：

（1）项目工期。项目成本与项目工期直接相关，随着工期的变化而相应地发生变化。一般来说，当项目工期缩短时，项目成本会随之增加，但是当项目工期被拖延时，项目成本也会增加。

（2）项目质量。它表示项目能够满足客户需求的特征和性能。显然，项目成本与项目质量成正比例关系。项目质量要求越高，项目成本也就越高；项目和质量要求越低，项目成本也就越低。

（3）项目范围。它是影响项目成本的最根本因素。一般来讲，项目需要完成的活动越多，项目成本就越高；项目需要完成的活动越复杂，则项目成本也越高。

（4）项目耗用资源的数量与单价。项目成本与项目所耗资源的数量和单价成正比例关系。在这两个要素中，项目所耗资源的数量对项目成本的影响较大，对项目来说，资源的数量是内部因素，是相对可控的；而资源的单价则是外部因素，是相对不可控的。

项目成本管理可以使项目团队及时发现和处理项目执行中出现的成本方面的问题，以达到有效节约项目成本的目的。项目成本管理主要包括项目成本估算、项目成本预算、项目成本控制等工作过程。上述过程之间是相互作用的，并且与项目其他管理之间可能会交叉重叠、互相影响。对于某些项目，特别是一些中小型项目，其成本估算、成本预算和成本控制之间的联系尤为紧密。

此外，在开始项目成本管理的工作过程之前，项目经理和其团队需要编制项目成本管理计划，以便为项目成本的规划、组织、估算、预算和控制提供统一的格式。在项目成本管理计划中，应确定成本估算的精确程度、计量单位、控制账户与组织的会计系统的衔接、控制阀值、挣值分析规则、报告格式以及成本管理过程的书面描述等。项目成本管理计划是项目管理计划的子计划，其可以是正式或非正式的，也可以是非常详细或高度概括的，具体可依据项目的实际情况来定。

二、服务外包项目成本管理的依据与原则

服务外包项目成本管理首先考虑的是以最低的成本完成项目的全部活动，但同时也必须考虑项目成本对于项目成果和质量的影响，关键是要及时地分析项目成本的实际情况，尽早地发现项目成本出现的偏差和问题，以便在情况变坏之前能够及时采取纠正措施。

项目成本管理的依据主要如下：

（1）项目成本基准计划。是按时间分段的项目成本预算，是在度量和监控项目实施过程中项目成本费用支出的最基本的依据。

（2）项目成本执行报告。是指项目成本管理与控制的实际绩效评价报告，它反映了项目预算的实际执行情况，其中包括哪个阶段或哪项工作的成本超出或未超出预算，究竟问题出在什么地方等。项目成本绩效报告是项目成本控制的主要依据之一。

（3）项目变更要求。项目变更要求既可以是项目客户提出，也可以是项目实施者或其他方提出，很少有项目能够准确地按照期望的成本预算计划执行。而不可预见的各种情况要求在项目实施过程中重新对项目的费用作出新的估算或修改，形成项目变更请求。只有当这些变更请求经各类变更控制得到妥善的处理，或增加项目预算，或减少项目预算，项目成本才能更加科学合理，符合项目实际并使项目真正处于控制之中。

（4）项目成本管理计划。项目成本管理计划确定了当项目实际成本与计

划成本发生差异时应如何进行管理，是对整个成本控制过程的有序安排，是项目成本控制的有力保证。

项目成本管理应坚持如下原则：

（1）成本管理最低化原则。项目成本管理的根本目的，在于通过成本管理的各种手段，不断降低项目成本，以达到可能实现最低目标成本的要求。

（2）目标管理原则。目标管理的内容包括：目标的设定和分解，目标的责任到位和执行，检查目标的执行结果，评价目标和修正目标，形成目标管理的计划、实施、检查、处理循环。

（3）动态控制原则。项目是一次性的，成本管理应强调项目的中间控制，即动态控制，因为准备阶段的成本控制只是根据项目组织设计的具体内容确定成本目标、编制成本计划、制订成本控制的方案，为今后的成本控制做好准备；而竣工阶段的成本控制，由于成本盈亏已基本定局，即使发生了偏差，也来不及纠正。

（4）成本管理有效化原则。所谓成本管理有效化，主要有两层意思：一是促使项目经理部以最少的投入，获得最大的产出；二是以最少的人力和财力，完成较多的管理工作，提高工作效率。

第二节　服务外包项目的成本估算

一、服务外包项目成本估算的主要内容

（一）服务外包项目成本估算的定义

服务外包项目成本估算是指为了实现服务外包项目目标，根据服务外包项目活动资源估算所确定的资源需求，以及市场上各项资源的价格信息，对项目所需资源的全部成本进行的估算。

服务外包项目成本估算是在不确定性很大的情况下进行的。项目成本估算工作通常比较复杂，特别是对持续时间比较长的项目，虽然项目成本估算工作在项目开始前就已完成，但是随着项目的进行可能会出现新的可用资源，而且原来资源的价格也可能发生变化，所以项目成本估算应随着项目的进展而进行适当调整，以确保项目的实施能以项目成本估算为依据。项目成本估算既是项目执行的约束，也是项目执行的动力。

项目成本估算是服务外包项目成本管理的核心内容，一般编制项目成本

估算的三个步骤如下：

（1）识别和分析服务外包项目成本的构成要素，即项目成本由哪些资源项目组成。

（2）估算每项项目成本构成要素的单价和数量。

（3）分析成本估算的结果，识别各种可以相互代替的成本，协调各种成本的比例关系。

服务外包项目成本估算主要工作如图 6－1 所示。从图 6－2 可以更加清楚地了解在项目成本估算时的工作信息流向。

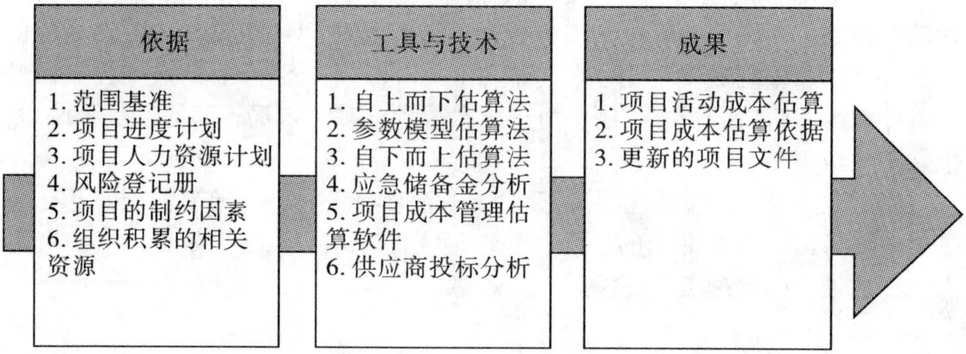

图 6－1　服务外包项目成本估算的主要工作图

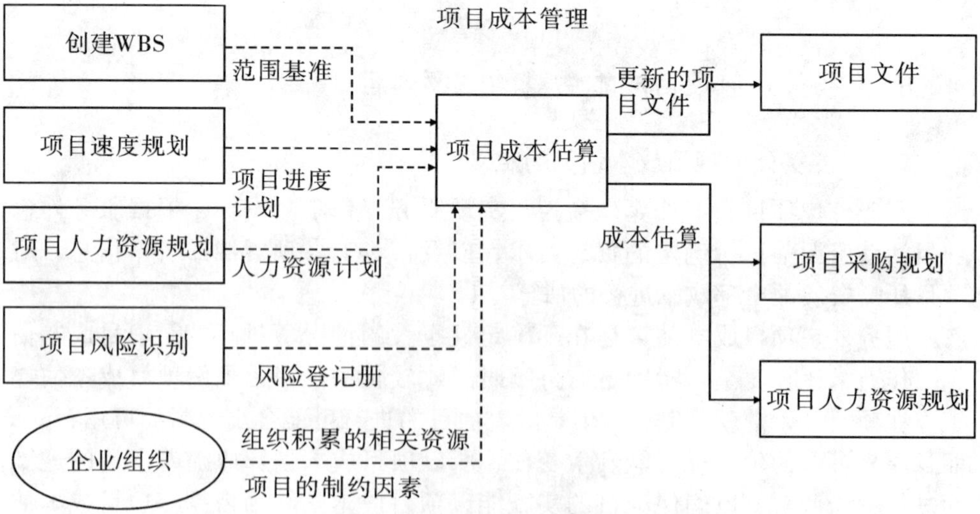

图 6－2　服务外包项目成本估算的工作信息流向图

（二）服务外包项目成本估算的依据

1. 范围基准

如前所述，范围基准包括已批准的详细项目范围说明书、工作分解结构等内容，其具体内容已经在第四章中详细介绍，在此不再赘述。

2. 项目进度计划

决定项目成本估算的主要因素是资源的类型和数量，以及这些资源用于项目工作的持续时间。活动资源估算涉及确定完成计划活动所需人员、设备、材料的数量及其可用性。因此计划活动资源及其各自的持续时间是项目成本估算的主要依据。

3. 项目人力资源计划

项目人力资源计划中的项目人员的属性和人工费率等信息都将是编制项目成本估算的必要组成部分。

4. 风险登记册

在编制项目成本估算时，项目团队应考虑项目风险应对方面的信息。风险对计划活动和项目成本都会产生很大的影响。作为一般规律，当项目遭遇风险时，项目成本总是增加，而项目进度也将会延误。

5. 项目的制约因素

（1）市场条件。即在市场中从谁手中、在何种条件和条款下能够得到何种产品、服务和结果等。

（2）商业数据库。商业数据库可跟踪反映技能和人力资源成本，提供材料和设备的标准成本。从商业数据库经常可获得资源成本率信息。公布的卖方价格清单是另外一种数据来源。

6. 组织积累的相关资源

在编制项目成本管理计划时，将考虑现存的正式和非正式的计划、方针、程序和指导原则，以及选择使用的成本估算工具、监测和报告方法。

（1）成本估算方针。一些项目组织已预先定义了项目成本估算的方针，所以项目成本估算应在其已有的项目成本估算方针所确定的边界范围内操作。

（2）成本估算模板。有些组织已建立了可供项目团队使用的模板（或格式标准）。根据这些模板的应用领域和以前项目的使用情况，项目组织还将对这些模板进行持续改进，以便更好地服务于后续的项目成本估算工作。

（3）历史信息。从组织内部的不同部门所获得的与项目产品、服务有关的信息将影响项目成本估算工作。

（4）项目文件。组织以前项目实施过程和活动的相关记录能给编制项目文本估算提供帮助。

(5) 项目团队知识。项目团队成员在项目成本估算方面积累的知识和技能能给编制项目成本估算提供帮助。

(6) 吸取的教训。项目团队在项目成本估算工作中积累的经验教训能给编制项目估算提供帮助。

二、服务外包项目成本估算的基本方法

项目成本估算的常用工具和方法有：自上而下估算法、参数模型估算法、自下而上估算法、应急储备金分析、项目成本管理估算软件和供应商投标分析。

1. 自上而下估算法

自上而下估算法，也可称为类比估算法，其过程是由上到下一层层进行的，它是一种最简单的成本估算方法，通常采用专家评定法。此种方法常常在项目的初期或信息不足时被采用。它是将以前类似项目的实际成本的历史数据作为估算依据，并以此来估算项目成本的一种方法。采用类比估算法所需的成本通常低于其他方法，但其精确度通常也较差。

例如，某办公楼装修工程估算所需成本为500万元，此工程大致分为两项，即内装修（活动1）和外装修（活动2），内装修又分为墙体地面装修（活动3）和水电管网改造（活动4），见图6-3。该方法的主要步骤为：

(1) 由项目的中上层管理人员收集类似项目成本的相关历史数据。

(2) 项目的中上层管理人员通过有关成本专家的帮助对项目总成本进行估算。

(3) 按照工作分解结构图的层次把项目总成本的估算结果自上而下传递给下一层的管理人员，在此基础上，基层管理人员对自己所负责的子项目的成本进行估算。

(4) 继续向下逐层传递上层的估算，一直传递到工作分解结构图的最底层为止。

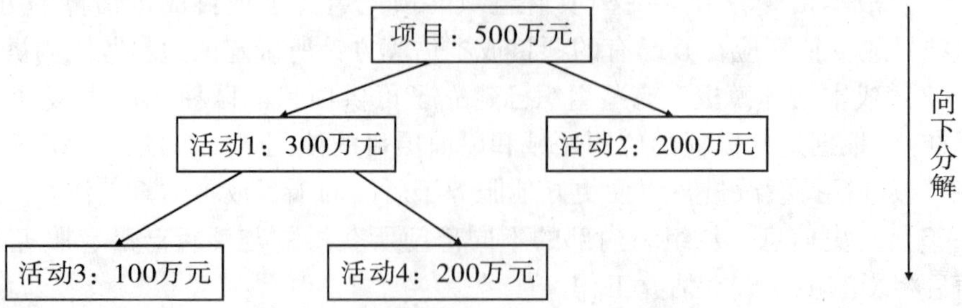

图6-3　自上而下估算法示意图

自上而下估算法的优点主要包括：

（1）简单易行、花费少，尤其适合在项目的详细资料难以获取时使用。

（2）在总成本估算上具有较强的准确性。

（3）对各种活动的重要程度有清楚的认识，从而可以避免过分重视某些不重要的活动或忽视某些重要的活动。

但自上而下估算法也存在一些局限性。当项目总成本按照工作分解结构图的路径逐级向下分配时，可能会出现基层人员认为一些下层活动分到的成本不足，难以完成相应任务的情况。然而碍于权力的威严，基层人员未必会立即表达自己对此估算的不同看法，也不可能就合理的估算分配方案与上一级管理人员进行沟通，只能等待上一级管理人员自己发现其中的问题才能进行纠正。这样就会使项目的进度拖延，造成资源浪费，甚至导致项目失败。

2. 参数模型估算法

参数模型估算法是一种比较科学的、传统的估算方法。它是把项目的一些特征作为参数，通过建立一个数学模型来估算项目成本的方法。在估算成本时，参数模型估算法只考虑对文本影响较大的因素，对成本影响较小的因素则忽略不计，因而用此法估算的成本精确度不高。

采用参数模型估算法时，如何建立一个合适的模型，对于保证成本估算结果的准确性非常重要。为了保证参数模型估算法的实用性和可靠性，在建立模型时，必须注意如下几点：

（1）用来建模所参考的历史数据的精确性。

（2）用来建模的参数是否容易量化。

（3）模型是否具有通用性。

例如式 6－1：某安装项目的工艺设备已经选定，其他活动还未设计，所以采用参数模型估算法来估算该安装项目成本。通过分析，设计该安装项目的成本估算模型如下：

$$Y = E \times W \tag{6-1}$$

Y——新项目所需要的投资额；

E——参数（通过以前的历史数据分析得到）；

W——已知项目的投资额。

假设已知与被估算设备相类似的 G 设备的投资额为 W，C 设备及其安装费与设备投资额的关系式为 $B = 1.22W$，G 设备总建设费与设备及其安装费的关系式为 $Y = 1.54B$。

则总建设费 $Y = 1.54B = 1.54 \times 1.22W = 1.88W$

此时的参数量为 1.88，当获知了 G 设备的投资额 W 后，就可以估算出新项目的总建设费。

3. 自下而上估算法

自下而上估算法，也称工料清单估算法，首先估算其各项活动的独立成本，然后将各项活动的估算成本自下而上汇总，从而估算出项目的总成本。

采用自下而上估算法估算项目成本时，由于参加估算的部门和需估算的活动较多，有必要将各项活动资源的度量单位量加以统一。

自下而上估算法的优点在于它是一种参与管理型的估算方法，与那些没有亲身参与工作的上级管理人员相比，基层管理人员往往对资源的成本估算有着更为准确的认识。另外，由于基层管理人员直接参与具体的成本估算工作，这样可以促使他们更乐于接受项目成本估算的最终结果，从而提高了项目成本估算工作的效率。

但在实际工作中，自下而上估算法应用得非常少，上层的管理人员一般都不会相信基层管理人员所收集汇报的成本估算信息，认为他们会夸大自己所负责活动的资源需求，片面强调自己工作的重要性。另外，有些高层管理人员认为项目成本估算是组织控制项目的最重要的工具，从而不信任自己下属的工作能力和经验。自下而上估算法最大的缺陷在于，该方法存在着一个独特的管理博弈过程。基层管理人员可能会过分夸大自己所负责活动的成本估算，因为他们担心日后的实际成本会高于估算成本，因而受到责罚，同时也期望实际成本能低于估算成本而获得奖励；而高层管理人员则会按照一定的比例削减基层人员所作的成本估算，从而使得所有参与者陷入博弈怪圈。

4. 应急储备金分析

很多项目团队会在项目的成本估算过程中预留一些应急储备金，但这或许会夸大项目计划活动的估算成本。应急储备金是由项目经理或项目团队自由支配的成本，可用来处理项目不确定的事件，它也是项目范围和成本基准的一部分。应急储备金一般分为实施应急储备金和价格保护应急储备金两类。实施应急储备金用于补偿估算和实施过程中的不确定事件；价格保护应急储备金用于预防通货膨胀和价格波动所造成的不确定事件。应急储备金分类示意如图 6－4 所示。

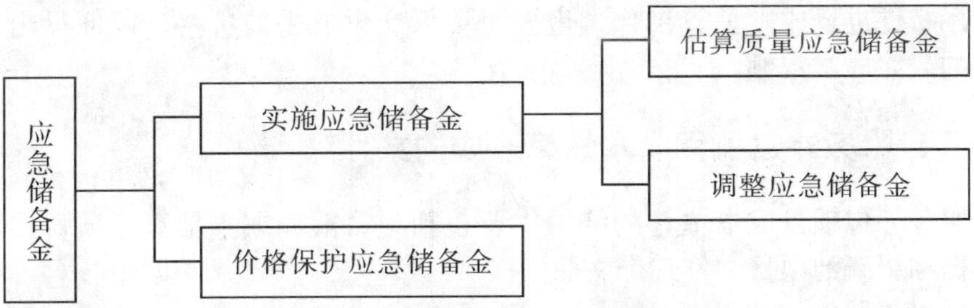

图6－4　应急储备金分类示意

（1）实施应急储备金。它包括估算质量应急储备金和调整应急储备金。

估算质量应急储备金主要用于弥补由于预算过程本身的不完善所造成的不确定性，如预算时间过短，预算人员缺乏经验，计算出现误差等。对此，可以通过对以往项目的历史资料来估算这部分应急储备金提取的数量，或者估算出应急储备金占直接材料、直接人工、其他直接费和间接费等之和的百分比。

一般情况下，一个项目需要经过多次试运行、调整才能达到设计的要求。调整应急储备金主要用于支付试运行、调整期间的各项成本，如系统调试成本、其零部件的返工成本、重新组装成本等。

（2）价格保护应急储备金。价格保护应急储备金用于补偿询价和实际订货期间隐含的通货膨胀因素。在项目报价有效期届满之后、实际订货之前，供应单位有可能会因为通货膨胀而提高价格。成本估算人员应该预测价格上涨的幅度，把有可能增加的部分列入价格保护应急储备金。

例如式6－2：某项目需要购买一批原材料，向若干厂家询价，报价最低者为60万元，有效期为30天。项目从收到报价、编制出项目成本估算到预期购买这批原材料有4个月时间。届时，厂家报价失效，价格可能上涨，尤其是在通货膨胀时期。假设这段时间的年通货膨胀率为10%（每月为0.83%），试估计这批原材料的价格保护应急储备金。

解：该原材料的价格保护应急储备金为：

$$0.83\% \times (4-30/30) \times 60 = 1.49\ (\text{万元}) \qquad (6-2)$$

5. 项目成本管理估算软件

项目成本管理估算软件可以简化一些成本估算工作，以便于进行各种成本估算方案的快速计算。

6. 供应商投标分析

如果项目需要采用竞价方式对外招标，则项目团队需要根据合格供应商的投标文件进行成本估算工作，审查每项可交付成果的价格，以便得出该子项目的最终成本数额。

三、服务外包项目成本估算形成的文件

服务外包项目成本估算的结果主要包括项目活动成本估算、项目成本估算依据和更新的项目文件三个文档。

1. 项目活动成本估算

项目活动成本估算是对完成项目的各项工作所需的成本进行量化，既可以是对成本总额的估算，也可以是分项的估算。成本估算应涵盖各项目活动所需的全部资源（包括人力、财力、物力，并考虑通货膨胀或意外事项等）。成本计量通常以货币单位（如元、欧元、美元等）表示，但有时为了方便也可用人/天或人/小时等单位表示。

2. 项目成本估算依据

因应用领域差异，项目成本估算时所采用的数量计量尺度和所依据的信息类型会有所不同。项目成本估算所依据的信息应是清晰的、专业的、完整的，具体包括：

（1）活动工作范围的描述。

（2）项目成本估算编制的依据。

（3）所作假设的文字记载。

（4）制约条件的文字记载。

（5）关于估算范围的文字记录。

3. 更新的项目文件

在进行项目成本估算时可能还需要根据情况对风险登记册等文档进行更新。

第三节　制定服务外包项目成本预算

一、制定服务外包项目成本预算的主要内容

服务外包项目成本预算是一项确定服务外包项目各项活动的成本定额，并确定项目应急准备金的标准和使用规则，从而为测量项目实际绩效提供标准和依据的管理工作。项目成本预算是进行项目成本控制的基础，也是项目成功的关键因素，其中心任务是将项目成本估算的结果分配到项目的各项活

动中，估计项目各项活动的资源需求量。

服务外包项目成本预算一般包括直接人工成本预算、咨询服务成本预算、资源采购成本预算和应急储备金预算。其中，需要关注的是应急储备金的预算。应急储备金是指为应对项目在实施过程中发生意外情况而准备的保证金，提高应急储备金估计的准确性可以减轻项目中意外事件的影响程度。

项目成本预算的主要工作如图 6－5 所示，而从图 6－6 可以更加清楚地了解在项目成本预算时的工作信息流向。同时也可以看出，在项目成本预算时不仅要完成项目成本估算工作，创建 WBS、项目进度规划、项目团队组建、项目采购实施等工作也要先于其完成。

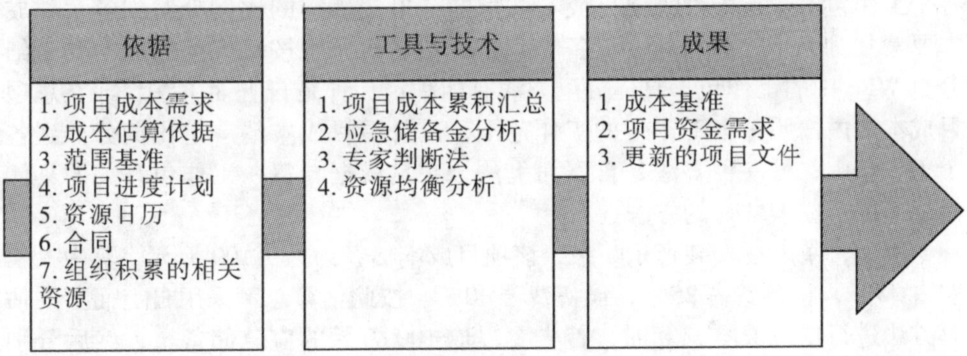

图 6－5　服务外包项目成本预算的主要工作

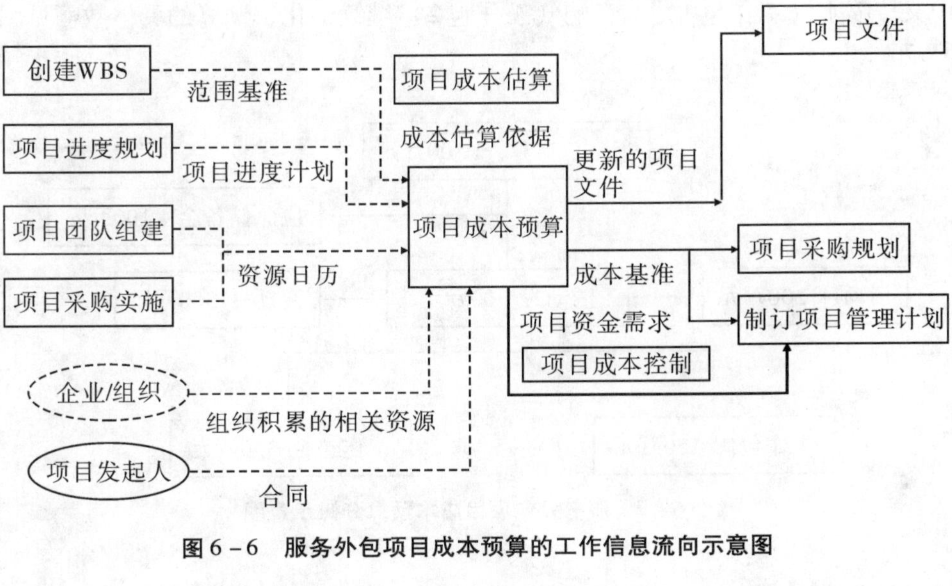

图 6－6　服务外包项目成本预算的工作信息流向示意图

二、制定服务外包项目成本预算的主要方法

服务外包项目成本预算的工具和方法主要有：项目成本累积汇总、应急储备金分析、专家判断法和资源均衡分析等。以下仅对项目成本累积汇总这一方法进行详细介绍。

进行项目成本累积汇总的目的是用于编制项目成本基准，通常其流程如下：

1. 分摊项目活动估算成本

进行项目活动估算成本分摊的目的就是将成本估算结果分配到 WBS 中的各个工作包中。首先可将项目成本估算的结果按一定的比例分配到各大类成本要素（如人工、原材料、设备等）中；然后再分别按每大类的成本要素细分至 WBS 中的工作包。具体分配方法有两种：一种是自上而下法，即在总项目成本之内按照每个工作包的工作范围，以总项目成本的一定比例分摊到各个工作包中；另一种方法是自下而上法，它是依据与每一工作包有关的具体活动而进行成本估计的方法。

例如，某广场安装音乐喷泉，该项目成本估算约为 1 100 万元，其中人工费占 35%，材料费占 25%，设备费占 40%。按此估算总额采用自上而下的估算方法进行项目成本预算时，首先要提取 100 万元的应急储备金，然后分别将人工费 350 万元、材料费 250 万元、设备费 400 万元按设计施工（活动 1）、设备采购（活动 2）、安装调试（活动 3）进行分配。在设备采购（活动 2）中又按喷水（工作包 1）和音响（工作包 2）继续细化，预算的具体数额见图 6 – 7。

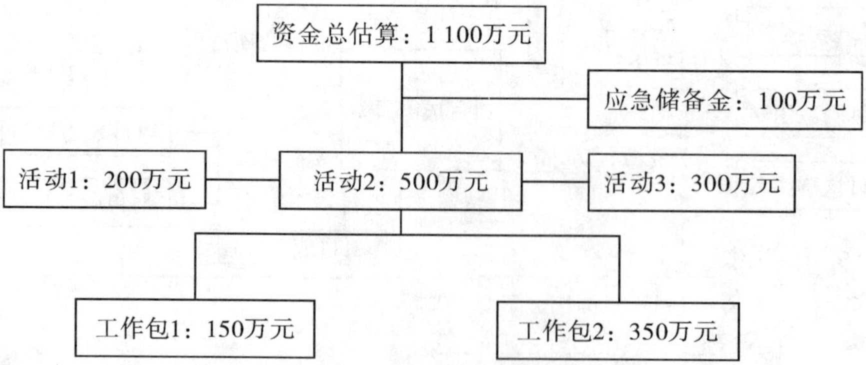

图 6 – 7　服务外包项目成本预算分摊示意图

2. 制定累积成本预算基准

在整个项目的实施期间，需对每个工作包的成本预算进行分配，即确定各项成本预算支出的时间以及每一个时点所发生的累积成本支出额度。通过将每一阶段的总预算成本分摊到项目实施的各期间，就能确定这一期间内应该支出的成本预算额度。若用截至某期的每期预算成本总和表示这一合计数，也称累积预算成本基准，它是分析项目成本绩效的基准。

制定累积成本预算的核心工作是建立成本基准。成本基准按时间分段预算，通常以S形曲线的形式表示。成本基准是项目管理计划的一个组成部分。

成本基准的建立步骤如下：

（1）选定恰当的成本累积区间。

（2）将每项任务的成本或每个工作包的总预算成本分摊到成本累积区间。

（3）对截至某一期间的预算成本加总，得到某期为止的工程预算值，也称累积预算成本。由累积预算成本形成的一条S形曲线，即为成本基准，如图6－8所示。

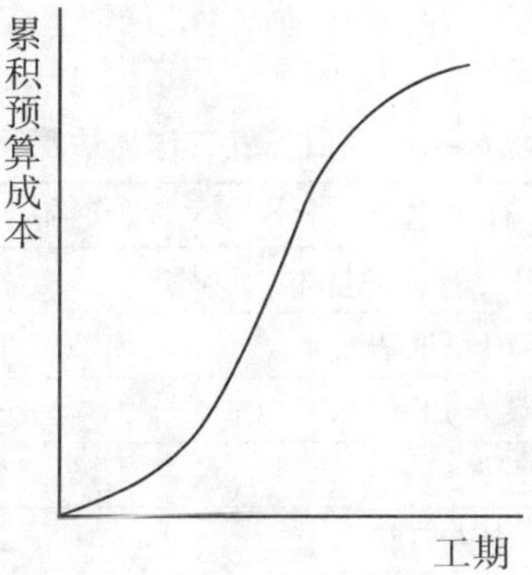

图6－8　累积预算成本S线图

下面给出某学校把校务通管理系统外包给专业公司的案例。

校务通管理系统的成本估算过程是循序渐进的，随着项目的不断发展，估算可以重复多次进行，而且是逐步求精的。具体过程如下：

开始签订合同的时候，根据以往类似项目的经验，采用类比估算方法进行粗略的估算。根据用户的要求，系统采用B/S结构，公司的JSP＋SQL Server技术比较成熟，以前成功完成过类似项目，根据工作说明书的要求，基本上需要2～3个开发人员，2个月左右的开发时间，4～6人月的工作量，所以10

万~15 万元可以作为合同的参考报价。

合同签订后，根据现有的资源和 WBS 分解的结果，进一步细化估算。由于 WBS 分解是针对项目的功能进行的分解，在成本估算的时候，首先要估算每个任务的开发工作量，然后通过系数获得相应的质量、管理任务的工作量，从而计算直接成本，之后计算间接成本以及总成本。具体过程如下：

人力资源：

2 个开发人员

1 个项目管理人员（项目经理）

1 个质量保证人员

1 个配置管理人员

设备资源（作为间接成本计算）：

3 台电脑

1 台服务器

项目成本估算：

步骤 1：根据项目任务分解结果 WBS 估算出项目开发工作量，如表 6-1 所示

表 6-1　项目开发工作量估算表　　（单位：人/天）

<table>
<tr><th>WBS 编号</th><th>任务名称</th><th>估计值</th><th>小计</th></tr>
<tr><td>1</td><td>通用功能—增量 1</td><td></td><td rowspan="7">31</td></tr>
<tr><td>1.1</td><td>电子课表</td><td>8</td></tr>
<tr><td>1.2</td><td>会议通知和公告</td><td>3</td></tr>
<tr><td>1.3</td><td>通讯录</td><td>2</td></tr>
<tr><td>1.4</td><td>个人日记</td><td>5</td></tr>
<tr><td>1.5</td><td>作业布置和批改</td><td>8</td></tr>
<tr><td>1.6</td><td>教师答疑</td><td>5</td></tr>
<tr><td>2</td><td>日常业务管理功能</td><td></td><td rowspan="6">26</td></tr>
<tr><td>2.1</td><td>招生管理—增量 2</td><td></td></tr>
<tr><td>2.1.1</td><td>报名</td><td>3</td></tr>
<tr><td>2.1.2</td><td>招生</td><td>5</td></tr>
<tr><td>2.1.3</td><td>分班</td><td>10</td></tr>
<tr><td>2.1.4</td><td>统计查询</td><td>8</td></tr>
</table>

（续上表）

WBS 编号	任务名称	估计值	小计
2.2	学生日常管理—增量 3		10
2.2.1	学生档案管理	4	
2.2.2	学生考勤管理	2	
2.2.3	学生奖惩	2	
2.2.4	学生变动	2	
2.3	教务管理—增量 4		31
2.3.1	教师日常管理	2	
2.3.2	年级、班级设置	3	
2.3.3	学科设置	3	
2.3.4	年级、班级课程设计	5	
2.3.5	排课表	9	
2.3.6	考试管理	4	
2.3.7	评价	5	
2.4	教师备课系统	外包 5 000 元	1
2.5	资源库系统	外包 3 000 元	1
2.6	网上考试	外购 3 000 元	1
2.7	论坛	已存在	1
2.8	聊天室	已存在	1

步骤 2：计算开发成本

（1）从表 1 得知项目工作量是 103 人/天，假设开发人员成本参数 =480 元/人天，则内部开发成本 =480 元/天 ×103 天 =49 440 元。

（2）加上外包外购部分的软件成本 5 000 +3 000 +3 000 =11 000 元，则开发成本 =49 440 +11 000 =60 440 元。

步骤 3：计算管理、质量成本

由于任务分解的结果主要是针对开发任务的分解，管理任务和质量任务成本可以通过计算开发任务成本得到，因此根据以往的经验，管理任务和质量任务成本 = 开发成本 ×20% =12 088 元。

步骤 4：计算直接成本

直接成本 = 开发成本 + 管理任务和质量任务成本 = 72 528 元。

步骤 5：计算间接成本

（1）间接成本包括前期合同费用、房租水电费、培训费、员工福利、客户服务等。

（2）根据以往经验，采用公式：间接成本 = 直接成本 × 25% = 18 132 元。

步骤 6：计算总估算成本

项目总估算成本 = 直接成本 + 间接成本 = 90 660 元。

步骤 7：重新评估项目的报价

重新评估一下项目报价的准确性，当然这时候，项目的合同已经签署了，报价是不能更改的，但是通过再次评估可以进一步明确企业的项目运作和利润情况等。

如果项目的风险利润是 30%，其中风险基金 10%，利润 15%，税费 5%。则项目的总报价 = 90 660 × 1.3 = 117 858 元。应该说项目报价还是比较合适的。

另外，可以采用简便的算法进行估算，企业的报价可以通过开发规模的估算直接得出，例如如果成本系数为 2.5 万元/人·月，项目规模 103 人·天，一个人月 22 人·天，则项目报价 = 25 000 × 103/22 = 117 045 元。

项目成本预算：

在编制项目计划中考虑到：2 个开发人员是全职在这个项目中，而项目经理、质量保证人员和配置管理人员不是全职在这个项目中，他们同时还在管理其他的项目，进行成本估算的时候，应该根据项目人员付出的时间进行成本预算。人力资源费率见表 6－2。

表 6－2　人力资源费率

编号	资源名称	标准费率
1	姜岳尊	70 元/工时
2	韩万江	80 元/工时
3	孙泉	70 元/工时
4	郭天奇	45 元/工时
5	岳好	40 元/工时

项目成本预算如表 6 – 3 所示，预算总成本为 75 160 元，与估算的成本基本持平。这样 75 160 元可以作为项目的成本控制参考。

表 6 – 3　项目成本预算

标识号	任务名称	开始日期	结束日期	预算成本（元）
1	校务通管理系统	2012 – 4 – 10	2012 – 6 – 6	75 160
2	软件规划	2012 – 4 – 10	2012 – 4 – 11	3 320
3	项目规划	2012 – 4 – 10	2012 – 4 – 10	1 200
4	计划评审	2012 – 4 – 11	2012 – 4 – 11	2 120
5	需求开发	2012 – 4 – 14	2012 – 4 – 18	6 240
6	用户界面设计	2012 – 4 – 14	2012 – 4 – 14	1 120
7	用户需求评审	2012 – 4 – 15	2012 – 4 – 15	2 120
8	修改需求、修改用户界面	2012 – 4 – 16	2012 – 4 – 16	1 120
9	编写需求规格说明书	2012 – 4 – 16	2012 – 4 – 17	560
10	需求验证	2012 – 4 – 18	2012 – 4 – 18	1 320
11	设计	2012 – 4 – 17	2012 – 4 – 22	4 120
12	概要设计	2012 – 4 – 17	2012 – 4 – 18	1 120
13	数据库 ER 图编制、建库	2012 – 4 – 21	2012 – 4 – 21	560
14	设计评审	2012 – 4 – 22	2012 – 4 – 22	2 440
15	实施	2012 – 4 – 22	2012 – 6 – 6	54 640
16	通用功能—增量 1	2012 – 4 – 22	2012 – 4 – 30	12 520
17	招生管理—增量 2	2012 – 5 – 1	2012 – 5 – 7	9 000
18	学生日常管理—增量 3	2012 – 5 – 8	2012 – 5 – 12	6 600
19	教务管理—增量 4	2012 – 5 – 13	2012 – 5 – 23	16 040
20	教师辅助功能—增量 5	2012 – 5 – 26	2012 – 5 – 29	5 800
21	聊天室/论坛—增量 6	2012 – 5 – 30	2012 – 6 – 2	4 680
22	系统集成	2012 – 6 – 3	2012 – 6 – 4	2 920
23	系统集成测试	2012 – 6 – 3	2012 – 6 – 3	1 120
24	环境测试	2012 – 6 – 4	2012 – 6 – 4	1 800
25	提交	2012 – 6 – 5	2012 – 6 – 6	3 920
26	完成文档	2012 – 6 – 5	2012 – 6 – 5	1 480
27	验收、提交	2012 – 6 – 6	2012 – 6 – 6	2 440

三、制定服务外包项目成本预算形成的文件

项目成本预算的结果包括成本基准、项目资金需求和更新的项目文件，成本基准在上一节已经作出详述，下面仅说明项目资金需求和项目文件更新。

1. 项目资金需求

无论是总体需求还是阶段性需求（如每年或每季度），项目资金需求都是根据成本基准确定的，可以设定一定量的应急准备金，以应对赶工或成本超支等问题。由于项目的出资一般不是连续性的，而是渐增性的，因此，在图6－9中呈现阶梯结构。所需的资金总额等于成本基准和应急准备金两者之和。一般来说，应急准备金可在每个阶段末加入，或在需要时才动用，这取决于项目组织的政策。

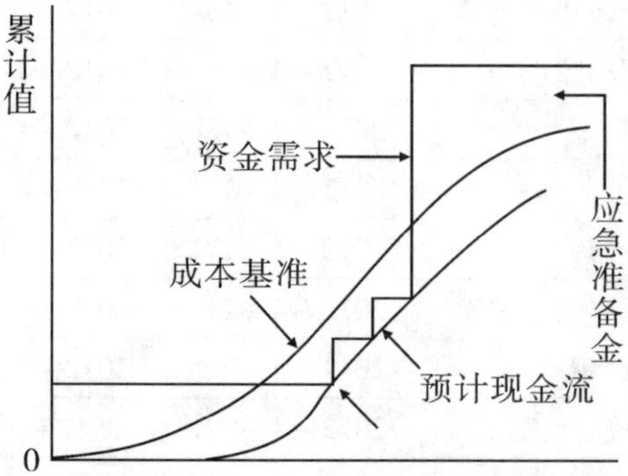

图6－9　成本基准和资金需求关系图

2. 更新的项目文件

项目团队需要根据情况对风险登记册、成本估算和项目进度等文档进行更新。

第四节　服务外包项目的成本控制

一、服务外包项目成本控制的主要内容

服务外包项目成本控制是按照事先确定的项目成本基准，通过运用各种

方法，对项目实施过程中所耗费资源的使用情况进行管理控制，以确保项目的实际成本限定在成本预算范围内的过程。

项目成本控制的主要目的是对造成实际成本与成本基准计划发生偏差的因素施加影响，保证其向有利的方向发展，同时对已经与成本基准计划发生偏差和正在发生偏差的各项成本进行管理，以保证项目的顺利进行。项目成本控制的主要内容如下：

（1）检查成本实际执行情况。

（2）发现实际成本与计划成本的偏差。

（3）确保所有正确的、合理的、已核准的变更都包括在项目成本基准计划中，并把变更后的项目成本基准计划通知相关的项目干系人。

（4）分析成本绩效从而确定需要采取纠正措施的活动，并且决定要采取哪些有效的纠正措施。

项目成本控制的过程必须和项目的其他控制过程紧密结合，防止因单纯控制项目成本而出现项目范围、进度、质量等方面的问题。

有效的项目成本控制的关键是及时分析项目成本的绩效，尽早发现成本管理无效和出现偏差的原因，以便在项目成本失控之前能够及时采取纠正措施。项目成本一旦失控，想在成本预算的范围内完成项目就变得非常困难。成本控制的作用主要在于：

（1）有助于提高项目的成本管理水平。

（2）有助于项目团队发现更为有效的项目建设方法，从而可以降低项目的成本。

（3）有助于项目管理人员加强经济核算，提高经济效益。

成本控制的主要工作如图 6－10 所示。

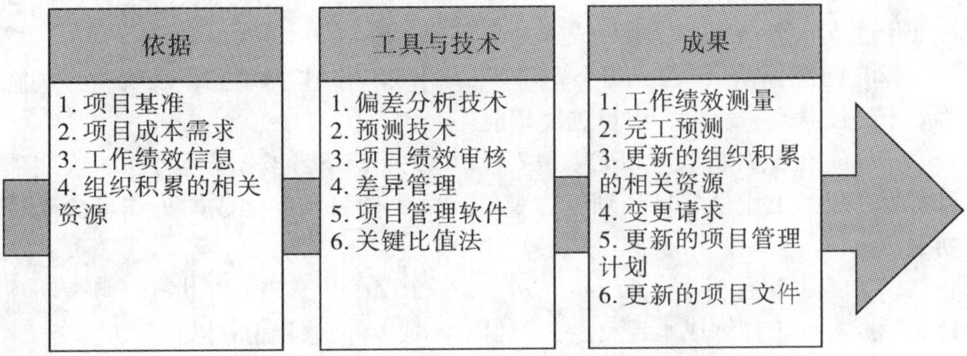

图 6－10　服务外包成本控制的主要工作

二、服务外包项目成本控制的主要方法

1. 偏差分析技术

偏差分析技术，也称挣值分析，是评价项目成本实际开销预算进度情况的一种方法。该方法可以通过测量和计算计划工作的预算成本、已完成工作的实际成本和已完成工作的预算成本，得到有关计划实施的进度和成本偏差，从而达到衡量项目成本执行情况的目的。

偏差分析技术的核心思想是通过引入一个关键性的中间变量——挣值（已完成工作的预算成本）来帮助项目管理团队分析项目成本和进度的实际执行情况同计划的偏差程度。运用偏差分析技术要求计算每个活动的关键值。

首先，要确定偏差分析的三个基本参数。

（1）计划工作量的预算成本（Budgeted Cost for Work Scheduled，BCWS），即根据批准认可的进度计划和预算，到某一时点应当完成的工作所需投入资金的累积值。

（2）已完成工作量的实际成本（Actual Cost for Work Performed，ACWP），即到某一时点已完成的工作实际所花费的总金额。按我国的习惯可以把它称为“消耗投资额”。

（3）已完成工作量的预算成本（Budgeted Cost for Work Performed，BC-WP），是指项目实施过程中某阶段实际完成工作量按预算定额计算出来的成本，即挣值（Earned Value，EV），挣值反映了满足质量标准的项目实际进度。按我国的习惯，可以把它称为“实现投资额”。

偏差分析主要通过计算成本偏差、进度偏差、进度执行指数和成本执行指数来实现其评价目的。

（1）成本偏差（CV）：$CV = BCWP - ACWP$，当 CV 为负数，表明项目成本处于超支状态；反之，项目成本处于节约状态。

（2）进度偏差（SV）：$SV = BCWP - BCWS$，当 SV 为负数，表明项目实施落后于进度状态；反之，项目进度超前。

（3）进度执行指数（SPI）：$SPI = BCWP/BCWS$，当 SPI 大于 1，表明项目实际完成的工作量超过计划工作量；反之，项目实际完成的工作量少于计划工作量。

（4）成本执行指数（CPI）：$CPI = BCWP/ACWP$，当 CPI 大于 1，表明项目实际成本少于计划成本；反之，项目实际成本超过计划成本。

偏差分析技术不仅可用来衡量项目的成本执行情况，而且也可用来衡量

项目的进度。在项目实施过程中，可根据项目进度在项目成本曲线 *BCWS* 图中画出 *BCWP* 曲线和 *ACWP* 曲线。在每个检查日均可比较三个参数值，进而求出评价指标，如图 6－11 所示。

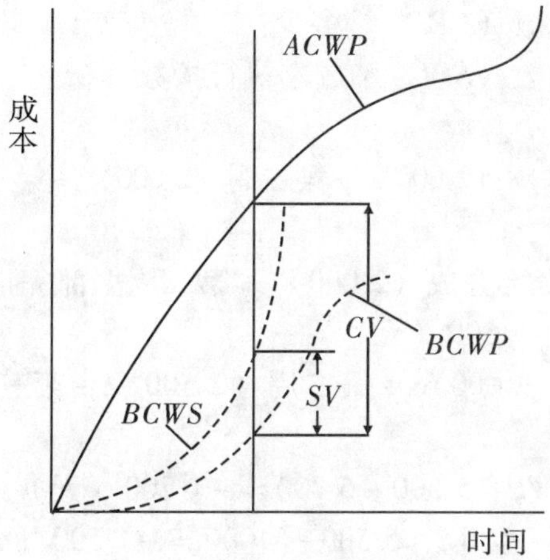

图 6－11 偏差分析技术的评价图

例：某项目由四项活动组成，各项活动的时间和成本如表 6－4，总工时为 4 周，项目最初估算的完成项目所需要的总成本（Budget at Completion，BAC）为 10 000 元，以下是第三周末的状态。

表 6－4 各项活动的时间和成本表

活动	预计时间和成本	第一周	第二周	第三周	第四周	第三周末的状态
计划	1 周，2 000 元					活动已完成，实际支付成本 2 000 元
设计	1 周，2 000 元					活动已完成，实际支付成本 2 500 元
编程	1 周，3 000 元					活动仅完成 50%，实际支付成本 2 200 元
测试与实施	1 周，3 000 元					没开始

要求回答以下问题：

（1）成本偏差（CV）是多少？

（2）进度偏差（SV）是多少？

（3）进度执行指数（SPI）是多少？

（4）成本执行指数（CPI）是多少？

（5）进度执行指数（SPI）和成本执行指数（CPI）说明了什么？

解：

（1）$BCWS$ = 第一周（2 000）+第二周（2 000）+第三周（3 000）= 7 000（元）

$BCWP$ = 第一周全部完成（2 000）+第二周全部完成（2 000）+第三周完成50%（1 500）=5 500（元）

$ACWP$ = 第一周（2 000）+第二周（2 500）+第三周（2 200）=6 700（元）

$CV = BCWP - ACWP = 5\,500 - 6\,700 = -1\,200$（元）

（2）$SV = BCWP - BCWS = 5\,500 - 7\,000 = -1\,500$（元）

项目成本处于超支状态，项目实施落后于进度计划。

（3）$SPI = BCWP/BCWS = 5\,500/7\,000 = 0.79$

（4）$CPI = BCWP/ACWP = 5\,500/6\,700 = 0.82$

（5）说明项目进度落后而且成本超支，但进度比成本落后更多。

2. 预测技术

预测技术是根据已知的项目执行和绩效审核过程中获得的工作绩效信息，对项目未来状况的产生、更新、重新发布进行估算和预测的一种方法。

预测技术所涉及的参数主要有：

完成时预算（Budgeted at Completion，BAC），完成某个项目的全部预算额之和。

实际已发生成本（Actual Cost Work Performed，ACWP）。

挣值（Budgeted Cost of Work Performed，BCWP）。

成本执行指数（Cost Performance Index，CPI）。

完工估算（Estimate at Complete，EAC）是指完成某项工程或者某个工作包的预计总成本，是截至某一个时刻直接成本和间接成本的总和再加上所有确认的剩余工作的估算成本。

因此，预测 EAC 的通用公式可以表达为：

$$EAC = ACWP + \text{到完成时的估算}$$

有很多方法可以用来预测 *EAC*，下面介绍三种常用方法：

（1）由数学推算 *EAC*。该方法预测 *EAC* 的思路是，无论过去已有的项目或工作包的效率如何，其余剩下的工作都将以预定的绩效水准（*BAC*）来完成，即以 *CPI* 值为"1"的状态完成。计算公式可以表示如下：

完工估算 = 完成时预算 − 已完工作的预算成本 + 已完工作的实际成本

即：

$$EAC = BAC - BCWP + ACWP \qquad (6-3)$$

用式（6−2）对式（6−3）进行完工估算，结果如下：

$$EAC = 6\,700 + (10\,000 - 5\,500) = 11\,200\text{（元）}$$

（2）由 *CPI* 推算 *EAC*。这种预算 *EAC* 的想法是，假设剩余工程量将按照截至目前已完工工程的效率进行。这种推算方法通常为多数人所接受。计算公式如下：

完工估算 = 实际已发生成本 +（完成时预算 − 挣值）/成本执行指数

即：

$$EAC = ACWP + (BAC - BCWP) / CPI \qquad (6-4)$$

用式（6−3）对式（6−4）进行完工估算，结果如下：

$$EAC = 6\,700 + (10\,000 - 5\,500) / 0.82 = 12\,188\text{（元）}$$

（3）剩余成本重估 *EAC*。这种估算方法将对剩余的工程量的成本进行重新估算。然后再把重新估算的值与已完成工作的实际成本相加。其计算公式如下：

$$EAC = \text{已完成工作的实际成本}（ACWP）+ \text{重新估算的剩余工程成本} \qquad (6-5)$$

若项目经理重新估算的剩余工程成本为 6 000 元，则用式（6−5）对式（6−4）进行完工估算，结果如下：

$$EAC = 6\ 700 + 6\ 000 = 12\ 700 \text{（元）}$$

这种估算方法通常在以下两种情况下使用：一种是当认为项目实际与计划有较为严重的背离的时候；另一种是为了达到一定的项目指标有必要调整当前工作效率的时候。然而这种方法的缺点也是很明显的，它需要额外投入较多的人力资源来重新估算剩余工程的成本数额。

在前面的偏差分析中，提到了 *CPI* 这一指数，它可以看成是对已完成工作的绩效评价，然而当我们关注于将来的工作绩效时就需要引入一个新的指数来进行评比，即待完成绩效指数（To-Complete Index，TCPI）。*TCPI* 所揭示的信息是：为了能实现未来的财务目标，项目应该达到一个怎样的绩效指数，它的计算方法是用“剩余工作价值”（通常是用 *BAC* 减去 *BCWS*）除以“剩余资金”。

在这里用了笼统的“资金”概念，因为根据不同的财务目标，“资金”会有不同的意义。下面提供两个计算 *TCPI* 的公式。

（1）用公司高管的完工预算（*BAC*）计算 *TCPI*：

$$TCPI = (BAC - BCWP) / (BAC - ACWP) \tag{6-6}$$

（2）用项目经理的完工估算（*EAC*）计算 *TCPI*：

$$TCPI = (BAC - BCWP) / (EAC - ACWP) \tag{6-7}$$

第一种方法相对应的财务目标是：完工时的总成本保持在公司高管批准的预算额（*BAC*）之内。第二种方法是在项目执行过程中项目经理认为 *BAC* 的目标不能实现时，就会根据项目的实际情况制定出项目新的 *EAC*，一旦新的 *EAC* 获得批准，财务目标即被更新，项目组也就转而开始追求完工时的总成本不超过 *EAC* 的目标。

继续沿用式（6－4）来计算这两种情况下的 *TCPI*：

$$TCPI = (10\ 000 - 5\ 500) / (10\ 000 - 6\ 700) = 1.36$$

这里用上面计算 *EAC* 时，第二种情况下的 *EAC*（*CPI* 推算的 *EAC*）来计算 *TCPI*：

$$TCPI = (10\,000 - 5\,500) / (12\,188 - 6\,700) = 0.82$$

3. 项目绩效审核

项目绩效审核指比较一定时间阶段的成本绩效、计划活动或工作包超过和低于预算（计划价值）的情况、应完成里程碑、已完成里程碑等。

项目绩效审核是通过举行会议来评估计划活动、工作包或成本账目状态和绩效。它一般和下列一种或多种绩效汇报技术结合使用。

（1）偏差分析。偏差分析指将项目实际绩效与计划或期望绩效进行比较。成本和进度偏差是最常见的分析领域，但项目范围、资源、质量、风险与计划的偏差也具有相同或更大的重要性。

（2）趋势分析。指检查一定时间阶段的项目绩效，以确定绩效是否改进或恶化。

（3）实现价值分析。实现价值分析是将计划绩效和实际绩效进行比较。

4. 差异管理

从前面的偏差分析计算可知项目现在的绩效情况和项目目前的状态，但是它并不能反映出造成偏差的深层次原因。因此，为了更有效地控制项目成本，还需要运用差异管理的方法来对成本的具体差异进行分析。

以采购为例，对其进行差异管理，在采购预算的过程中我们运用了“预算 = 预计单价 × 计划采购量”这个公式，所以可以分别对价格偏差和采购量偏差进行分析。

假设某次采购活动的预算为140元，但最后却花掉了216元，超支76元。那么造成成本超支的原因是什么呢?

这时就需要运用差异管理的方法来进行分析，究竟是什么原因导致了成本超支。最开始预算的时候预计的单价为14元，计划采购量为10件。首先要确定实际单价是否超过了预算单价，然后再确定实际采购量是否超过了预算采购量，很多时候是两种情况同时发生，但哪个才是导致超支的主要原因呢?

最后的实际单价为18元，实际采购量为12件。

价格偏差分析：价格偏差 = （预计价格 - 实际价格） × 实际采购量 = （14 - 18） × 12 = -48

采购量偏差分析：采购量偏差 = （计划采购量 - 实际采购量） × 预计价格 = （10 - 12） × 14 = -28

可以看出，虽然实际购买价格的上升和实际采购量的增加都是造成成本超支的原因，但是采购单价的上升才是导致超支76元的主要原因。

5. 项目管理软件

项目管理软件经常用来监测 PY 与 AC 的关系，预测变更或偏差的影响。

6. 关键比值法

在大项目控制中，常常通过计算一组关键比值分析。关键比值法是指通过计算一组指标比值的乘积（即关键比值），并以此进行项目状态控制的一种分析方法。

选取成本比值和进度比值作为项目控制的指标比值来说明关键比值技术的应用。可以把“预算成本/实际成本”作为成本比值，把“实际进度/计划进度”作为进度比值，这里的关键比值就是成本比值与进度比值两者的乘积。

在此需要注意的是：

（1）关键比值计算中的指标比值可以根据项目执行工作过程中所需控制的指标设定。

（2）指标比值中分子与分母应按“越大越好”的原则排列。如成本比值中的“预算成本/实际成本”，就是按“越大越好”（预算成本应大于实际成本）的原则进行排列的。

关键比值的计算公式如下：

关键比值 =（预算成本/实际成本）×（实际进度/计划进度）(6 – 8)

在服务外包项目实施过程中，无论是成本比值还是进度比值，大于 1 则表示它们的实际状况好于计划指标，小于 1 则表示它们的实际状况没有达到计划指标的要求。对单一指标比值而言，我们很容易判断出项目实施状态的好坏，但在项目实施过程中，影响项目成败的因素不止一个，如果有若干个指标比值，而且它们的指标比值有的大于 1，有的小于 1，这时又如何分析项目实施的状态呢？在此以表 6 – 5 为例进行讨论。

表 6 – 5 关键比值计算表

任 务	预算成本	实际成本	实际进度	计划进度	关键比值
1	4	4	8	8	1.0
2	8	6	4	5	1.07
3	6	6	4	3	1.33
4	6	8	4	4	0.75

（续上表）

任　务	预算成本	实际成本	实际进度	计划进度	关键比值
5	6	8	3	4	0.56
6	8	6	4	3	1.78

分析上述关键比值数据，可以得出如下分析结论：

（1）任务1，成本和进度都与计划指标相符。这说明此时项目的执行情况良好。

（2）任务2，成本比值大于1，进度比值小于1。这说明此时，尽管项目成本节约了，但项目进度延迟，最终的成本仍有可能超出计划指标。

（3）任务3，成本比值等于1，进度比值大于1。这说明尽管进度提前，但是并没有因此而增加成本，此时，项目执行情况仍然良好。

（4）任务4，成本比值小于1，进度比值等于1。这说明项目进度与计划指标相符，但是成本已经超支，此时项目的执行情况比较差。

（5）任务5，成本比值小于1，进度比值小于1。这说明项目成本超支，进度又延迟，此时，项目执行情况非常不好。

（6）任务6，成本比值大于1，进度比值大于1。这说明既节约了成本，又提前了进度，此时，项目执行情况非常好。

一般来说，关键比值在1附近，就不需要采取任何控制活动。例如任务1和任务2的关键比值等于1或者在1附近，就不需要采取控制行动；任务3和任务6的关键比值远大于1，也不需采取控制行动，但是在项目团队有余力的情况下需要调查其原因；任务4和任务5的关键比值都小于1，不但要调查原因而且应采取控制措施。另外，任务5和任务6的实际执行情况与计划差距很大，也有可能是计划制订得不合理所导致的。

关键比值的控制范围可视具体项目而定。例如，某个项目的关键比值的控制范围是这样设定的：当关键比值在0.9~1.1范围之内可以忽略；关键比值在0.7~0.9范围之内则应让项目的技术人员仔细关注；对关键比值小于0.7的情况应立即进行调查，找出执行情况与计划差距大的原因，并及时通知公司管理人员；关键比值在1.1~1.3范围之内可在项目团队有余力的情况下进行调查；当关键比值大于1.3时则应立即进行调查，可着重分析计划指标的制订是否合理等原因。关键比值控制的重点应是关键比值小于1时的情况。

三、服务外包项目成本控制形成的文件

1. 工作绩效测量

对WBS构成的工作单元，特别是为工作包和控制账目计算的*CV*、*SV*、*SPI*和*CPI*值应进行记录并通知干系人。

2. 完工预测

完工预测指书面记录计算的*EAC*数值或实施组织报告的*EAC*数值，运用前面提到的预测方法可以计算不同情况下的*EAC*值并将这个数值通知干系人。

3. 更新的组织积累的相关资源

应记录产生偏差的原因、采取纠正措施的理由和成本控制方面类似的教训。这样，记录的教训可以成为项目组织其他项目历史数据库的一部分。

4. 变更请求

变更请求是通过整体变更控制过程进行处理和审查的。确定的变更可能需要增加或减少预算。

5. 更新的项目管理计划

计划活动、工作包或计划工作包的成本估算、成本基准、成本管理计划、项目预算文件都是项目管理计划的组成部分。应根据审定的所有影响这些文件的变更请求来更新这些文件。

6. 更新的项目文件

需要根据情况对成本估算、成本估算基准和项目进度等文件进行更新。

【思考练习题】

1. 服务外包项目成本管理的含义和特点有哪些？
2. 服务外包项目成本管理的依据与原则有哪些？
3. 什么是服务外包项目成本估算？
4. 制定服务外包项目成本预算有哪些主要方法？
5. 服务外包项目成本控制有哪些主要方法？

第七章　服务外包项目质量管理

【案例引导】

中国领先的 B2B 电子商务平台——慧聪网在 2010 年 9 月宣布：在经过中质协质量保证中心的审核，以及对不符合项的纠正措施实施及纠正的证实性资料进行了验证后，慧聪网顺利通过了 ISO9001—2008 质量管理体系年审，获准继续使用认证证书。

在中质协质量保证中心出具的认证决定结果报告中提到，慧聪网在总结评审 2009 年工作的基础上，创造了网 + 刊 + 活动的业务模式和经营方向，并制定了与 2010 年年度目标匹配的实施策略，运用 9000 管理体系方法对过程实施有效管控。同时其公司的组织架构及部门职能得到了进一步的完善，工作职责得到了进一步的明确和细化，业务分工更加分明，工作流程更加清晰，协作关系得到了进一步的加强。

据悉，慧聪网于 2009 年 2 月首次通过 ISO9001—2008 认证，成为国内第一家获得 ISO 质量管理体系认证的互联网企业。而通过认证的内容包括两大方面：一是核心网络产品——买卖通系列产品的设计、销售、运营和服务提供；二是传统拳头产品——纸媒产品的销售、编辑、制作及发行。而在当前网络交易平台假货泛滥，交易欺诈现象时有发生的背景下，电子商务公司通过 ISO9001 质量管理体系认证具有特殊的意义，这将极大地提升电子商务的行业形象和增强买卖双方的交易信心。

ISO9001 质量管理体系认证主要是评价一个组织设计和生产合格产品的控制能力，通过该认证即表明该组织能够持续、稳定地向顾客提供满意、合格且合法产品的能力。目前，ISO9001 质量管理体系认证已成为各国对产品和企业进行质量评价和监督的通行证，也是顾客对供方质量体系审核的依据。如果确认慧聪网已经通过该认证，则表明慧聪网在网络交易平台建设，以及网络交易管理的各个环节均已具有严格而规范的控制体系。

——摘自电脑商网

第一节　服务外包项目质量管理概述

一、服务外包项目质量管理内涵

（一）服务外包项目质量管理的定义

服务外包项目质量管理是指围绕服务外包项目的质量所进行的指挥、协调和控制等活动。服务外包项目质量管理的内容通常包括制定项目质量方针、建立项目质量目标和标准，并在项目生命期内持续使用项目质量规划、项目质量控制、项目质量保证和项目质量改进等措施来落实项目质量方针的执行，确保项目质量目标的实现，最大限度地满足发包方的需求和期望，争取发包方的最大满意度。发包方在与承包方合作的过程中，需要通过对承包方的外包质量进行规划和控制，以确保承包方所提供的产品质量，同时实现与承包方的共同改进。

服务外包项目质量管理的根本目的是不断提升发包方的满意度，它的对象是服务外包项目，由不同的环节、不同的阶段和不同的要素所组成，各环节、各阶段及各要素之间存在着相互矛盾又相互统一的关系；服务外包项目质量管理具有众多目标，既有总目标，又有子目标，总目标之间、总目标与子目标之间、子目标与子目标之间同样存在着辩证的关系。因此服务外包项目质量管理是一个有机整体，是一个系统过程。衡量服务外包项目质量管理好坏的标准，主要是看服务外包项目系统质量的好坏。服务外包项目系统质量，从主体看是由承包方质量管理、设计单位质量管理、施工单位质量管理和供应商质量管理组成的，各个相关方也存在着辩证的关系。

（二）服务外包项目质量管理的特点

服务外包项目的质量管理与一般产品质量管理相比，既有共同点也有不同点。其共同点是管理的原则及方法基本相同，其不同点是由项目的一次性、独特性、目的性、不确定性等特点所决定的，主要体现在以下几个方面：

（1）复杂性。由于服务外包项目的影响因素多、经历的环节多、涉及的主体多、质量风险多等，使得项目的质量管理具有复杂性。

（2）动态性。服务外包项目要经历从概念阶段到结束阶段的完整生命周期。不同的阶段影响项目质量的因素不同，质量管理的内容和目的也会不同，所以项目管理的侧重点和方法要随着阶段的不同而作出相应调整。即使在同一阶段，由于时间不同，影响项目质量的因素也可能有所不同，因此同样需要进行有针对性的质量管理。

（3）不可逆性。服务外包项目具有一次性特点，这就需要对项目的每一个环节、每一个要素均予以高度重视，否则就可能造成无法挽回的后果。

（4）系统性。服务外包项目的质量并不是孤立存在的，它不仅受到其他因素和目标的制约，同时它也制约着其他的因素和目标。

（三）项目质量管理的内容框架

根据《美国项目管理知识体系指南》（第四版，PMBOK®指南），项目质量管理的框架内容如图 7－1 所示。

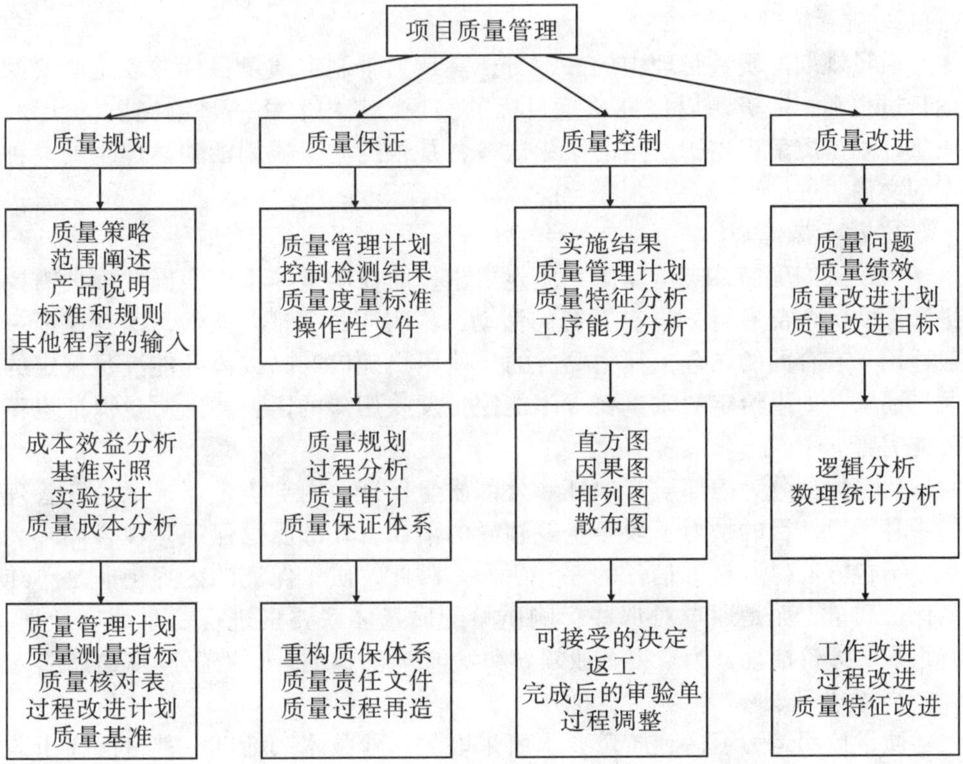

图 7－1 项目质量管理的框架内容

二、服务外包项目质量管理相关术语

为了加强服务外包项目质量管理，提高产品质量，改进工作质量和工程质量，从事质量管理的相关人员以及项目各个相关利益主体有必要遵守质量管理的共同语言——质量管理的相关术语。

1. 质量方针和质量目标

质量方针是指由组织的最高管理者发布的关于该组织总的质量宗旨和方向。质量方针是组织全体成员开展质量活动的准则，为质量目标的制定提供了方向和框架。质量目标即组织在质量方面所追求的目的，是依据组织的质量方针而制定的。通常根据组织的相关职能和层次分别制定相应的质量目标。

2. 质量规划

质量规划是质量管理中的一部分，其致力于制定质量目标并规定必要的运行过程和相关资源以保证质量目标的实现。其内容之一是编制质量计划，质量计划是质量规划所产生的结果之一，是根据质量规划活动而产生的一种书面文件。

3. 质量保证

为使人们确信某实体能满足质量要求，而在质量体系中实施并根据需要进行证实的全部有计划、有系统的活动，称为质量保证。显然，质量保证一般适用于有合同的场合，其主要目的是使用户确信产品或服务能满足规定的质量要求。如果给定的质量要求不能完全反映用户的需要，则质量保证也不可能完善。

质量保证分为内部质量保证和外部质量保证。内部质量保证是企业管理的一种手段，目的是为了取得企业领导的信任；外部质量保证是在合同环境中，承包方取得发包方信任的一种手段。因此，质量保证的内容绝非是单纯的保证质量，而是通过对那些影响质量的质量体系要素进行一系列有计划、有组织的评价活动，为取得企业领导和发包方信任而提出的充分可靠的证据。

4. 质量控制

质量控制是为了达到质量要求所采取的作业技术和活动。其目的在于监视过程并排除整个质量管理活动中导致不满的因素，以取得好的经济效益。质量控制与质量保证的某些活动是相互关联的。

质量控制的对象是过程，如设计过程、采购过程、实施过程、生产过程等；质量控制的范围涉及产品质量形成全过程的各个环节，任何一个环节的工作没有做好都会使产品质量受到损害，从而不能满足发包方对质量的要求。

所以，控制的结果应能够使被控制对象达到规定的质量要求。

质量控制与质量保证之间的关系可理解为质量控制是基础，是具体操作过程，如检验过程本身；而质量保证是目的，最终能够取得组织内部和外部的信任。

5. 质量改进

质量改进是为了向本组织及其发包方提供更多的收益，在整个组织内部所采取的旨在提高活动和过程效益、效率的各种措施。

质量改进要按照一定的科学程序来进行，其基本过程是 PDCA 循环，包括：①确定、测量和分析现状；②建立改进目标；③寻找可能的解决方法；④评价这些解决方法；⑤实施选定的解决办法；⑥测量、验证和分析实施的结果；⑦将更改纳入文件。必要时，要对结果进行评审，以确定进一步的改进机会。不仅如此，还可以通过内部审核、外部审核、管理评审及发包方反馈来识别改进的机会。

6. 质量体系

质量体系是为实施质量管理所需的组织结构、程序、过程和资源。一个组织只有建立了科学的质量体系，才能够全面地开展质量管理活动，因为质量体系是质量管理的基础，是质量管理工作的组织保障体系，没有它就无法开展科学的质量管理，就无法保证产品或服务的质量。

7. PDCA 循环

PDCA 循环又称“戴明环”，是美国的质量管理专家戴明（W. E. Deming）首先提出的一种管理思路。PDCA 分别是英文 Plan（计划）、Do（实施）、Check（检查）和 Action（处理）四个词的首字母缩写。其基本原理为：做任何一项工作，首先应根据设想提出计划，然后按照计划规定去执行、检查和总结，最后通过工作循环，一步一步地提高水平，把工作越做越好。

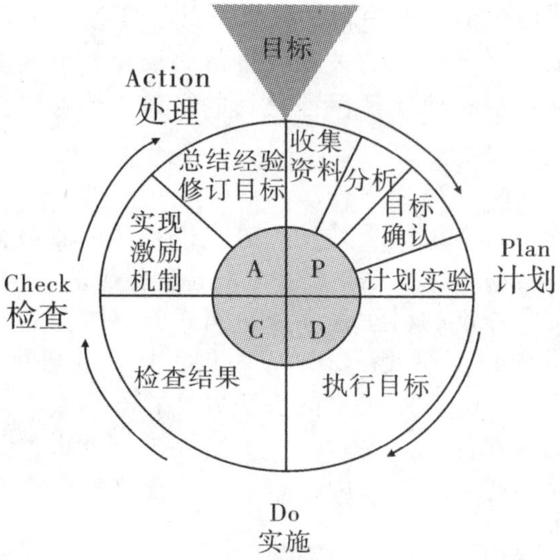

图 7－2　PDCA 循环

第二节　服务外包项目管理中的质量规划

一、服务外包项目质量规划的主要内容

（一）服务外包项目质量规划概述

1. 项目质量规划的定义

ISO9001—2008 质量管理体系关于“质量计划”的定义是：“对特定的项目、产品、过程或合同，规定由谁及何时应使用哪些程序和相关资源的文件。”而对“质量策划”的定义是：“质量管理的一部分，致力于制定质量目标并规定必要的运行过程和相关资源以实现质量目标。”一般而言，当涉及特定的项目、产品、服务、过程或合同时，编制质量计划的活动包含于质量策划活动中，这时，质量计划文件是质量策划活动的一种结果。

项目质量规划是通过项目质量策划，形成质量计划和质量技术文件的一项重要活动；是识别项目及其产品、服务的质量要求和/或标准，并书面描述项目将如何达到这些要求和/或标准的过程。它是项目规划过程中若干关键的活动之一，因此应与其他项目规划过程结合进行。

2. 服务外包项目质量规划的概念

最低成本、最佳质量和合理期限是服务外包项目发包方和承包方管理者永远追求的三大目标。三者之间是矛盾统一的结合体，其中服务外包项目质量管理目标的实现是工期目标和成本目标顺利实现的根本保证和立足点，但前提是必须有良好的项目质量规划。

服务外包项目质量规划是为了保证提供给顾客的服务质量而采取的必要活动。其中一般包括质量控制、质量保证、持续改进措施、沟通或响应的过程、授权或职责等活动内容。同时，它还包括影响服务外包项目成功的因素、质量策略、质量管理文件要求、度量标准以及检查、审计、报告和审查过程。

3. 服务外包项目质量规划的逻辑框架

项目质量规划是进行项目质量管理、实现项目质量方针和目标的事前规划。它作为项目管理规划的重要组成部分，也是实施项目质量方针和质量目标的分解及具体表现。《美国项目管理知识体系指南》（PMBOK®）对项目质量规划进行了归纳，服务外包项目质量规划是项目质量规划的具体表现，从本质上与项目质量规划是一致的，如图 7－3 所示。

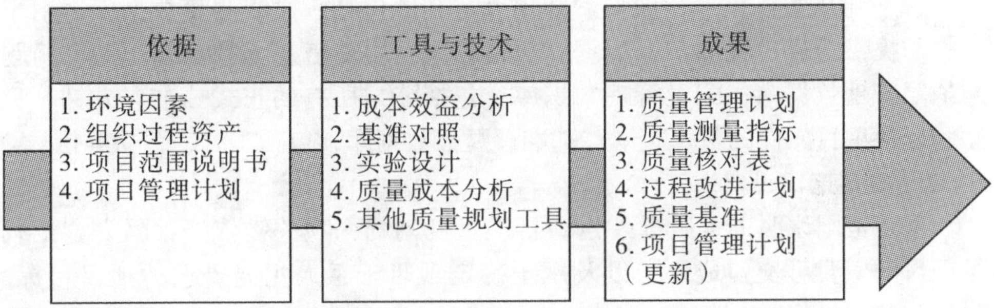

图 7－3 服务外包项目质量规划：依据、工具与技术、成果

4. 服务外包项目质量规划内容

一般情况下，服务外包项目质量规划的主要内容包括以下六个方面：

（1）服务外包项目服务组成简述。

（2）服务外包质量总目标及其分解，目标需便于理解，且切实可行。

（3）服务外包项目发包方质量管理组织机构的设置。

（4）服务外包项目各级人员的质量职责。

（5）外包质量控制依据的规范、章程、标准和文件。

（6）外包质量控制程序等。

（二）服务外包项目质量规划依据

1. 环境因素

是指与服务外包项目相关的法律法规、标准、条例、规程、规范等可能会对项目造成影响的因素。

2. 组织过程资产

影响服务外包项目成功的资产称之为组织过程资产。它包括：①服务外包项目相关方的正式或非正式的方针、程序、计划和原则；②相关组织从以前项目中所获得的经验、教训，如完成的进度表、风险数据等。组织过程资产通常可以归纳为两类：

（1）组织进行工作的过程与程序。其中包括：标准；项目生命周期；质量方针与程序；财务控制程序；确定问题与缺陷控制、问题与缺陷识别和解决以及行动追踪的问题与缺陷管理程序；变更控制程序；风险控制程序；批准与签发工作授权的程序等。

（2）组织整体信息存储检索知识库。其中包括：过程测量数据库，用于收集与提供项目过程的实测数据；项目档案；历史信息与教训知识库；问题与缺陷管理数据库；配置管理知识库，包括公司所有的正式标准、方针、程序和任何项目文件的各种版本与基准；财务数据库，包括工时、费用等信息。

3. 项目范围说明书

项目范围说明书是服务外包项目质量规划的一项关键依据，因为它记载了项目的主要可交付成果，以及用于确定项目干系人主要要求的项目目标、限值和验收标准。

4. 项目管理计划

服务外包项目管理计划确定了执行、监视、控制和结束外包服务项目的方式与方法，记录了规划过程组的各个规划子过程的全部成果。这些内容是服务外包项目质量规划的重要依据。

二、服务外包项目质量规划的主要技术与方法

1. 成本效益分析

质量规划过程必须考虑成本与效益两者间的取舍权衡。符合质量要求所带来的主要效益是要减少返工，这意味着劳动生产率提高，成本降低，利害相关者更加满意。为达到质量要求所付出的主要成本是开展服务外包项目质量管理活动所需的开支。

2. 基准对照

基准对照是指通过将服务外包项目的实际做法或计划做法与其他外包项目的做法进行对照，找到改进的方法，或者提供一套度量绩效的标准。其他外包项目既可在实施组织内部，也可在其外部；既可在同一应用领域，也可在其他领域。

3. 实验设计

实验设计是帮助确定在产品开发和生产中，哪些因素会影响产品或过程特定变量的一种统计方法，而且在产品或过程优化中也起到了一定的作用。通过对实验数据的分析，可以了解产品或流程的最优状态，找到显著影响产品或流程状态的各种因素，并揭示这些因素之间存在的交互作用和协同作用。

4. 质量成本分析

质量成本是指在产品生命周期中为预防产品不符合要求，为评价产品或服务是否符合要求，以及因未达到要求（返工）而产生的所有费用。失败成本也称为质量劣质成本，通常分为内部（项目内部人员发现的）和外部（客户发现的）两类。通过分析质量成本数据，确定影响其服务外包项目质量成本的关键因素，并对其实施有效的控制，为改进质量提供依据；同时通过对质量与成本之间相互依存关系的分析，寻求最适合的质量成本，以最经济的方式满足顾客的需求。

5. 其他质量规划工具

通常，使用其他质量规划工具有助于更好地界定情况，并能够更有效地规划服务外包项目质量管理活动。这些工具包括控制图、统计抽样、流程图、头脑风暴、亲和图、力场分析、名义小组技术、矩阵图和优先矩阵等。

三、服务外包项目质量规划管理形成的主要文件

1. 质量管理计划

服务外包项目质量管理计划是服务外包质量管理工作产出物的书面表述，计划部署了服务质量管理工作的全部安排，说明了项目管理团队将如何实施执行组织的质量政策。用 ISO9001 质量管理体系来说，服务外包项目质量管理计划应该说明外包服务项目质量体系，即用以实施质量管理的组织结构、责任、程序、过程和资源。质量管理计划为整体项目计划提供依据，处理项目的质量控制、质量保证和持续过程中需改进的问题。

2. 质量测量指标

度量服务外包项目质量状态的指标称之为质量测量指标，它包括：准时

性、预算控制、缺陷频率、故障率、可用性、可靠性和测试覆盖度等。质量测量指标是一种操作性定义，具体描述项目或产品属性以及外包服务质量控制过程的测量方式。测量值是实际数值。

3. 质量核对表

质量核对表是服务外包项目质量规划工作中产生的一种结构化外包服务质量管理与控制的文件和工具，通常因事项而异，用于核实外包服务流程中各步骤的质量计划执行情况。质量核对表可简可繁，所用措辞通常是祈使句（“做某件事!”）或者疑问句（“某件事完成了吗?”）。许多组织都有标准的质量核对表，以保证能与经常性任务格式保持一致。在某些应用领域，质量核对表可向专业协会或商业性服务机构索取。

4. 过程改进计划

过程改进计划是服务外包项目管理计划的从属内容。过程改进计划将详细说明外包服务过程中的具体步骤，以便于确定浪费和非增值活动，进而识别顾客的增值活动。过程改进计划需要考虑的方面包括：

（1）过程边界。描述外包服务过程目的、起始和终结，其依据和成果，所需数据，以及本过程的负责人和利害关系方。

（2）过程配置。外包服务过程的图形表示，以便接口和界面分析。

（3）过程测量指标。与控制界限一起，对过程状态进行控制。

（4）绩效改进目标。指导外包服务过程的改进活动。

5. 质量基准

质量基准记录了服务外包项目的质量目标，是绩效衡量基准的组成部分，可用于衡量和汇报外包服务的质量绩效。

6. 项目管理计划（更新）

项目管理计划（更新）是指在服务外包项目管理计划中纳入从属的质量管理计划和过程改进计划。通过整体变更控制过程，对服务外包项目管理计划的变更需求及从属计划变更（修改、增添或删除）进行审查和处理。

第三节　服务外包项目管理中的质量保证

一、服务外包项目质量保证概述

（一）项目质量保证的定义

ISO9001—2008 质量管理体系——基础和术语中给出的“质量保证”的定义是：“质量管理中致力于提供质量要求会得到满足的信任。”也就是说，为了提高可信度，表明项目、产品或服务能够满足对质量的要求，而在质量管理体系中实施并根据需要进行的全部有计划和有系统的活动。

中华人民共和国国家标准《质量管理体系——基础和术语》（GB/T 19000—2008）中对“质量保证”的定义是：“质量保证是质量管理的一部分，其致力于提供质量要求会得到满足的信任。”质量保证有两种：一种是向项目管理组织和执行机构的管理层提供的内部质量保证，即使企业领导“确信”本企业所完成的项目能满足质量要求所开展的一系列活动；另一种是向顾客和相关人员提供的外部质量保证，是在合同条件下，接包方取得发包方信任的一种手段。

（二）服务外包项目质量保证的内涵

服务外包项目质量管理包括四个阶段：项目质量规划、项目质量保证、项目质量控制和项目质量改进。质量保证是项目质量管理的第二个过程，所谓的服务外包项目质量保证，就是为了使项目干系人确信该外包服务项目将能够达到有关的质量标准，而在服务外包质量管理体系中开展的有计划、有组织的全部活动，就是在执行外包服务项目计划过程中所展开的一系列经常性的项目质量评估、项目质量核查与项目质量改进等方面的工作的总称。

（三）服务外包项目质量保证的逻辑框架

服务外包项目质量保证是审计项目质量要求和项目质量控制测量结果，确保采用合理的质量标准和操作性定义的过程。它是一个贯穿项目整个生命周期的执行过程，通常是由质量保证部门或类似部门进行监督。《美国项目管理知识体系指南》（PMBOK®）归纳了实施项目质量保证的要点，从某种程度来说，服务外包项目质量保证的逻辑框架与之相类似，如图 7－4 所示。

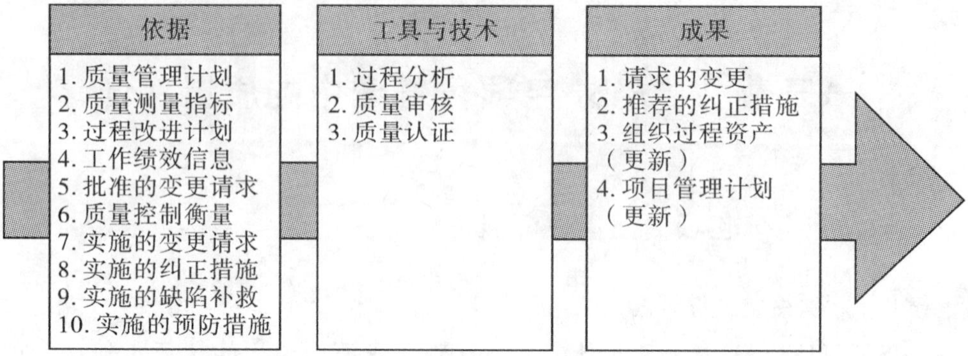

图7－4　服务外包项目质量保证：依据、工具与技术、成果

（四）服务外包项目质量保证的实施依据

（1）质量管理计划。

（2）质量测量指标。

（3）过程改进计划。

（4）工作绩效信息。工作绩效信息包括技术性能值、项目可交付成果状态、需要的纠正措施、绩效报告等。它是质量保证的重要依据，可用于质量审计、质量审查和过程分析等。

（5）批准的变更请求。批准的变更请求包括工作方法、产品要求、质量要求、范围和进度计划的修改。

（6）质量控制衡量。质量控制衡量是指质量控制活动的结果，质量保证过程将依据其结果，分析并重新评估实施组织的质量标准和过程。

（7）实施的变更请求。该变更请求是指已经由项目管理团队在项目执行过程中实施的已批准的变更请求。

（8）实施的纠正措施。该纠正措施是指项目管理团队为了保证项目将来的实施结果符合项目管理计划的要求而付诸实施的已批准的纠正措施。

（9）实施的缺陷补救。项目管理团队在项目执行过程中实施的已批准的缺陷补救。

（10）实施的预防措施。项目管理团队为了减少项目风险而付诸实施的已批准的预防措施。

二、服务外包项目质量保证的基本逻辑

实施服务外包项目质量保证是指通过实施质量规划中的系统质量活动，

根据服务外包项目质量保证体系的运行模式，要加强对所有服务设计过程、服务提供过程中的质量监控，确保服务外包项目的质量从开始到结束全程都处于受控状态。

1. 服务设计过程中的质量保证

（1）根据服务外包项目的实际情况，确定组织服务的设计职责，以确保涉及的项目干系人都能意识到其对项目质量的职责。

（2）根据顾客评价的服务特性，确定服务规范，规定每一项服务特性的验收标准。服务规范中应对核心服务和辅助服务作出明确规定。

（3）规定项目在服务提供过程中应达到的水平和要求。服务提供规范必须和服务组织的目标、方针以及能力相一致；还要与社会环境、法律等方面的要求一致。

（4）确定项目质量控制规范。其内容包括对设备、设施的控制；对服务人员的控制；对环境的质量控制；对产品和信息的质量控制等。

（5）在外包服务设计的每一个阶段终结时，要按照服务外包提要对设计结果作出正式的评审，形成文件。

（6）对新的、改进的服务及其提供过程要进行确认，以确保其能得到充分的开发，满足发包方和顾客的需要。

（7）当各项参考文件都确定下来后，如果在外包服务过程中没有适当原因，不应更改。

2. 服务提供过程中的质量控制

（1）通过对服务提供过程的质量控制，来完成组织对所提供的质量的自我评价。各种质量控制制度能够发掘质量缺陷，奖励质量提高，并协助质量改善。

（2）根据顾客的感觉和顾客的评定来确定服务外包质量的优劣。

（3）服务组织应记录服务提供过程各阶段的工作情况，以识别服务外包规范和顾客的满意情况。

（4）识别不合格服务，并对其进行纠正。

（5）为保证能及早发现不合格服务，要加强对测量系统的监控。

以运输外包项目为例，其质量保证的实施过程为：首先，保证多家物流公司服务质量的统一性，服务标准相同对于客户而言是非常重要的，需要高度重视对物流公司的服务培训，必要时，可对每家公司参与业务的员工进行集中组织培训及安排考试，提高他们的整体服务意识及对服务质量的重视程度；其次，要对运输车辆的控制、运输信息的全程掌控、客户端服务质量的监控以及 POD 的准确回收等进行控制，并通过对有效问题的记录和积累，分析原因，并找到解决方法，汇总制定严格的操作流程规范。最后，建立与发包公司共同的发展策略，向发包公司灌输企业的管理文化和服务理念。

三、服务外包项目质量保证的主要内容

服务外包项目质量保证的主要内容包括：

（1）提出清晰明确的服务质量要求。

（2）制定质量标准。

（3）制定质量控制流程。

（4）建立完善的质量保证体系。

（5）配置合格和必要的资源。

（6）持续开展有计划的质量改进活动。

（7）全面控制项目变更。

四、服务外包项目质量保证的方法与技术

运用科学的方法和技术，建立科学合理的服务外包项目质量管理体系，进行服务外包项目质量控制，是完善项目质量保证工作的关键。服务外包项目质量保证的方法和技术主要包括过程方法和质量审核技术。

（一）服务外包项目质量管理体系运行过程

1. 过程方法

（1）概述。过程方法是ISO9001—2008标准中的八项质量管理原则之一。所谓过程就是“一组将输入转化为输出的相互关联或相互作用的活动”。任何使用资源将输入转化为输出的活动或一组活动都可以将其视为过程，项目也不例外。项目的过程对于项目的最终发包方而言，基本不了解；对于项目的各级管理人员而言，应该基本上了解或完全了解。项目的过程不是彼此独立的，而是相互关联、相互影响且相互制约的，其最终会形成一个过程网络，如图7－5所示。

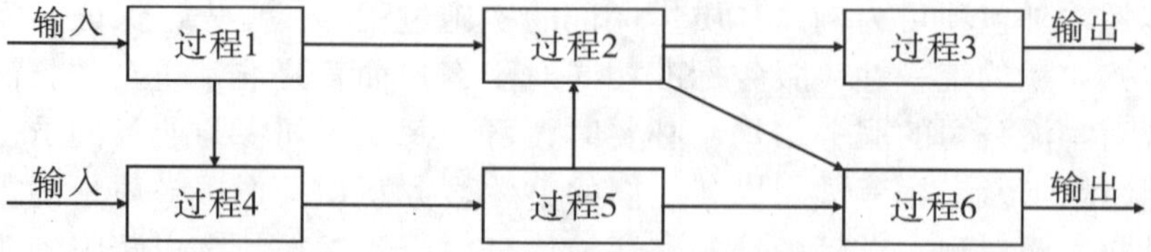

图7－5 项目的过程网络图

（2）过程方法在项目质量保证中的应用。服务外包项目质量管理体系由四大板块构成：项目管理职责、项目资源管理、项目最终可交付成果（产品实现）以及项目测量、分析和改进。从过程的角度分析，这四者之间的相互关系如图 7－6 所示。

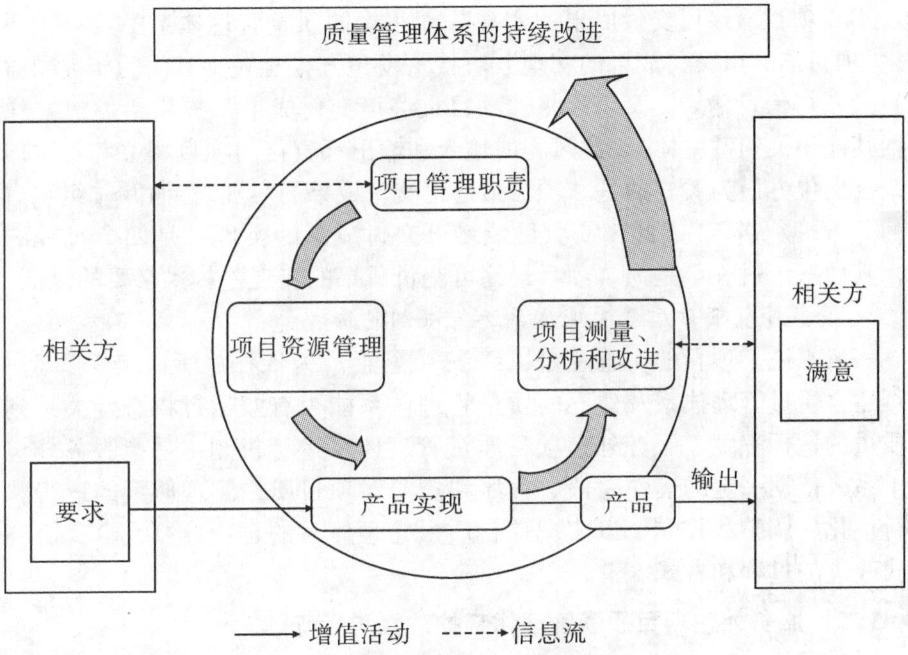

图 7－6　质量管理体系各部分关系图

①服务外包项目相关的利益主体对过程的要求起着非常重要的作用。项目过程的质量要求在很大程度上是由项目相关的利益主体（如发包方和接包方）所决定的，这样才能使项目最终产出物得到相关方的同意。因此组织在自身能力允许的前提下越符合相关方的要求，则项目越容易获得成功。相关方的要求是项目过程的输入，这种输入是一种需求输入，准确识别、理解和把握这种输入有利于使项目最终可交付成果达到相关要求。

②服务外包项目最终产出物的接受者是项目的发包方。项目组织从发包方（也包括其他相关利益主体）那得到对于项目最终可交付成果的要求以及其实现的过程要求。经过“可交付成果的实现”过程，形成项目最终可交付成果，成为输出。通过对项目发包方（也包括其他相关利益主体）满意程度的测量来评价其是否达到了各方的要求。

③项目组织内部的四大板块形成一个闭环过程链。服务外包项目组织中的质量管理体系由项目管理职责、项目资源管理、项目最终可交付成果以及项目测量、分析和改进四个板块构成。一个板块在以另一个板块作为其输入的同时，也成为其他板块的输入，这样四个板块相互联系构成一个闭环，从而实现项目质量的不断循环、不断改进和不断提高。

④“项目最终可交付成果的实现”在组织的质量管理体系中具有重要地位。“项目最终可交付成果的实现”直接从发包方（也包括其他的相关利益主体）处获得信息输入，又直接将“项目最终可交付成果”提供给发包方（也包括其他相关利益主体），此过程的输入和输出都直接与项目相关利益主体相联系。发包方最为关心的是“项目最终可交付成果的实现”，而并非组织口头上的“管理承诺”。因此，“项目最终可交付成果的实现”是四个过程的核心，其他三个过程都是为“项目最终可交付成果的实现”提供必要的保证。

2. 服务外包项目质量管理体系运行机制的形成

一般来说，项目的实施总是以组织（企业）为依托，所以组织（企业）是否建立质量管理体系及建立的质量管理体系能否有效运行将直接关系到项目质量的达标程度。服务外包项目质量管理体系运行机制，是指服务外包项目干系人依据一定的运作手段、程序和资源对项目质量管理体系的运行状态进行优化、调整和控制，以实现项目质量管理体系的自我控制、自我协调和自我改进的过程和方式。

（二）服务外包项目质量管理体系的建立与运行

服务外包项目质量保证涵盖了所有的行为，包括设计、开发、生产、安装、服务和存档等，而且它对任何组织或供应链的竞争都非常重要。质量保证要基于一些特殊的基础。只有在组织内部或是供应链中实施质量管理体系才能保证通过短期行为来达到长期目标。

1. 服务外包项目质量管理体系的编制

服务外包项目质量管理体系致力于建立质量方针和质量目标，并为实现质量方针和质量目标确定相关的过程、活动和资源。建立质量管理体系的目的是保证组织持续提供在质量方面满足要求的产品，以满足发包方和其他相关方的需求。

（1）质量管理体系的方法。GB/T 19000—2008《质量管理体系——基础和术语》标准给出了建立和实施质量管理体系的方法，分为 8 个步骤：①确定发包方和相关方的需求和期望。②建立组织的质量方针和质量目标。③确定实现质量目标必需的过程和职责。④确定和提供实现质量目标必需的资源。⑤规定测量每个过程的有效性和效率的方法。⑥应用这些测量方法确定每个过程的有效性和效率。⑦确定防止不合格并消除产生原因的措施。⑧建立和应用持续改进质量管理体系的过程。

（2）过程方法。过程是一组使用资源将输入转化为输出的相互关联或相互作用的活动。对于项目而言，组织必须采用过程方法，根据一定的流程建立、实施质量管理体系并改进其有效性，通过满足发包方要求，增强发包方满意度，具体流程如图 7－7 所示。

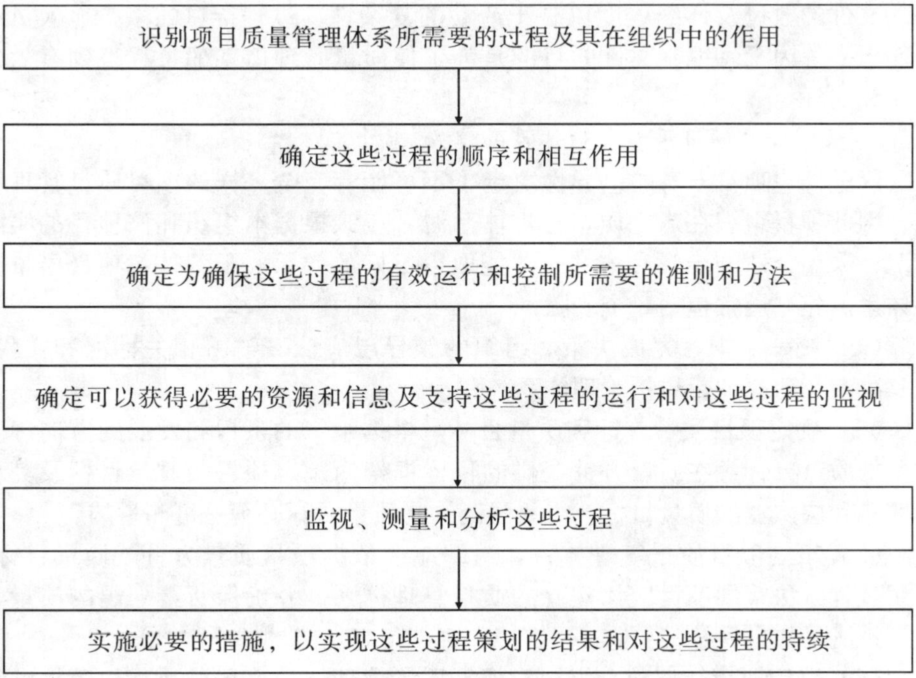

图 7－7 建立项目质量管理体系的流程

（3）质量管理体系文件。项目组织应以灵活的方式将其质量管理体系形成文件。质量管理体系文件的用途是：满足发包方的要求和质量改进，提供适宜的培训，提供客观证据，评价质量管理体系的有效性和持续改进的适宜性。

质量管理体系中使用的文件类型主要有以下几种：

①质量手册。质量手册是“规定组织质量管理体系的文件”，是向组织内部和外部提供关于质量管理体系的一致信息。②质量计划。质量计划是“对

特定的项目、产品、过程或合同，规定由谁及何时应使用哪些程序和相关资源的文件”。③规范。规范是“阐明要求的文件”。④指南。指南是“阐明推荐的方法或建议的文件”。⑤程序、作业指导书和图样。这些是“提供如何一致完成活动和过程信息的文件”。⑥记录。记录是“阐明所取得的结果或提供所完成活动的证据的文件”。

在质量体系建立的过程中，文件的编制是非常重要的，但编制文件并不是建立质量管理体系的最终目的。质量体系标准所要求的是建立一个形成文件的质量管理体系，并不要求将质量管理体系中所有的过程和活动都形成文件。文件的数量及详细程度取决于活动的复杂性、过程接口的多少、人员的技能水平等因素。编制文件的目的是为了使质量管理体系的过程得到有效的运作和实施。

2. 服务外包项目质量管理体系的建立

服务外包项目自身的差异性决定了不可能有完全一样的项目质量管理体系，因此项目组织在建立质量管理体系时，应该根据本组织和该项目的实际情况，采用合适的步骤和方法，才能取得更好的效果。服务外包项目质量管理体系的建立通常包括 8 个步骤：

（1）统一认识，完成决策。组织的领导层应认真学习相关标准和文件，统一决策，建立项目质量管理体系。

（2）确定项目质量方针和质量目标。根据组织的宗旨和发展的方向确定项目的质量方针，在质量方针提供的目标框架内规定项目的质量目标及其相关职能和层次上的质量目标，需要强调的是质量目标必须是可测量的。

（3）策划项目质量管理体系。组织应该依据项目质量方针、质量目标，运用过程方法策划项目应该建立的质量管理体系，并确保所策划出的质量管理体系满足质量目标的要求。

（4）确定职责和权限。组织应依据质量管理体系策划以及其他策划的结果，确定各部门、各过程及其他与质量工作有关人员应承担的相应职责，赋予相应的权限并确保其职责和权限能得到沟通。最高管理者还应在管理层中指定一名管理者代表，由其全权负责质量管理体系的建立和运行。

（5）编制项目质量管理体系文件。组织应依据质量管理体系策划以及其他策划的结果，来确定质量管理体系构建的框架和内容。在质量管理体系文件的框架里确定文件的层次、结构、类型、数量和详略程度，规定统一的文件格式，编制质量管理体系文件。

（6）项目质量管理体系文件的发布和实施。质量管理体系文件在正式发布前应认真听取多方面意见，并经授权人批准后再发布。质量管理体系文件必须经最高管理者签署发布，一经正式发布实施便意味着质量管理体系文件所规定的质量管理体系正式开始实施和运行。

（7）学习项目质量管理体系文件。在项目质量管理体系文件正式颁布之前，项目所涉及的全部人员都要通过学习，清楚地了解质量管理体系文件对本岗位和其他岗位的要求以及相互之间的关系。

（8）项目质量管理体系的运行。项目质量管理体系一经建立，在实施过程中就应该严格按照体系的规定运行。项目所有质量管理活动都要依据质量策划的安排以及质量管理体系文件的要求来实施。

3. 服务外包项目质量管理体系的运行

保持项目质量管理体系的正常运行和持续有效，是企业质量管理的一项重要任务，是项目质量管理体系发挥实际效能、实现质量目标的主要阶段。服务外包项目质量管理体系的运行是执行质量管理体系文件、实现项目质量目标、保持项目质量管理体系持续有效和不断优化的过程。

服务外包项目质量管理体系的有效运行是依靠发包方及相关方进行组织协调、实施质量监督、开展信息反馈、进行质量管理体系审核和复审来实现的。

（1）组织协调。项目质量管理体系的运行是借助于项目质量管理体系组织结构的组织和协调来进行的。组织和协调工作是维护质量管理体系运行的动力。服务外包项目质量管理体系的运行涉及项目相关方多个部门之间的活动，这就需要在目标、分工、时间和联系方面协调一致，责任范围不能出现空档，以保持体系的有序性。

（2）质量监督。项目质量管理体系在运行过程中，各项活动及其结果不可避免地会有偏离标准的可能，为此，必须实施质量监督。项目质量监督的任务是对项目最终可交付成果进行连续性的监视和验证。一旦发现偏离管理标准和技术标准的情况时，应及时反馈，要求项目干系人采取纠正措施，严重者责令其停工整顿，从而促使项目的质量和最终可交付成果的质量均符合标准所规定的要求。因此，实施项目质量监督是保证项目质量管理体系正常运行的手段。

（3）质量信息管理。项目的质量信息系统是项目质量管理体系的神经系统，是保证项目质量管理体系正常运行的重要系统。在服务外包项目质量管理体系的运行中，通过项目质量信息反馈系统对异常信息的反馈和处理进行动态控制，从而使各项质量活动和最终可交付成果的质量保持受控状态。

（4）项目质量管理体系的审核与评审。组织应进行定期的质量管理体系审核与评审，一是对项目质量管理体系进行审核、评价，确定其有效性；二是对运行中出现的问题采取纠正措施，对体系的运行进行管理，保持体系的有效性；三是评价项目质量管理体系对环境的适应性，对体系结构中不适用的采取改进措施。开展项目质量管理体系审核和评审是保持项目质量管理体系持续有效运行的主要手段。

（三）服务外包项目质量管理体系的审核

1. 项目质量管理体系审核概述

（1）项目质量管理体系审核的含义。ISO8402—1994 标准中给出的质量审核定义是："确定质量活动及其有关结果是否符合计划的安排，以及这些安排是否有效地实施并适用于为达到预定目标所作的系统的、独立的检查。"

（2）项目质量管理体系审核的类型。项目质量管理体系审核一般有两种分类方法，即审核方分类法和审核范围分类法。

按审核方分类。项目质量管理体系审核可以被划分为内部审核和外部审核。内部审核又称"第一方审核"，用于内部，由组织自身或以组织的名义进行，可作为组织自我合格声明的基础，是组织自我发现问题并进行自我改进的一种机制；外部审核包括"第二方审核"和"第三方审核"。第二方审核是由组织的相关方（如发包方）或由其他人以相关方的名义进行。第三方审核是由外部独立的审核服务组织进行，这类组织通常是经认可的、提供符合要求的认证（如 ISO9001 认证）或注册。

按审核范围分类。项目质量管理体系可以分为全部审核、部分审核、阶段审核、跟踪审核、监督审核以及附加审核。全部审核，即范围包括项目质量管理体系的全部要素和所有部门；部分审核，即范围只限定于项目质量管理体系的某些部分、某些产品或活动或组织的某些部门；阶段审核，即由一系列部分审核组成，其安排方式是在一段时间内完成对整个体系（或组织）的审核；跟踪审核，即通过审核来验证上次审核后所采取的纠正措施是否有效；监督审核，即由发包方或认可机构进行的审核，目的是确认持续的符合已批准或认可的质量体系；附加审核，即当发现不符合或偏离导致对项目的有关活动于其本身的方针或程序的符合性或对标准的符合性产生怀疑时进行的审核。

（3）项目质量管理体系审核的一般流程。项目质量管理体系审核一般主要经历 6 个阶段：项目质量管理体系审核的启动；文件审核的实施；准备现场审核活动；现场审核的实施；审核报告的编制、批准和分发；审核的完成。具体流程如图 7－8 所示。

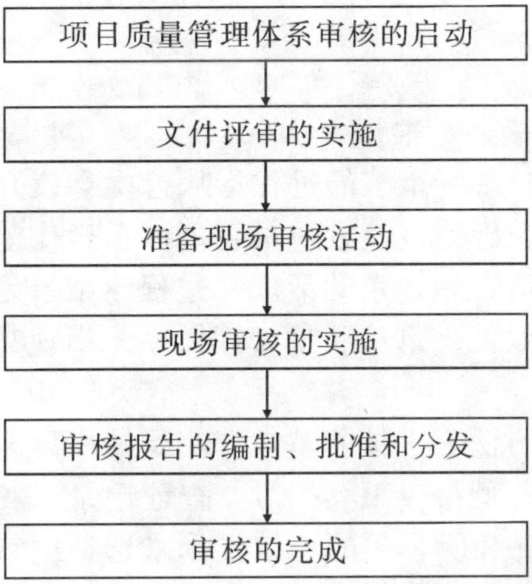

图7－8　服务外包质量管理体系审核的一般流程

2. 文件评审

（1）文件评审的内容。文件审核的对象应包括全部项目质量管理体系文件，有以下几项：

①质量方针和质量目标。②质量手册。③质量体系程序。除了审核ISO9001规定的6个必要程序（文件、记录、不合格品、内审、纠正和预防措施）外，还要注意文件的充分性，即为确保过程的有效策划、运行和控制所需的文件是否齐备。④作业文件（包括质量文件、作业指导书等）。⑤质量记录。标准所要求的所有记录（即ISO9001要求的21种记录）是否均建立和保持。

（2）文件初审。文件初审的内容包括：①质量方针和质量目标是否符合标准要求；②过程识别以及相互关系的阐述是否清晰；③质量管理体系的范围是否明确；④每个过程的建立、实施、遵守的相关规定是否符合标准对该过程的具体要求；⑤名词术语是否符合ISO9001标准；⑥如何贯彻组织所在行业使用的法律、法规、规章和法令；⑦质量手册管理；⑧受审核方的基本信息。

（3）文件的全面审核。在现场审核中除对文件初审发现的问题的纠正情况进行验证，对可疑的线索进行审查之外，还应就质量管理体系的其他程序、作业文件和记录进行审核，以便对质量管理体系文件作出全面的评价。

通过文件初审和现场的深入审查之后，对质量体系文件应作出总体评价，评价内容一般包括：审核体系的文件总体上是否符合审核准则的要求以及描述文件的结构和支撑关系。

3. 现场审核

（1）现场审核的概述。根据ISO19011标准《质量和（或）环境管理体系审核指南》的规定，现场审核的过程指从首次会议开始到末次会议结束的全过程。现场审核是评价受审核方质量管理体系运作能力的重要一环。其目的主要包括：审核质量管理体系的活动、过程与结果是否符合要求；审核质量管理体系运作的有效性；审核质量管理体系，实现其质量方针、目标的可信度。

（2）现场审核的方法。审核的基本方法是抽样，但在审核过程中如何抽取文件资料样本、设备型号、工具编号、查证记录、发现问题和获取客观证据，则需根据实际情况和所掌握的审核技术来选择适宜的方法。下面只简单介绍一下几种常用的审核方法：

①按操作流程自上而下或自下而上的审核方法。按操作流程是指按生产流程的顺序依次进行审核的方法。它包括自上而下即自原材料生产至最终产品产出，或自下而上即从最终产品产出逆向而上到原材料生产两种方法。②按要素审核的方法。按要素审核是指以要素为中心，对该要素所涉及的部门皆进行审核。这往往容易出现以下情况：一个要素涉及多个部门，需要到不同部门去审核才能完成此要素的审核；一个部门往往涉及多个要素要求，因此需要接受多次重复审核才能最终完成受审任务。③按部门审核的方法。按部门审核是指以部门为中心，对该部门的所有活动和所涉及的要素一次性审核清楚，不再反复去该部门调查，然后按要素把该部门审核的结果汇总起来，得出该部门的审核结论。④顺藤摸瓜审核的方法。这种方法是以问题的线索为主导，深入追查或核实。审核员先到信息集中的部门进行审核，根据这一部门的有关信息发现体系中可能存在的问题，并就某些信息的落实和实施情况到有关部门进行核查。有时问题线索会超出核查表范围甚至某个审核员的分工范围，在这种情况下，可改变计划紧追不舍或通知其他审核员就发现的问题继续核查。⑤现场扫描审核的方法。现场扫描是以全面观察现场现象为主的审核方法。这种方法是审核员到作业现场后，先对作业现场概况进行扫描，然后抽取一定的样本进行核查，如运行控制、检查与纠正措施等。只有通过现场扫描，才能获得客观证据，得出准确结论。

（3）现场审核的前期准备。

①编制审核计划 。审核计划应包括：a. 审核目的；b. 审核准则和引用文件；c. 审核范围，包括确定受审核的组织单元和职能单元及过程；d. 现场审核活动的日期和地点；e. 现场审核活动预期的时间和期限，包括与受审核方

管理层的会议及审核组会议；f. 审核组成员和陪同人员的作用和职责；g. 为审核的关键区域配置适当的资源。

现场审核活动开始前，审核计划应经审核委托方评审和接受，并提交给受审核方。审核方的任何异议应在审核组长、受审核方和审核委托方之间予以解决。任何经修改的审核计划应在继续审核前征得有关各方的同意。

②审核组工作分配。审核组长应与审核组协商，将具体的过程、职能、场所、区域或活动的审核职责分配给审核组的每位成员。审核组工作的分配应考虑审核员的独立性和能力的需要、资源的有效利用以及审核员、实习审核员和技术专家的不同作用和职责。为确保审核目的的实现，可随着审核的进展调整所分配的工作。

③准备工作文件。审核成员应评审与其所承担的审核工作有关的信息，并准备必要的工作文件，用于审核过程的参考和记录。可以包括：a. 检查表和审核抽样计划；b. 记录信息的表格。检查表和表格的使用不应限制审核活动的内容，审核活动的内容可随着审核中收集信息的结果而发生变化。工作文件，包括其使用后形成的记录，应至少保存到审核结束。审核组成员在任何时候都应妥善保管涉及保密或知识产权信息的工作文件。

（4）现场审核的实施。现场审核依据受审核方选定的认证标准，在合同确定的产品范围内审核受审核方的质量体系，主要程序为：

①召开首次会议。与受审核方管理层，或者与受审核的职能或过程的负责人召开首次会议。首次会议应由审核组长主持，其内容主要是介绍审核组成员及分工，明确审核目的、依据文件和范围，说明审核采用的方式，宣布并确认审核计划及需要澄清的问题，申明公正性与作出保密承诺，落实陪同人员，确认沟通渠道，向受审核方提供询问的机会等。

②现场审核信息的收集与验收。现场信息收集是指审核员在执行现场审核时调查取证的过程，常用的方法主要包括：面谈、观察、查阅文件与记录等。信息来源包括：a. 与员工及其他人员面谈获得的信息；b. 观察受审核部门的活动、工作环境获得的信息；c. 查阅相关文件或记录获得的信息；d. 综合分析相关数据获得的信息；e. 发包方的反馈信息、供方的可信度信息及其他干系方的信息；f. 查阅受审核部门数据库获得的信息。

③审核结论的形成过程。现场收集到的信息，经过验证（此信息必须可查、可证实且在审核范围内与审核准则有关）将成为审核证据。将审核证据与审核标准对比，形成审核发现。结合审核目标，对全部审核发现汇总分析并评价，得出审核结论。

④审核发现不符合项报告。现场审核时，在项目质量管理体系审核中所

发现的任何不满足要求的过程，均称为不符合。审核员根据事实审核所依据的要求，根据不满足要求的客观证据，完成不符合项的报告。

⑤审核组编写审核报告，作出审核结论。审核组对审核结果进行内部沟通，并与受审核部门（主要包括审核组内部评议会、审核组内部评定会和情况通报会）进行沟通，编写审核报告，作出审核结论。审核结论有三种情况：a. 没有或仅有少量的一般不符合，可建议通过认证；b. 存在多个严重不符合，短期内不可能改正，则建议不予通过认证；c. 存在个别严重不符合，短期内可能改正，则建议推迟通过认证。

⑥向受审核方通报审核情况及结论。

⑦召开末次会议，宣读审核报告，受审方对审核结果进行确认。

⑧认证中心跟踪受审核方对不符合项采取纠正措施。

如现场审核过程中发现不符合项，受审核方应针对审核组提交的“不符合项报告”中所列出的不符合项，采取有效的纠正措施，防止不符合现象的再次发生，并向认证机构或审核组报告纠正措施的实施状况；认证机构或审核组对纠正措施的完成情况及其有效性进行验证，并对纠正结果作出判断和记录，然后，结束整个审核过程。一般不符合项的纠正应在现场审核后一个月内完成，情况严重的应在现场审核后 3 个月内完成。

（四）服务外包项目质量管理体系的认证

项目质量管理体系认证的过程总体上分为两个阶段：一是认证的申请和评定阶段，完成的主要工作包括：受理申请、进行审核、决定是否批准认证和给予注册并颁发认证证书；二是对获准认证组织的质量管理体系进行监督审核和管理，确保已获准认证组织的质量管理体系在认证有效期内符合相应的质量管理体系标准的要求。服务外包项目质量管理体系认证的实施流程如图 7-9 所示。

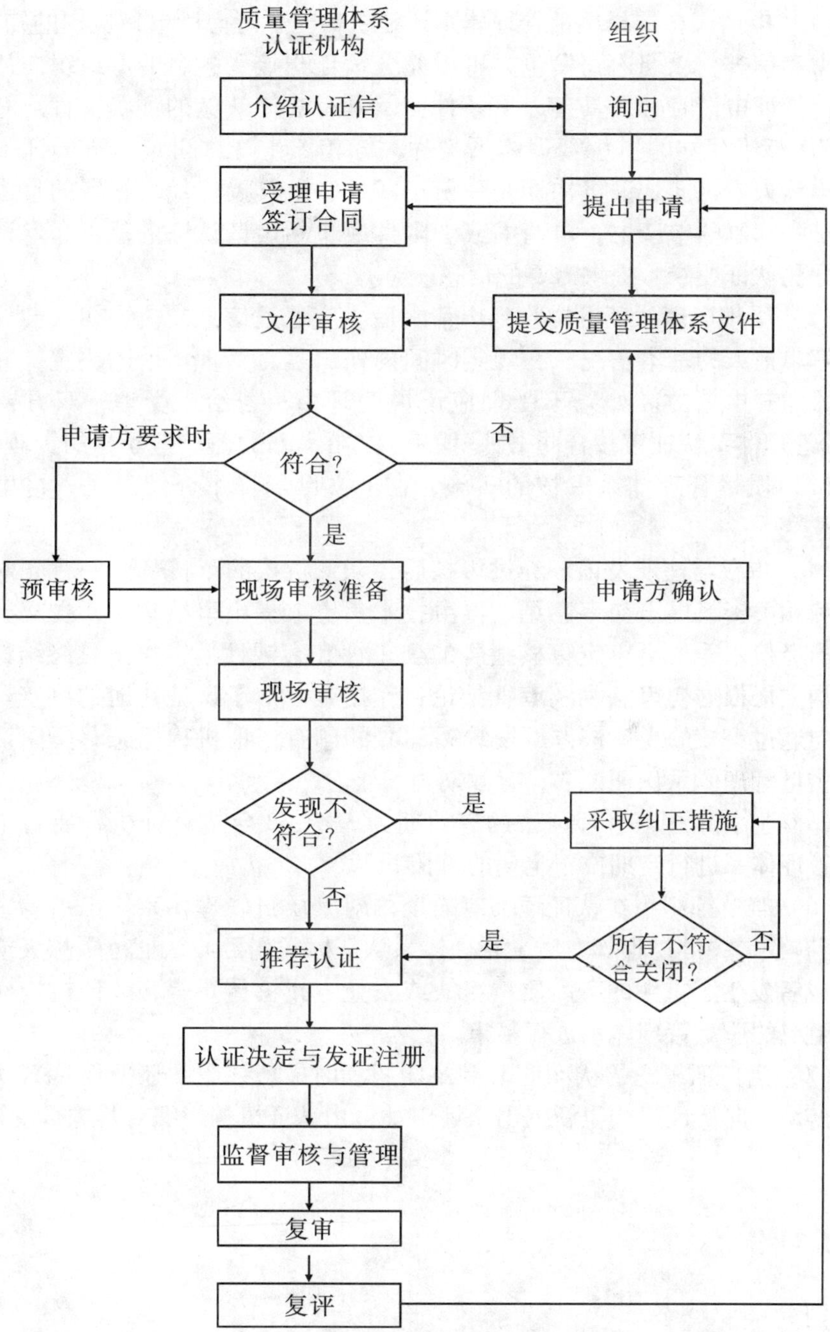

图 7－9　服务外包质量管理体系认证的实施流程图

（1）申请人在选择质量管理体系认证机构时要考虑所选择机构的知名度、影响力和信誉，以期达到发包方可以充分信任与接受的目的。组织向认证机构提交认证申请时必须具备以下条件：①具有法律效应的证明文件；②按照ISO9001标准建立的质量管理体系文件；③相关生产许可证、资质证书等材料。申请人应该向认证机构提交一份正式的、由其授权代表签署的且由认证机构统一印制的申请书。申请书或者附件应包括申请认证的范围、申请人同意遵守的认证要求、提供需要的信息。

（2）受理申请认证机构收到申请书后，应通过信息交流、初次会议等方式了解申请人的基本情况。在规定时间内作出是否受理申请的决定，并以书面形式通知申请方。如果不受理应该说明理由；若给予受理，双方要签订"质量管理体系认证审核合同书"，明确双方在认证过程中应承担的责任。

（3）质量管理体系审核的实施，在上文已经详细介绍过了，这里不再复述。

（4）审核与注册发证。经过审核后，认证机构的审核部门应首先对审核报告和相关资料提出初审意见，再由技术负责人提出审核意见，提交技术委员会。经技术委员会审定审核报告的公正性和客观性后，作出最终结论。认证机构主任根据初审意见及审批结论，作出是否准予认证注册的决定。认证机构向通过审核的受审核方颁发统一编号的印有认证机构标志和国家认可标志的质量管理体系认证证书，有效期为3年。

（5）监督审核与管理证书的有效期为3年，3年内认证机构要对组织的质量管理体系进行定期或不定期的审核。

（6）当持证组织在认证证书有效期内对其质量管理体系作出了重大更改（如所有权、关键过程等，质量管理体系认证标准变更或认证范围扩大或缩小等）或者发生了重大的产品质量事故或发包方投诉严重等，认证机构应当对持证组织的质量管理体系进行复审。

（7）当持证组织的认证证书有效期届满时，若该组织还要保持其认证注册资格，应向认证机构重新提出认证申请，由认证机构组织对其进行复评。

第四节　服务外包项目管理中的质量控制

一、服务外包项目质量控制及其特点

（一）服务外包项目质量控制的概念

服务外包项目质量控制是指对于项目质量实施情况的监督和管理。这项工作的主要内容包括：①项目质量实际情况的度量；②项目质量实际与项目质量标准的比较；③项目质量误差与问题的确认；④项目质量问题的原因分析和采取纠偏措施以消除项目质量差距与问题等一系列活动。这类项目质量管理活动是一项贯穿项目全过程的项目质量管理工作。

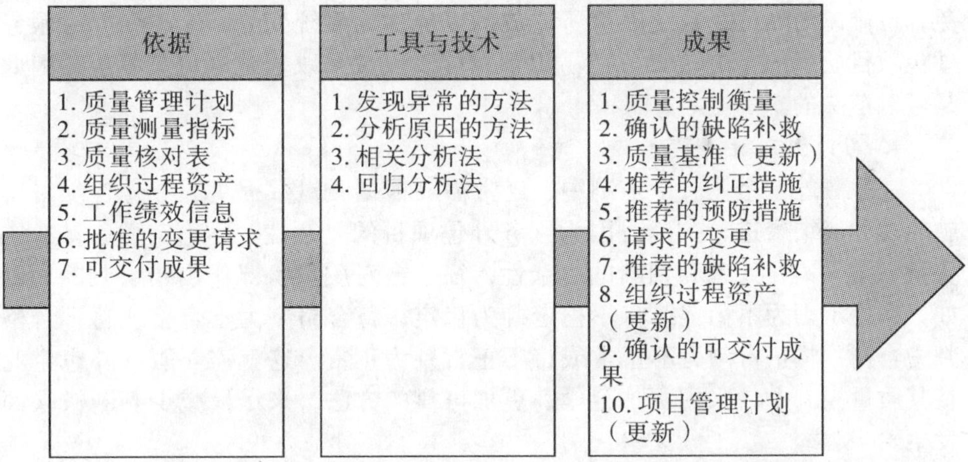

图7-10　服务外包项目质量控制：依据、工具与技术、成果

（二）服务外包项目质量控制的特点

1. 服务外包项目质量控制

服务外包项目质量控制是指采取有效措施，确保实现合同（设计承包合同、施工承包合同与订货合同等）商定的质量标准和质量相求，避免常见的问题，最终达到预期的目标。

服务外包项目的进行是动态的，能够影响服务外包项目质量的因素也是动态的。在项目的不同阶段、不同环节和不同过程中，其影响因素也是不尽相同的。这些因素中有些是可知的，有些则是不可预见的；有些因素对其质量的影响程度较小，然而却给外包项目的质量控制增加了难度。所以，加强对影响质量因素的管理和控制是服务外包项目的一项重要工作。

2. 质量控制的方式

服务外包质量控制是在相互信任与理解的基础上确定质量标准，再由服务供应商负责实施，并通过共同监控来保证服务质量的活动。例如，生产制造部门作为企业的职能部门之一，企业可以对其进行管理和控制，对其质量控制可以采取命令式的管理；而发包商和承包商之间是完全平等的合作关系，要从相互信任的角度共同建立质量标准。

3. 易产生质量变异

质量变异是指服务外包质量数据的不一致性。产生这种数据变异的原因有两方面：偶然因素和系统因素。①偶然因素造成的变异称为偶然变异，这种变异对服务外包项目质量的影响较小，是经常发生的，难以识别，难以避免，也难以消除；②系统因素所造成的变异称为系统变异，这类变异对服务外包项目质量的影响较大，容易识别，可以通过采取措施避免其发生，因此是可以消除的。

4. 易产生判断错误

在服务外包企业质量控制中，经常需要根据质量数据对服务外包项目实施的过程或结果进行判断。因为服务外包项目的复杂性、不确定性，易造成质量数据采集、处理和判断的复杂性，往往会对质量状况作出错误判断。例如，将稳定判为不稳定或将不稳定判为稳定；将合格判为不合格或将不合格判为合格；将正常判为不正常或将不正常判为正常。这就需要服务外包企业在其质量控制中，采用更加科学、更加可靠的方法，来尽量减少判断错误的发生。

5. 质量受成本的制约

服务外包质量不是独立存在的，它受成本的制约。在对服务外包项目进行质量控制的同时，必须考虑其对成本的影响，同样应考虑成本对质量的制约，以保证可以达到发包方的预期目标。

二、服务外包项目质量控制的依据、目标与原则

（一）服务外包项目质量控制的依据

（1）项目质量管理计划。

（2）项目质量测量指标。

（3）项目质量核对表。

（4）组织过程资产。

（5）工作绩效信息。工作绩效信息包括技术性能值、项目可交付成果状态、需要的纠正措施、绩效报告，是质量控制的重要依据，可用于质量审计、质量审查和过程分析等。有关计划或预期结果的资料（取自项目计划）应与有关实际结果的资料同时提供。

（6）批准的变更请求。批准的变更请求可涵盖诸如工作方法和进度计划等的修订。需要对审定变更的正确及时绩效进行验证。

（7）可交付成果。

（二）服务外包项目质量控制的目标

指按照一定的质量要求和质量标准，避免常见的质量问题，达到预期目标。一般来说，服务外包项目质量控制的目标要求主要有以下几个方面：

（1）项目设计必须符合设计承包合同规定的规范标准的质量要求。投资额和投资规模应控制在批准的设计任务书范围内。

（2）设计的文件、图纸要清晰完整，各相关图纸之间无矛盾。

（3）项目的设备选型、系统布置要经济合理、完全可靠、紧凑且节约能源。

（4）环境保护措施、“三废”处理、能源利用等要符合国家和地方政府规定的指标。

（5）项目完成过程应与技术要求一致、与计划规范相一致、与设计质量要求相一致，符合合同要求和验收标准。

（三）服务外包项目质量控制的原则

（1）“质量第一，用户至上”的原则。“以发包方为关注焦点”是质量管理的八大原则之一，并且位列第一。GB/T19001—2008 质量管理体系标准中明确指出：“组织依存于发包方，组织应当理解发包方当前和未来的需求，满足发包方要求并争取超越发包方期望。”因此，“质量第一，用户至上”应作为服务外包项目质量控制的基本原则。

（2）“以人为本，全员参与”的原则。“参与管理”是现代管理的重要特征，是一种高效的管理模式。人是项目产品质量的生产者，项目本身具有的系统性、复杂性要求质量控制必须以人为核心，充分调动人的积极性和创造性，处理好与项目相关干系人的关系，增强质量意识，提高人的素质，避免人为失误，从而通过提高工作质量确保项目质量。

（3）“管理的系统方法”原则。将项目相互关联的过程、环节和活动作为系统加以识别、理解和管理，坚持“预防为主”的方针，注重事前、事中的控制，避免事后检查把关。这既能够有效地控制过程质量，又能够加快项目的进度，从而带来项目经济效益的提高。

（4）“执行质量标准，一切用数据说话”原则。质量标准是衡量和评价项目质量的尺度，必须严格遵守和执行。数据是项目产品各项性能指标的参数表示。有效决策必然是建立在数据和信息分析的基础之上的，足够的且能准确反映事实的信息和数据是项目质量控制的基础和依据，考察项目质量是否符合质量标准必须以数据为依据，通过对数据的整理和分析，判断项目质量是否存在缺陷。

（5）贯彻“科学、公正、守法”的原则。项目经理在处理质量问题的过程中，应尊重客观事实、尊重科学、客观公正、遵纪守法，必须以事实为依据，理智地进行决策，既要坚持原则、严格要求，又要谦虚谨慎、实事求是、以理服人、热情周到。

三、服务外包项目质量控制方法与技术

（一）发现异常的方法

服务外包项目质量控制的一个重要问题就是能够及时发现项目质量控制的实施过程、项目质量管理体系等是否存在异常，以便及时对其采取对策加以纠正。发现异常的主要方法是：直方图分析法、数值分析法和动态分析法。

1. 直方图分析法

直方图又称质量分布图，是一种几何形图表，它是根据从生产过程中收集来的质量数据，画成以组距为底边、以频数为高度的一系列连接起来的直方型矩形图。它通过定期（期限可为周、旬、月、季、年等）采集质量数据，对收集到的看似无序的数据进行处理，并通过分析其图形与标准界限的关系，来反映产品质量的分布情况，判断、预测产品的质量和不合格率。

2. 数值分析法

数值分析法就是要对服务项目的质量数据进行定期采集，并加以统计分析，根据统计分析的结果来判断是否存在异常。运用数值分析法的基本过程如下：

总体不合格品率的含义是质量数据超出允许偏差范围的百分率。对不合格率的估计方法要视质量数据特征（计量值、计数值）、规格界限的特点（单测、双测）而定。

（1）对计量值数据总体不合格品率的估计。首先要计算出一批数据的均值 $\bar{x}$ 和标准差 s，用以估计总体均值 μ 和总体标准差 δ，再根据正态分布规律来估计总体不合格品率。如果为双侧公差，即规定了下限 T_1 和上限 T_u，则总体不合格品率的估计值为：

$$P = \int_{-\infty}^{T_1} \frac{1}{s\sqrt{2\pi}} e^{-\left(\frac{x-\bar{x}}{2x^2}\right)^2} \mathrm{d}x + \int_{T_u}^{+\infty} \frac{1}{s\sqrt{2\pi}} e^{-\left(\frac{x-\bar{x}}{2x^2}\right)^2} \mathrm{d}x = \int_{-\infty}^{\frac{T_1-\bar{x}}{s}} \frac{1}{\sqrt{2\pi}} e^{-\frac{t^2}{2}\mathrm{d}t} + \int_{\frac{T_u-x}{s}}^{+\infty} \frac{1}{\sqrt{2\pi}} e^{-\frac{t^2}{2}\mathrm{d}t}$$

（2）对计数值数据总体不合格品率的估计。根据在大小为 K 的样本中所含不合格品数 γ 来计算样本的不合格率 P_i，最后用若干个样本不合格率的平均值 $\bar{P}$ 来估计总体不合格率 P，公式如下：

$$P \approx \bar{P} = \frac{P_1 + P_2 + \cdots + P_i}{K} = \frac{1}{K}\sum_{i=1}^{k} P_i$$

式中 P_i 为第 i 个样本不合格品率；K 为样本个数；P 为总体不合格品率。

通过对总体不合格品率的估计，可以帮助服务企业判断总体质量状况和是否存在异常情况。通常，规定一个质量水平 P_i，若 $P > P_i$，那么就可以判断存在异常；若 $P \leqslant P_i$，则可判断为正常。

正常情况下，频率曲线两侧应该对称，无偏斜；但若出现异常时，则频率曲线就会发生变化，有可能会出现偏斜；反之，若频率曲线发生偏斜，就可判断曲线所代表的过程质量出现异常。频率曲线的偏斜状况可用偏度系数 α 来表示。所以，通过分析 α，可对质量数据的分布情况作出判断。如果 $\alpha < 0$，则曲线正偏，即偏向下限，α 值越小，偏向的程度就越大；如果 $\alpha > 0$，则曲线负偏，即偏向上限；如果 $\alpha = 0$，则曲线对称。显然，$\alpha > 0$ 或 $\alpha < 0$ 都表明质量数据偏向一侧，说明其存在异常。

3. 动态分析图

动态分析法是采用控制图来分析质量随时间变化的情况，用以判断是否有异常情况。控制图是根据假设检验的原理构造出来的一种图，用于监测服务过程是否处于受控状态。控制图是统计质量管理的一种重要手段和工具。在服务过程中，服务过程质量由于受随机因素和系统因素的影响而产生偏差；前者由大量微小的偶然因素叠加而成，而后者则是由可辨识的、有明显作用的原因所引起，通过采取适当措施可以发现并排除。

运用控制图判断质量异常的准则有两点：①点出界则为异常；②界内点排列不规则为异常。

（二）分析原因的方法

影响服务外包质量的因素很多，而且通常错综复杂地交织在一起。为了能清晰有效地加以整理和分析，一般会采用因果分析图、排列图等方式来表示。

1. 因果分析图

因果分析图也称为特性要因图，因其形状的缘故又被称为树枝图、鱼刺图。为了寻找产生某种质量问题的原因，可采用“头脑风暴法”和“专家判断法”等。通过集思广益，将各相关意见反映在图上，就形成了因果分析图。其基本格式如图 7 – 11 所示：

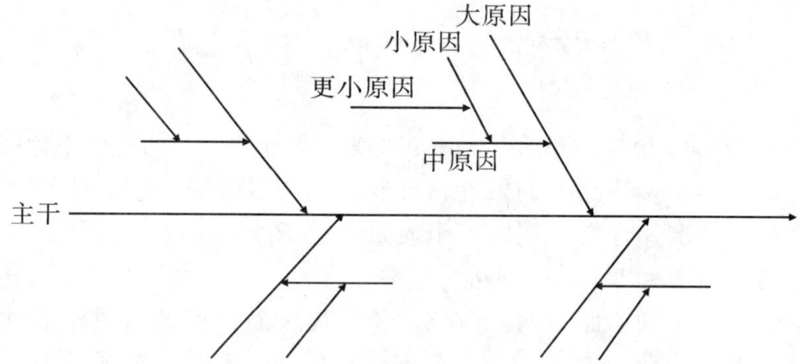

图 7 – 11　因果分析图

尽管影响质量的因素很多且关系复杂，但归结起来，只有两种互为依存的关系，即因果关系和平行关系。因果分析图可以同时整理出这两种关系。只要利用因果分析图所列出的这种关系，从主干原因开始分析，逐级分层，从大到小，由粗到细，寻根究底，直至找出产生质量问题的主要原因为止，并针对这个原因采取有效的措施。这也是因果分析图分析产生质量原因的基本原理。

2. 排列图

排列图又称主次因素排列图，是用来找出影响项目质量主要因素的一种常用的统计分析工具。这种方法最初是由意大利学者帕累托在分析社会财富分布情况时提出的，因此排列图也称帕累托图。就项目质量而言，影响因素虽然很多，但起主要作用的仅是其中少数几项，完全符合“关键的少数和次要的多数”的关系。排列图主要是帮助项目团队确定项目中那些相对少数但重要的问题，以使项目团队把精力集中在对这些问题的解决上。它是由两个纵坐标（频数纵坐标和频率纵坐标）、一个横坐标（项目排列）、若干个根据频数大小依次排列的直方柱和一条累计频率曲线所组成的，如图 7－12 所示。

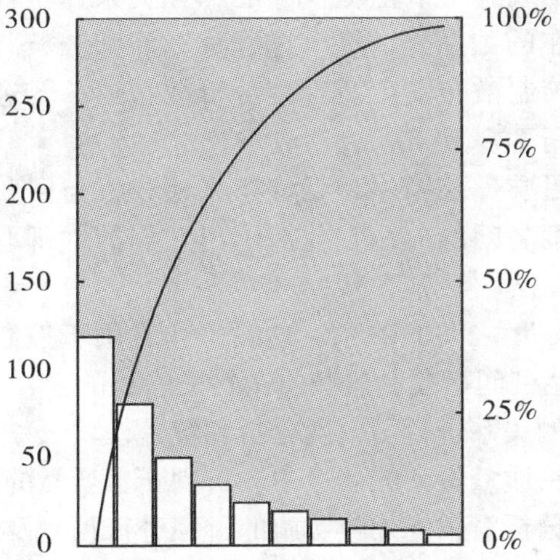

图 7－12　排列图

（三）相关分析法

分析、判断和研究变量之间是否存在相关关系并明确其相关程度的方法即称为相关分析法。常用的相关分析法包括定性分析法和定量分析法。

1. 定性分析法

常用的定性分析法有散布图法。散布图又称为相关图、散点图，是一种用于分析两个变量间相关关系的图示方法。此方法将两个变量相对应的数值列出，并将其以点的形式描绘在坐标纸上，观察两变量之间是否存在某种关系，这种图就叫做散布图。通过观察散布图上点的分布情况，可以看出这两类数据之间是否存在相关关系以及关系的密切程度如何。

2. 定量分析法

影响质量的因素之间是否相关，其相关的程度如何，都可以根据数理统计的原理作出统计性的判断。这种统计判断的方法称为相关检验法，是常用的定量分析方法。常用的相关检验法包括中位数检定法和相关系统检定法。

（1）中位数检定法，又称符号检定法，这是一种简易方法。

（2）相关系统检定法，又称相关系数法，相关系数是判断变量间相关关系的密切程度的一个定量性指标。

（四）回归分析法

在相关分析的基础上，如果两个变量之间存在强相关，则表明它们之间存在某种函数关系，而这种关系就是回归关系，相关函数称为回归函数。在质量控制中，对两个或两个以上变量间的相互关系作出评估，并能较为准确地找出它们之间存在的关系式，这个过程称为回归分析。回归分析的步骤包括：①收集数据，绘制散布图；②观察分析散布点；③进行回归分析，建立回归方程；④回归精度判断。

在服务外包项目质量控制中，可将相关性分析与回归分析结合研究项目质量特征与某些因素之间的关系，并揭示出它们的内部联系。具体主要表现在以下几个方面：

（1）定量表示定量之间的关系。这项工作常用于控制某些易量测、易控制的质量特征，以达到间接控制这些质量特征的目的。

（2）对所确定的关系进行可信度分析和统计检验。

（3）从影响某一质量特征的变量中分析判断各变量的显著性。

（4）利用回归分析对服务外包实施的过程进行预测及最佳控制。

四、服务外包项目质量控制系统的建立和运行

服务外包项目的实施，涉及发包方、设计单位、施工单位、监理单位和供应商等多方主体的活动，它们各自承担服务外包项目的不同实施任务和质量责任。因此，为了有效进行系统、全面的质量控制，必须由服务外包项目的总责任单位负责质量控制系统的建立和运行，实施质量目标的控制。

（一）服务外包项目质量控制系统的构成

1. 服务外包项目质量控制系统的性质

服务外包项目质量控制系统既不是发包方也不是项目承包企业的质量管理体系或质量保证体系，而是项目目标控制的一个工作系统。服务外包项目质量控制系统具有下列性质。

（1）服务外包项目质量控制系统是以服务外包项目为对象，由承包方项目实施的、总组织者负责建立的、面向对象开展质量控制的工作体系。

（2）服务外包项目质量控制系统是服务外包项目管理组织的一个目标控制体系，它与项目投资控制、进度控制、职业健康安全与环境管理等目标控制体系，共同依托于同一项目管理的组织机构。

（3）服务外包项目质量控制系统根据服务外包项目管理的实际需要而建立，随着服务外包项目的完成和项目管理组织的阶梯而消失，因此，是一个一次性的质量控制工作体系，不同于企业的质量管理系统。

2. 服务外包项目质量控制系统的范围

服务外包项目质量控制系统的范围包括：按项目范围管理的要求，列入系统控制的服务外包项目控制范围；项目实施的任务范围，包括服务外包项目实施的全过程或若干阶段，服务外包项目质量控制所涉及的责任主体范围。

（1）系统涉及的工程范围。一般根据项目的定义或工程承包合同来确定。具体来说有以下三种情况：①服务外包项目范围内的全部工程；②服务外包项目范围内的某一单项工程或标段工程；③服务外包项目某单位工程范围内的一个单位工程。

（2）系统涉及的任务范围。服务外包项目控制系统服务于服务外包项目管理的目标控制，因此，其质量控制的系统只能贯穿于项目的勘察、设计、采购、施工和竣工验收等各个实施环节，即服务外包项目全过程质量控制的任务或若干阶段承包的质量控制任务。

（3）系统涉及的主体范围。服务外包项目控制系统所涉及的质量责任自控主体和监控主体。

3. 服务外包项目质量控制系统的结构

服务外包项目质量控制系统一般情况下形成多层次、多单元的结构形态，这是由其实施任务的委托方式和合同结构所决定的。

（1）多层次结构。它是相对于服务外包项目系统纵向垂直分解的单项工程、单位服务外包项目质量控制子系统。

（2）多单元结构。它是指在服务外包项目质量控制总体系统下，第二层面的质量控制系统及其以下的多个质量自控或保证体系。这是项目质量目标、责任和措施分解的必然结果。

（二）服务外包项目质量控制系统的建立

1. 建立的原则

实践经验表明，服务外包项目质量控制系统的建立，应遵循以下原则，这对质量目标的总体规划、分解和进行有效实时的控制非常重要。

（1）分层次规划的原则。服务外包项目质量控制系统的分层次规划，是指服务外包项目管理的总组织者和承担项目实施任务的各参与单位，分别对服务外包项目质量控制系统进行不同层次和范围的规划。

（2）总目标分解的原则。服务外包项目质量控制系统总目标的分解，是根据控制系统内服务外包项目的分解机构，将服务外包项目的建设标准和质量总体目标分解到各个责任主体，并明示于合同条件中，再由各责任主体制订出相应的质量计划，确定其具体的控制方式和控制措施。

（3）质量责任制的原则。服务外包项目质量控制系统的建立，应按照建筑法和服务外包质量管理条例有关服务外包质量责任的规定来确定其具体的控制方式及控制措施。

（4）系统有效性的原则。服务外包项目质量控制系统，应从实际出发，结合项目特点、合同结构和项目管理组织系统的构成情况，建立项目各参与方共同遵循的质量管理制度和控制措施，并形成有效的运行机制。

2. 建立的程序

服外包项目质量控制系统的建立过程，一般可按以下环节依次展开工作。

（1）确立系统质量控制网络。应明确系统各层面的服务外包质量负责人，以形成明确的项目质量控制责任者的管理网络架构。

（2）制定系统质量控制制度。系统质量控制制度包括质量控制例会制度、协调制度、报告审批制度、质量验收制度和质量信息管理制度等，形成服务外包项目控制系统的管理文件或手册，作为承担服务外包项目实施任务各方主体共同遵循的管理依据。

（3）分析系统质量控制界面。服务外包项目质量控制系统的质量责任界面，包括静态界面和动态界面。一般来说，静态界面根据法律法规、合同条件、组织内部的职能分工来确定。而动态界面是指项目实施过程设计单位之间、施工单位之间、设计与施工单位之间的衔接配合关系及其责任划分，必须通过分析研究，确定管理原则与协调方式。

（4）编制系统质量控制计划。服务外包项目管理总组织者，负责主持编制服务外包项目总质量计划，并根据质量控制系统的要求，部署各质量责任主体与其承担任务范围相符的质量计划，并按规定程序完成质量计划的审批，作为工程质量控制的依据。

3. 建立的主体

按照服务外包项目质量控制系统的性质、范围和主体构成，一般情况下其质量控制系统应由服务外包项目总承包企业的服务外包项目管理机构负责建立。在分阶段依次对勘察、设计、施工、安装等任务进行分别招发标的情况下，通常由承包单位或其为头的服务外包项目管理企业负责建立，各承包企业根据服务外包项目质量控制系统的要求，建立隶属于服务外包项目质量控制系统的设计项目、采购供应项目等质量控制子系统（可称为相应的质量保证体系），以具体实施其质量责任范围内的质量管理和目标控制。

（三）服务外包项目质量控制系统的运行

服务外包项目质量控制系统的运行，实质上就是系统功能的发挥过程，也是质量活动职能和效果的控制过程。然而，质量控制系统能够有效地运行，还有赖于系统内部的运行环境和运行机制的完善。

1. 运行环境

服务外包项目质量控制系统的运行环境，主要是指为系统运行提供支持的管理关系、资源配置和组织制度的条件。

（1）服务外包的合同结构。服务外包合同是联系服务外包项目各参与方的纽带，只有在服务外包项目合同结构合理、质量标准和责任条款明确，并严格履约管理的条件下，质量控制系统才能得以运行。

（2）质量管理的资源配置。质量管理的资源配置包括专职的工程技术人员和质量管理人员的配置，以及实施技术管理和质量管理所必需的设备、设施、器具、软件等物资资源的配置。人员和资源的合理配置是质量控制系统得以运行的基础条件。

（3）质量管理的组织制度。服务外包项目质量控制提醒内部的各项管理制度和程序性文件的建立，为质量控制系统各个环节的运行提供必要的行动指南、行为准则和评价基准的依据，是系统能够有序运行的基本保证。

2. 运行机制

服务外包项目质量控制系统的运行机制，是由一系列质量管理制度安排所形成的内在机制。运行机制是质量控制系统的生命，机制缺陷是造成系统运行无序、失效和失控的原因。因此，在涉及系统内部的管理制度时，必须予以高度重视，防止出现重要管理制度的漏洞、制度本身的缺陷、制度之间的矛盾等问题，为系统的运行加入动力机制、约束机制、反馈机制和持续改进机制。

（1）动力机制。动力机制是服务外包项目质量控制系统运行的核心机制，它来源于公正、公开、公平的竞争机制和利益机制的制度设计或安排。

（2）约束机制。没有约束机制的控制系统是无法使工程质量处于受控状态的，约束机制取决于各主体内部的自我约束能力和外部的监控效力。

（3）反馈机制。反馈机制是运行的状态和结果的信息反馈，是对质量控制系统的能力和运行效果进行评价，并为及时作出处置提供决策依据。

（4）持续改进机制。在服务外包项目实施的各个阶段，不同的层面、不同的范围和不同的主体间，应用 PDCA 循环原理，即以计划、实施、检查和处置的方式展开质量控制，同时必须注重抓好控制点的设置，加强重点控制和例外控制，并不断寻求改进机会、研究改进措施。

第五节　服务外包项目质量改进

一、服务外包项目质量改进的概念与特点

（一）服务外包项目质量改进的概念

ISO9001—2008《质量管理体系——基础和术语》给出了质量改进的定义："质量改进是质量管理的一部分，致力于增强满足质量要求的能力。"就服务外包项目而言，相关方在实际的项目实施过程中，都要对其所进行的项目、实施过程和管理进行或多或少的改进，这些改进被称为质量改进。

（二）服务外包项目质量改进的特点

1. 服务外包项目质量改进对象的广泛性

就项目实施过程而言，项目建设环境处于不断的变化之中，项目组织应不断改进项目建设条件、优化项目建设方法、整合项目资源等，即对项目实施过程的改进；积极地强化项目质量管理过程，进一步明确项目质量目标，不断完善项目质量保证体系，建立、健全各种质量管理制度、规范和要求，即对项目管理过程的改进；按照项目发包方的要求，不断提高项目各阶段的科教服务质量和最终项目产品的质量，即对产品本身的改进。

2. 服务外包项目质量改进的持续性

服务外包项目质量改进是一种追求更高质量目标的持续活动。它基于这样一种事实，无论任何一种施工方法、任何一个过程、任何一个流程、任何一个管理制度和任何一项产品等，现存的状态都会这样或那样地存在着某种缺陷、某种遗憾、某种可以改进的地方，都会有一个更好的、对应的过程、流程、制度、产品来代替它，关键在于项目组织如何去发掘。

3. 服务外包项目质量改进的过程性

服务外包项目是一次性的渐进过程，从开始到结束可以划分为若干个阶段。一个过程包含将输入转化为输出的一个或多个活动，一个项目必须按照一系列规划好的并相互关联的过程来实施。项目的所有工作都是通过过程来完成的，由简单过程、复杂过程和网络过程组成。

二、服务外包项目质量改进的条件分析

（一）对组织管理者的领导和支持

1. 组织管理者的领导和支持

无论是投资方还是使用方、承包方，其最高管理者对持续改进的认识都具有决定性意义。认识正确，就会对改进活动给予支持，并领导服务外包项目的持续改进活动，从而使持续改进成为组织的一个基本目标，形成一种基本任务或要求。领导者和管理者在持续改进中应做到以下几点：

（1）明确持续改进的目的和目标。围绕项目质量的保证和提高，各相关方的领导者和管理者都应明确持续改进的目的和目标，并将这些目的和目标融入组织的质量方针和质量目标之中。

（2）贯彻持续改进的目的和目标。各相关方的领导者和管理者应通过各种形式向所有的项目参与者传达持续改进的目的和目标，并不断地将持续改进的目的和目标具体化，作为任务下达到有关部门直至相关人员。

（3）持续改进自己的工作过程。持续改进涉及项目的每个参与者，任何人的工作都存在可以改进的方面。而作为项目的领导者和管理者，更应该对自己的工作不断加以改进，以形成人人思改进、个个想改进的良好氛围。

（4）培育一种沟通、合作、发挥自我的环境。在项目质量持续改进的过程中，发挥每一个人的作用是至关重要的。作为项目的管理者，一方面应要求所有人员都要严格执行标准、规程和计划；另一方面又应给予员工不断改进自己的工作过程的权力。这就需要创造一种发挥自我的环境。

（5）进行质量改进策划。围绕着项目质量，要改进什么及如何改进不应是盲目的，而应有计划、系统地进行。这就需要领导者和管理者认真进行质量改进策划，以使质量改进活动有条不紊地进行。

（6）为持续改进提供必要的资源项目。质量的持续改进需要人力、设备、材料、场地、资金等资源。所需资源的种类、数量、时间等均应在质量改进策划或质量改进计划中体现出来，并按计划及时提供，以保证质量改进活动顺利进行。

（7）测量、评定和激励。树立“改进无过错”的思想，鼓励改进。对改进过错中遇到的困难、挫折应及时协调，寻找解决办法。对改进的结果应及时测量、评定，成功的加以奖励；不成功的帮助总结经验，查找原因。

（8）巩固成果。持续改进不是就事论事，而是每次改进的成果都应该作为项目在今后运行的基准。作为领导者或管理者应及时将质量改进的成果纳

入有关标准、制度或规程之中，以巩固改进成果。

上述八条，概括了在服务外包项目质量持续改进过程中，作为项目参与各方组织的领导者和管理者应承担的责任及应创造的环境。这些工作贯穿于整个项目的实施过程中，既是一个完整的系统，又是一个循环往复的过程，如图 7－13 所示：

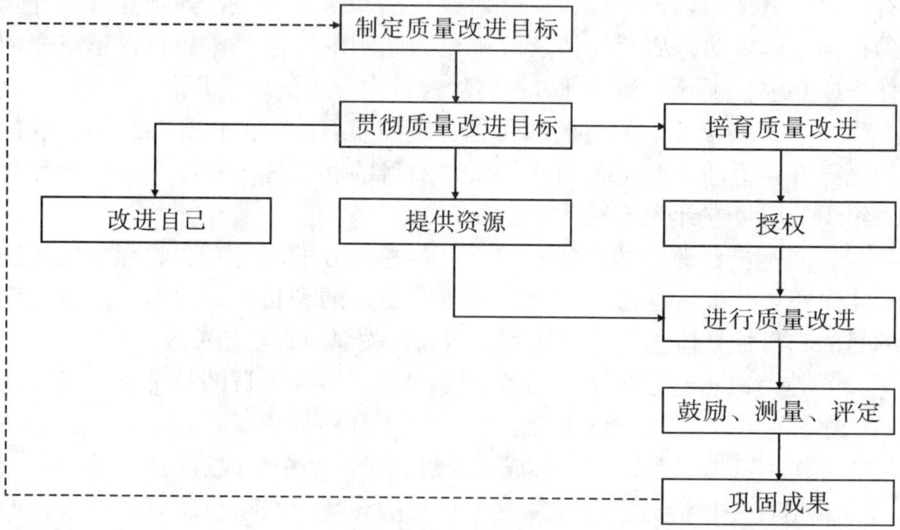

图 7－13　服务外包项目质量改进的领导环境

2. 组织管理者要以身作则

管理者应参与改进，持之以恒地支持和领导改进，并培育一种广泛交流、相互合作、尊重个人的环境，并应为持续改进提供相应的资源。

（二）创造持续改进的质量文化

持续改进的文化环境要求有一套共同的价值观、态度和行为，其核心是强调满足发包方和其他相关方的需求和期望，并不断追求更高的目标。持续改进所需的价值观、态度和行为主要包括以下几点：

（1）重视满足内部和外部发包方的需要和期望。

（2）使质量改进贯穿于从发包方到承包方的整个供应链。

（3）体现管理者应尽的义务、领导职责和参与情况。

（4）强调质量改进始终是每个人员工作的一部分。

（5）通过质量改进过程解决存在的问题。

（6）持续改进所有过程。

（7）建立广泛的数据和信息交流网络。

（8）促进合作和尊重个人的首创精神。

（9）依据数据分析进行决策。

（10）不断寻求改进机会，而不是等待。

（三）营造持续改进的内部环境

（1）充分吸纳和运用八项质量管理原则，转变管理观念，持续改进的管理理念对于许多管理者之前的管理思想和管理习惯是一个有力的挑战。所以，要实施持续改进的战略，需要管理者，尤其是组织的最高管理者在管理思想、管理观念和管理行为上作出改变。

（2）创建与每个相关方共享利益的理念和机制，一个项目往往会涉及多方组织，一个组织能否获得成功，取决于能否使该组织的所有相关方都获益。因此，组织在对项目质量管理过程的策划、实施和改进中，都应始终考虑到发包方和其他相关方的需求和期望，要创建能主动及时地识别、理解并满足相关方的需求和期望的理念与机制。

（3）树立并培养以有效和高效方式做事的理念和习惯，在进行项目质量管理和控制过程中，开展的每项活动和工作都应考虑到有效性和效率问题，既要确保其符合策划的要求，又要节约资源的投入，坚持“做正确的事和正确地做事”的原则，养成“第一次就将事情做对和每一次都将事情做对”的习惯，以确保用有效和高效的方式管理及改进项目的进展过程。

（4）倡导问题意识、改进意识和创新意识，鼓励项目的所有参与者发现项目进行过程中存在的问题，并能积极参与改进活动；应创造条件鼓励创新，树立创新意识。

（四）有明确的质量改进目标并不断追求新的更高的目标

服务外包项目质量改进目标明确了质量改进的方向，明确质量改进目标是进行质量改进的前提。质量改进目标一般具有方向作用、激励作用和评价作用。服务外包项目进展过程中，不同的相关方、不同阶段应有不同的质量改进目标。组织的质量改进目标经过展开，还可以形成部门、班组及个人的质量改进目标。质量改进目标是形成持续改进环境的重要因素。为使质量改进目标产生应有的作用，在确定目标时，应注意以下几个方面：

（1）质量改进目标应与项目总的质量目标相协调。

（2）目标应有利于提高发包方的满意程度及过程的效果和效率。

（3）目标应尽量具体化、定量化，以便于测量。

（4）目标应明确移动，便于记忆。

（5）目标应具有挑战性，但经过努力能够实现。

（6）应使相关人员理解目标，理解实现目标的措施，并达成共识。

（7）定期进行测量和评审。

（8）按目标管理的方法管理质量，改进目标。

项目质量持续改进是一个连续的过程，不能中断，也无终点。因此，应不断设立新的、更高的目标，以引导相关组织和人员不断追求，使持续改进能持续进行。

三、服务外包项目质量改进的基本方法

质量改进的方法是实现质量改进的途径、工具和手段。服务外包项目为了达到质量改进的目的，采用了行之有效的逻辑分析法、数理统计法以及其他方法。将这些方法引入质量改进的具体应用实践后，积累了许多成熟的经验，由此，逐渐形成了一些专门用于质量改进的方法，如过程能力控制方法、可靠性管理方法、六西格玛管理以及用于现场质量改进的5S管理方法等。随着科学技术的发展以及质量改进活动的深入进行，应用于质量改进的方法会不断丰富。

按照质量改进方法的性质和企业应用这些方法的习惯，大致可以把质量改进方法分为三类，即逻辑分析方法、数理统计方法和工程技术管理方法。但是对于服务外包项目来说一般不会用工程技术管理方法。以上这些方法既可用于质量改进，也可用于质量控制和质量策划等活动。

（一）逻辑分析方法

逻辑分析法对于管理者、营销人员、设计人员、工程技术人员和操作人员正确地理解和识别顾客需求，分析产品质量改进和过程质量改进的因素及重点，特别是对于寻找问题产生的原因与制定质量改进措施，在方法论方面具有重要的指导意义。常用的逻辑分析方法如下：

1. 头脑风暴法

头脑风暴法，又称畅谈法或集思法等。这种方法是指采用会议的方式，运用集体的思考，引导每个参会人员围绕某个中心议题（如质量改进问题）进行讨论，集思广益，在自己的头脑中掀起风暴，畅所欲言、发表独立见解的一种创造性思维方法。头脑风暴法可以用来识别存在的质量问题并找到解决的办法；也可用来识别潜在和可能的质量改进机会；还可以在画因果图、树图或者亲和图时运用这种方法。

2. 亲和图

亲和图是针对某一问题，广泛收集相关资料、意见、观点和看法，并按内容的亲和性统一归纳整理，形成初步的归类，进一步明确因果关系，并寻求解决方法的一种工具。一般情况下，亲和图常会和头脑风暴法一起使用，用来整理头脑风暴法所产生的想法。

亲和图分析问题的步骤分为三步：首先，将每个参与者的观点、意见和想法记录在一张卡片上；其次，将所有的卡片混合，再放在一张桌子上，按卡片所记的观点和内容分组排列，把最能代表该组内容的卡片放在最上面，作为该组的主体；最后，将各组卡片按其内容的相近性排列开来，再用方框、直线、箭头等表示各组卡片之间可能存在包含或并列关系、间接影响关系或暂时无法确定的关系等，形成亲和图。

3. 关联图

关联图是用来分析和表示一些存在问题及各因素之间相互关系的一种工具。关联图与亲和图相似，但也有区别，主要区别在于：亲和图着重于发现事物的影响因素并对其归类，而关联图着重于分析事物各影响因素之间的关系。

4. 树图

树图是用来分析和表示某一主题与其组成要素之间系统关系的工具。树图的特点是将某一主题进行系统的分解，明确地表示各要素之间的包含关系或并列关系，以便纵观全局，找到实现系统优化的目标和方法。

5. 矩阵图

矩阵图是用来分析和表示具有成对因素影响的复杂事物的工具。矩阵图的特点在于利用矩阵工具，将成对的因素分别排成行和列，分析各行、列的交叉点上成对因素的关联程度和影响。

（二）数理统计方法

逻辑分析方法能为质量改进指明方向和思路，但质量改进项目的决策、质量改进措施的制定以及质量改进活动的具体实施，还应建立在数据分析的基础之上，特别是使用适宜的数理统计技术对统计数据中所反映的变化、差异和趋势进行的分析。

1. 描述性统计

描述性统计是指以解释数据分布特性的方式汇总并表达定量数据的一种方法。描述性统计提供了一种高效的、相对简单的汇总数据的方法，它提供的信息常可以形象地描述为直方图、散布图及趋势图等直观的形式。

2. 假设检验

假设检验是指在规定的风险水平上所确定的一组数据（通常是来自样本的数据）是否符合已给定假设的统计方法。假设检验可以使企业在规定的知识水平上判断有关总体参数的假设是否正确，也可以用来检验两个或多个总体的差别，从而便于企业作出相关决策。此外，假设检验还可用于检验总体均值是否达到目标值或标准，检验两个服务过程出现的不合格率的差异，检验样本数据是否是从单个总体中随机抽取等。

3. 测量分析

测量分析是用于评价测量系统不确定度的一种方法。收集测量数据，就必须考虑测量的不确定度。测量分析用于选择和确定最适宜的测量方法；量化测量的不确定度，以明确测量的误差、精确度水平，评价测量的能力；选择新的测量仪器等。

4. 模拟

模拟是指通过计算机程序运用数学的方法来表示系统，从而解决问题的方法集合。模拟的特点是用便于控制的一组条件来代表真实事物的特征，运用模仿性试验来了解真实服务外包过程的特性及其变化规律。模拟方法在质量管理过程中用于大型项目的资源优化配置，以及服务项目设计、预算、组织和协调、进度控制和风险分析等。

5. 时间序列分析

时间序列分析是针对按时间顺序排列的一组数据，分析其变化趋势，发现规律性、季节性及其他因素在时间序列中的影响，预测时间序列的方法。时间序列分析常用来识别某个时间段内过程的变化情况，如顾客抱怨、不合格现象及影响因素分析等。

【思考练习题】

1. 简述服务外包项目质量规划的内容。
2. 试叙述服务外包项目质量保证的工具和方法有哪些？
3. 简述服务外包项目质量控制系统的建立和运行。
4. 试阐述服务外包项目质量保证和控制的联系和区别。
5. 简述服务外包质量管理改进的环境条件。
6. 简述服务外包质量管理改进的逻辑方法和统计方法有哪些？

第八章　服务外包项目人力资源管理

【案例引导】

宝洁和 IBM 签署价值 4 亿美元的员工服务外包协议

宝洁公司和 IBM 在 2003 年 9 月 9 日签署了一项为期 10 年、价值 4 亿美元的全球协议，IBM 业务咨询服务事业部将为宝洁公司提供人力资源业务转型外包服务。

IBM 将为近 80 个国家的近 9.8 万名宝洁员工提供支持，IBM 提供的服务包括：工资管理、津贴管理、补偿计划、移居国外和相关的安置服务、差旅和相关费用的管理以及人力资源数据管理。同时，IBM 还将利用宝洁公司现有的处于领先地位的全球 SAP 系统和员工门户网站，为宝洁公司的人力资源系统提供应用开发和管理服务。

大约有 800 名宝洁员工将加入 IBM 人力资源业务转型外包团队，它将与 IBM 业务咨询服务事业部的人力资源小组一起，构成世界领先的人力资源专业服务组织。通过这一计划，将有机会在两家公司以及 IBM 人力资源业务转型外包运营的未来客户员工之中运用人力资源管理方面的各种最佳实践经验。

这一协议将于 2004 年 1 月 1 日生效，届时 IBM 将负责管理三个人力资源共享服务供应中心（这三个中心分别位于哥斯达黎加的圣何塞、英国的纽卡斯尔和菲律宾的马尼拉），以及超过 25 个其他国家的各类专业人员，他们将成为 IBM 全球业务转型外包服务中心网络中的一个组成部分。

这一协议能够带来很多益处，例如，它将使宝洁公司能够通过流程改造、技术集成和最佳实践来改进服务和减少人力资源成本；通过为高层管理人员提供统一、精确和标准化的实时员工报告，进一步改善决策质量；此外，它还将能够以更加实时、灵活和随需应变的方式提供各种员工服务。

宝洁公司负责全球业务服务的 Filippo Passerini 说："IBM 为宝洁的员工服务带来了丰富的业务流程知识、深入的技术专家知识和一个灵活、快速响应的业务模型。IBM 将我们的长处与 IBM 的长处结合在一起，领导了业务转型外包市场，这将会给宝洁和 IBM 以及未来的客户带来双赢的效果，很多员工也将能够从更大的未来事业潜力中受益。"

IBM 业务咨询服务事业部总经理 Ginni Rometty 说："像宝洁这样的领先公司正在越来越多地运用业务转型外包服务，来推动企业实现更高的战略价值，这将使它们变得更加灵活和具备更强的适应能力，同时能够使员工将精力集中在公司的核心竞争力上。对 IBM 来说，这一协议显著增强了我们的全球人力资源业务转型外包服务的能力。目前正是很多公司考虑全面采用人力资源外包的时候，此次和宝洁签约，巩固了我们的领先地位。"

宝洁公司是在对多家领先的业务流程外包供应商进行评估以后，才选择 IBM 作为自己的员工服务合作伙伴的。

——http：//hr. cntrades. com/show－34795. html

第一节　服务外包项目人力资源管理概述

一、服务外包项目人力资源管理的含义与特点

（一）服务外包项目人力资源管理的含义

服务外包项目人力资源管理是指项目经理为确保项目团队成员的能力和参与度得到有效发挥，对该项目团队进行的一系列科学的计划、适当的培训、合理的配置、准确的评估和有效的激励等管理工作。

服务外包项目人力资源管理的目的在于充分发挥项目团队成员的主观能动性，使他们各尽所能，从而保证项目目标的顺利达成。

（二）服务外包项目人力资源管理的特点

（1）团队性。由于服务外包项目工作是以团队作业的方式开展的，只有外包项目团队成员团结合作、协调一致，才能保证在规定的时间内以较低的成本，高效地完成服务外包项目目标。因此，建立一支团结、高效的团队是非常必要的。

（2）临时性。服务外包项目的临时性决定了项目团队的临时性，一旦项目完成后，项目团队就要解散，因此，应针对临时性，研究如何管理好这支临时的团队。

（3）阶段性。服务外包项目所处的生命期不同，其需要的人力资源数量和类别就会有所不同。一般来说，外包项目团队可由核心团队和辅助团队两部分构成。核心团队由少量成员组成，参与外包项目管理的全过程。辅助团队则由某些专业领域的人员构成，服务于某一专项工作。因此，服务外包项

目团队人员数量是随着其生命周期的推进而不断变化的。

二、服务外包项目人力资源管理过程

服务外包项目人力资源管理的工作过程主要包括项目人力资源计划制订、项目团队组建、项目团队建设和项目团队管理 4 个方面。项目人力资源规划主要是解决服务外包项目在不同阶段所要使用的人力资源数量与质量问题；项目团队组建工作需要解决的是如何形成项目团队，构建团队组织结构问题；项目团队建设的重点在于根据团队生命周期各阶段的特征开展相关工作，建设高效的工作团队；项目团队管理是要充分发挥项目经理的作用，建设良好的项目团队文化，形成优秀的团队精神，实现团队的目标。如图 8－1 所示：

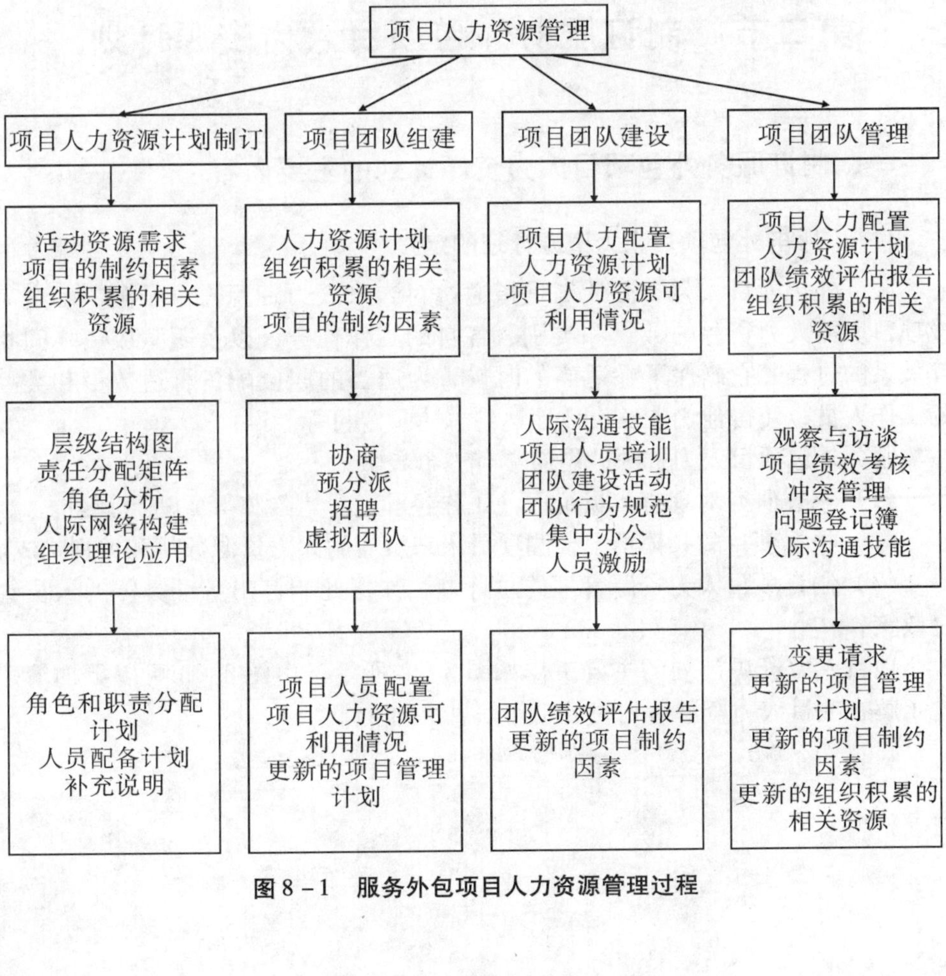

图 8－1　服务外包项目人力资源管理过程

（1）项目人力资源计划制订。服务外包项目人力资源计划是按照项目目标通过分析和预测所给出的项目人力资源在数量上、质量上的明确要求、具体安排和打算。

（2）项目团队组建。项目团队组建与建设是服务外包项目人力资源管理的重点。它包括团队成员的招聘与选拔、工作分配、按时上岗。

（3）项目团队建设。项目团队组成以后，各项工作开始进行，但一个高效率的项目团队不可能自然形成。这是需要团队建设与发展的工作，通常需要持续地努力进行培训、能力开发、相互激励和团队文化建设。

（4）项目团队管理。跟踪团队成员的表现，提供反馈，解决问题并管理变更，以优化服务外包项目绩效的过程。

第二节　制订服务外包项目人力资源计划

一、制订服务外包项目人力资源计划的主要内容

（一）服务外包项目人力资源计划的定义

服务外包项目人力资源计划是指通过对未来人力资源需求预测，确定完成项目所需人力资源的数量和类别、各自的工作任务，以及团队成员之间相互关系的过程。它确保了在适当的时候，为适当的职位配备合适数量和类型的工作人员，使得他们能够有效地达到总体预定目标。

服务外包项目人力资源计划通常有三个步骤：

（1）调查研究对现有人员组成（工作经验、个人性格等）进行评价。

（2）根据项目的具体情况预测项目未来所需的人力资源数量和类别构成。

（3）制订项目人力资源管理的总计划，并据此制订出各项具体的人员管理政策。

项目人力资源计划的主要工作如图 8－2 所示，由图 8－3 可以更加清楚地了解在项目人力资源计划时的工作信息流向。

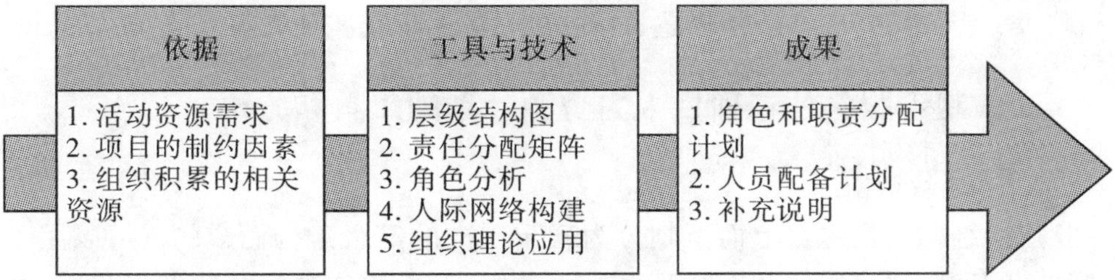

图 8－2　服务外包项目人力资源计划的主要工作

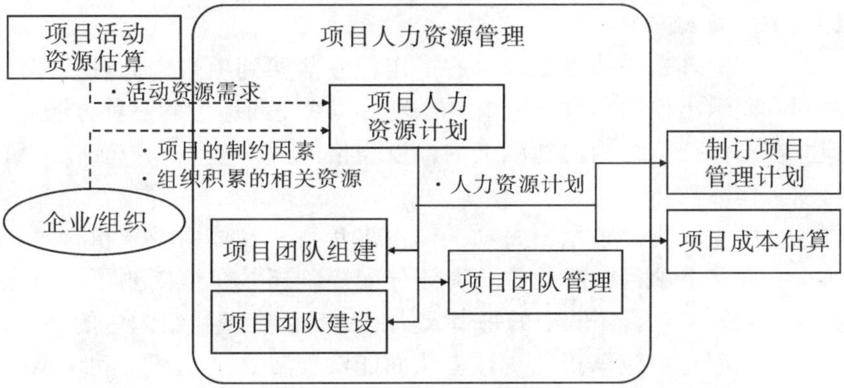

图 8－3　服务外包项目人力资源计划的工作信息流向示意图

（二）服务外包项目人力资源计划的依据

1. 活动资源需求

在进行人力资源计划时，要根据活动资源需求来确定所需的人力资源。对项目团队成员及其能力的需求分析应该渐进明细，活动资源需求是人力资源计划过程的一部分。

2. 项目的制约因素

项目所处的环境无时无刻不在发生着变化，这些变化也不断对人力资源计划提出新的要求。影响项目人力资源计划的外部因素主要包括政治与法律因素、经济因素、社会文化因素及科技因素。同时，还要考虑一些项目内部的制约因素，如项目的组织结构。

3. 组织积累的相关资源

项目人力资源规划编制时，可以借鉴以往类似项目的成功经验，在制订过程中，可对项目团队产生影响的组织积累的相关资源有：组织的标准流程和政策、组织结构图和职位描述、以往项目的组织结构资料等。

二、制订服务外包项目人力资源计划的工具和方法

1. 层级结构图

层级结构图是由自上而下划分为若干层次的等级建构而成的，可以用于描述权利和职位间的关系。典型的层级结构图包括工作分解结构（WBS）、组织分解结构（OBS）、资源分解结构（RBS）。借助上述层级结构图，可以预测服务外包项目的人力资源需求状况。

2. 责任分配矩阵

责任分配矩阵是一种将已分解的工作任务落实到项目中的有关部门或个人，并明确表示出他们在组织工作中的关系、责任和地位的一种方法和工具。它是建立在工作分解结构的基础上的，以表格形式来表示完成工作分解结构中的每项工作活动。

责任分配矩阵明确表示出每项工作由谁负责，具体由谁来执行，并且明确了每个人在整个项目中的地位。责任分配矩阵还系统地阐明了成员之间的相互关系，它能使项目团队中的每个人认识到自己在项目组织中的基本职责，以及在与他人配合中应承担的责任，从而能够充分、全面和主动地承担自己的全部责任。

在项目实施过程中，如果某项活动出现了错误，项目经理可以很容易地从责任分配矩阵中找出该项活动的负责人和具体执行人；当沟通中出现困难或者工作责任不明确时，也可运用责任分配矩阵，还可针对某个子项目或某个活动分别制订不同规模的责任分配矩阵。

3. 角色分析

角色分析是一项系统的项目人力资源管理活动，也是项目人力资源管理的基础平台。角色分析是以角色本身为对象，对每个角色特征信息进行收集的过程，其主要目的是为了清楚地了解每个角色的工作内容和完成该项工作所需要的能力。通过对角色的5个构成要素，即工作、职责、职权、环境和角色需求的任职者、激励与约束机制进行深入细致的分析，为项目人员甄选标准的确定、培训课程的设定以及工作流程的优化奠定了基础。

角色分析的主要方法包括问卷调查法、访谈法、文献资料分析法、观察法和关键事件法等。

问卷调查法是角色分析中最常用的一种方法，采用问卷或调查表的形式获取角色分析中的信息，实现角色分析的目的。问卷调查法通常分为标准工

作分析调查和指定工作分析调查两部分（见表8－1和表8－2）。标准工作分析调查表内容具有普遍性，适合于各种角色。而指定工作分析调查表问卷具有特定性，每张调查表只适用于指定的某个角色。

表8－1 标准工作分析调查表

（1）工作名称：________			
（2）适合此项工作的年龄：________			
A. 20岁以下	B. 21～30岁	C. 31～50岁	D. 51岁以上
（3）适合此项工作的性别：________			
A. 男女均可	B. 男性	C. 女性	
（4）担任此项工作所需学历：________			
A. 高中	B. 专科	C. 本科	D. 研究生
（5）担任该项工作所需的工作经验：________			
A. 2年	B. 3年	C. 5年	D. 无具体要求

表8－2 指定工作分析调查表（以软件研发人员为例）

姓名：			
请准确回答下列问题			
1. 主要职责			
从事该项工作，每天需要完成哪些任务，承担什么责任？			
2. 教育			
从事该项工作，应受过何种程度的教育？			
3. 经验			
从事该项工作，应具备哪些工作经验才能胜任？			
4. 培训			
从事该项工作，应对他进行哪些方面的培训，才能有助于工作？			
5. 能力			
从事该项工作，以下哪些能力必不可少？			
A. 口头表达能力	B. 明晰的思维	C. 良好的体魄	D. 创造力

4. 人际网络构建

人际网络是指为达到特定目的，人与人之间进行信息交流的关系网。信息交流的关系网，它基本上是由结点和联系两部分构成。结点是项目组织中的人或部门，联系则是交流的方式和内容。

人际关系对每个人的情绪、生活、工作有很大的影响，甚至对组织气氛、组织沟通、组织运作、组织效率及个人与组织的关系均有极大的影响。建立人际网络既是一种技能，也是一种艺术。通过人际网络的构建，可以提高项目成员与他人进行有效沟通的能力。

人际关系网络的构建方式有正式和非正式两种。正式的方式主要有组织之间的公函来往、组织内部的文件传达、召开会议、组织规定的汇报制度等。非正式的方式主要有午餐会、私下交流、小道消息等。

5. 组织理论应用

项目人力资源计划应以各种组织理论为基础，如马斯洛的需求层次理论、麦戈理格的 X 理论与 Y 理论、郝兹伯格的双因素理论、公平理论和期望理论等。

三、制订服务外包项目人力资源计划形成的文件

服务外包项目人力资源计划的结果就是由项目团队所编制的项目人力资源计划。它的主要内容包括：

1. 角色和职责分配计划

在项目所需的角色和职责分配计划中应包括下述三项内容：

（1）角色，即某人负责项目的某部分工作的标识。例如建筑工程师、法院联络人、商务分析师和测试协调人。

（2）职权，即拥有使用项目资源及作出决策和批准的权力。

（3）职责，为完成项目，要求项目团队成员实施的具体工作。

2. 人员配备计划

在人员配备计划中描述了何时及以何种方式来满足项目人力资源需求，其中包括人员培训策略及项目团队的建设计划。随着团队绩效评估的进行，可在其中加入奖励、反馈、额外培训及惩戒措施。

根据项目的需要，人员配备计划可以是正式的或非正式的、详尽的或宽泛的。在项目进行过程中，项目经理将不断地对其进行更新，以便指导团队成员的招募和团队建设括动。人员配备计划信息因应用领域和项目规模的不同而异。

在编制人员配备计划时需要特别注意的是，当项目团队某个成员的工作已经完成而没有其他新任务时，应该把他撤出项目团队，这样可以降低项目的成本。人员配备计划一般通过人力资源直方图来表示，例如，图 8－4 表示某项目在一个月内所需的人力资源状况。

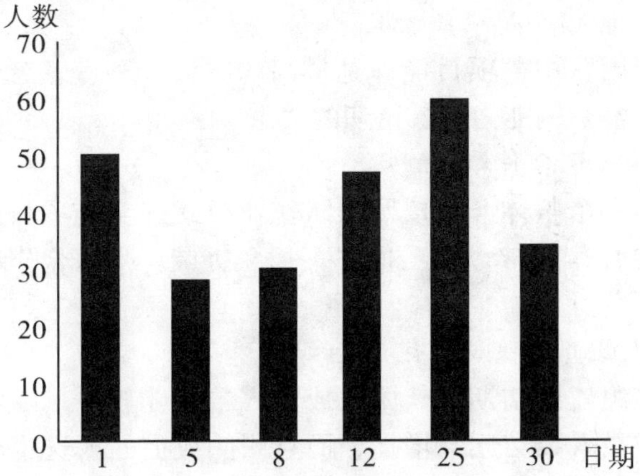

图 8－4　人力资源分布图

3. 补充说明

它包括各项活动对人力资源在知识、能力、技能、经验等方面的要求以及当这些方面不能满足项目要求时，如何对人力资源进行培训。

第三节　组建服务外包项目团队

一、组建服务外包项目团队的基本要求

（一）组建服务外包项目团队的基本要求

服务外包项目团队是指根据项目人力资源计划的要求，从项目组织内部或项目组织外部获取所需的人力资源并组建完成项目所需的团队的过程。即为实现项目的目标，共同合作的若干成员组成的正式组织，一般包括项目经理、项目管理办公室人员以及专业人员等。项目团队具有下列特征：

1. 项目团队具有特定的目的

项目团队在组建的同时也被赋予了明确的目标。项目团队的任务是完成项目的任务，实现项目的目标。

2. 项目团队是临时组织

项目团队是基于完成项目任务和项目目标的目的而组建的，一旦项目任务完成，团队的使命也将告终，项目团队即可解散。

3. 项目团队的领导是项目经理

在一个项目团队中，项目经理是最高的决策者和管理者。一般来说，项目的成败与项目经理的能力有着密切的关系。

4. 项目团队强调合作精神

项目团队是一个整体，它按照团队作业模式来实施项目，这就要求团队成员具有高度的合作精神，相互信任，相互协调。团队合作精神是项目成功的有力保障。

5. 项目团队成员的增减具有灵活性

项目团队在组建的初期，其团队成员人数可能较少，随着项目进展的需要，项目团队成员人数会逐渐增加，而且团队成员的人选也会随着项目的发展而进行相应调整。

6. 项目团队建设和管理是项目成功的保障

项目团队建设和管理包括对项目团队成员进行技能培训、绩效考核以及绩效跟踪和人员激励等。

服务外包项目团队组建是指确认可以使用的人员并获取和配置项目团队人员的过程，即根据项目人力资源计划的要求，从项目组织内部或外部获取所需人力资源，并根据这些人员的能力、知识和经验对他们进行合理安排的过程。项目团队组建是人力资源规划的具体实施过程，是提高项目团队绩效、充分利用项目人力资源的有效手段。

服务外包项目团队组建的主要工作如图 8－5 所示，从图 8－6 可以更加清楚地了解在项目团队组建时的工作信息流向。

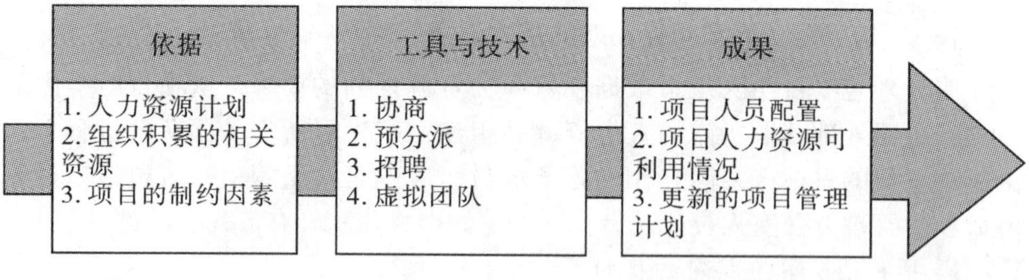

图 8－5　服务外包项目团队组建的主要工作

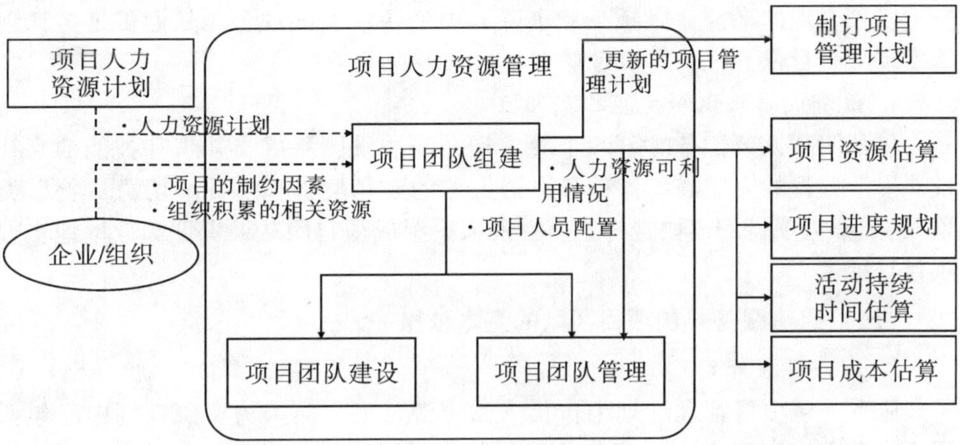

图 8-6　服务外包项目团队组建的工作信息流向示意图

（二）组建服务外包项目团队的基本要求

为了保证一个项目团队人员配备的科学性和合理性，应遵循以下要求：

1. 人员配备以实现项目目标为中心

项目团队人员配备的首要要求是必须以实现项目目标为中心，即项目团队的一切成员无论是技术员，还是项目经理和管理人员，均必须为实现项目目标而服务。项目团队的根本目标和使命就是成功地完成项目，因而项目团队人员配备时只需考虑为实现项目目标服务即可。

2. 人员配备必须精简、高效

项目团队人员配备时必须实现精简、高效和节约这一目标，即在组建项目团队时既不允许多招成员，也不允许少招成员。项目团队规模一般不超过20人（当然大型项目除外），否则难以实现团队协作。因此，在项目团队中应该提倡多元化人才，一个人最好能做多种工作，因为一个项目的职能工种可能很多，但工作量可能很小，所以急需既懂技术，又懂管理的人才。除此以外，在组建项目团队过程中提倡精简机构，尽量降低配备的成员数量，以达到精简、高效和节约的目的。

3. 人员配备必须结构合理

项目团队人员配备的第三个要求是结构合理，即要合理安排各类成员的比例关系，包括项目技术工作人员和辅助工作人员的比例，项目管理人员和项目实施人员的比例等。对于一些特殊项目还需要协调不同工种、不同专业的人员和不同管理人员的比例关系，从而使各个专业或各个工种之间的人员能力实现合理的平衡，以减少和消除人力资源浪费的现象，从而保证按计划地实现项目目标。

4. 注重成员知识和技能的互补性

项目团队人员配备的第四个要求是必须注重团队成员知识和技能的互补性。一个项目的完成需要各种各样的人才的互相配合和协作。切忌“物以类聚”，要根据项目的需要选择互补性的人员组成项目团队，保证高效率地实现项目目标。

（三）组建服务外包项目团队的基本依据

1. 人力资源计划

服务外包项目管理计划中包括人力资源计划，而人力资源计划中又包括用于指导人力资源识别、配备、管理和控制的信息，如角色与职责、项目组织结构图及人员配备管理计划等。

2. 组织积累的相关资源

对组建项目团队过程可能产生影响的组织积累的相关资源包括：组织的标准、政策、流程和程序等。

3. 项目的制约因素

对组建项目团队过程可能产生影响的项目制约因素包括：①现有的人力资源状况、可用的人员及其能力及以往的经验；②人事管理政策，如影响外包的政策；③组织结构；④一个或多个工作地点等。

二、组建服务外包项目团队的主要工具与技术

1. 协商

在采用矩阵型组织结构的项目中，项目经理与职能部门经理之间需要就项目团队人员的配置情况进行商议，以确保在项目进程中随时能够从职能部门获取适当的人力资源。

2. 预分派

在某些特定的情况下，项目的人员可能是预先指定的。如在需求建议书中已经注明了需要安排特定的人员参加项目或项目章程已经规定了项目配备的某类项目人力资源。

3. 招聘

主要有招聘分类和招聘程序两个方面：

（1）招聘分类。分为内部招聘和外部招聘。内部招聘是指在项目组织内部或项目所在公司的人力资源中通过提升、工作调配和内部人员的重新聘用

等方式选出项目组织所需人员的一种方法。从内部招聘的人员对项目比较了解，可以节约大量的人员培训成本。此外，还能为项目组织的内部人员提供职业发展机会，可以提高他们工作的积极性和创造性。但是内部招聘会受到项目组织现有人力资源的限制，可供选择的范围有限。外部招聘是从项目所在的公司范围之外获取项目所需人力资源的一种方法。与内部招聘相比，外部招聘的选择范围较为广泛，而且从外部招聘的人员能为项目组织带来创新思想。但是，外部招聘要花费很多时间和成本，还要对新进人员进行适当的培训。

（2）招聘程序。其程序主要有以下几个步骤：

①资格审查。在资格审查中，要对应聘者提交的材料进行核实，还要对他们进行体检。

②笔试。笔试通常包括智商、心理、情商等方面的测试。

③绩效模拟测试。绩效模拟测试有两种方法，即工作抽样法和测评中心法。工作抽样法的具体做法是：让应聘者参与一个与其所应聘职务相关的活动，让其完成其中的一些任务，然后根据他所完成的情况得出测评结果。这种方法对于一般性的职务是有效的，但成本较高。测评中心法是由被选职位的直接上层管理者、监督者和心理学家组成测评中心，模拟出实际工作中可能出现的问题，对应聘者进行测试，然后根据应聘者的表现得出其是否称职的结论。

④面试。资格审查和笔试都无法提供有关应聘者的全面信息，因此还需要通过面试对应聘者作进一步的评价。

⑤综合选择。项目管理人员要根据笔试、绩效测评、面试的成绩对应聘者进行综合评价和横向比较，从而选出合适的人员。

4. 虚拟团队

虚拟团队是指虽然分散于不同的时间、空间和组织边界，却具有共同理想、共同目标或共同利益，为完成项目任务而组成的人员群体。

虚拟团队作为一种新型的组织形态，具有许多优于传统团队的特征，如：①采用虚拟团队拓宽了组织的人才来源渠道，为吸引通常很难获得的专业人才创造了条件；②拓展了信息资源渠道，为保持产品的先进性奠定基础；③通过资源共享实现优势互补和有效合作，使众多不同渠道的零散知识整合为系统的集体智慧，转化为竞争优势；④项目成员之间可以利用最新技术实现及时沟通，确保及时作出正确的决策；⑤可以优化组织结构促使组织结构扁平化，通过团队柔性的工作模式降低管理成本。

虚拟团队可以通过电话、网络、传真或可视图文等方式来沟通和协调，如每天查收两次电子邮件，每天定时通一次电话等，便可以分工完成一项事先拟订好的工作。

三、组建服务外包项目团队的结果

1. 项目人员配置

项目团队成员清单明确表示了每项工作的负责人和执行者。项目人员配置是根据项目团队成员的实际情况列出清单，通过对最佳人力资源投向的调控来实现的。在进行项目人员配置的时候，应遵循合理使用和提高效率原则。

2. 项目人力资源可利用情况

根据项目团队成员清单及项目人员配置表，测算每个项目人员最大限度可用于某一具体项目上的工作时间。

3. 更新的项目管理计划

更新的项目管理计划包括人力资源计划和其他方面，如承担项目角色与职责的具体人员等。

第四节　建设服务外包项目团队

一、建设服务外包项目团队的要求

（一）建设服务外包项目团队的内容

服务外包项目团队建设是指通过对人力资源进行培训、绩效考核和激励等方式，来提高项目团队成员个人的能力以及整个服务外包项目团队绩效的工作过程，即通过不断对项目团队成员进行的培训，建立一套科学、合理且可行的工作业绩考核体系，以便激励所有团队成员努力完成任务的工作过程。

服务外包项目团队建设的主要工作如图 8－7 所示，从图 8－8 可以更加清楚地了解在服务外包项目团队建设时的工作信息流向。

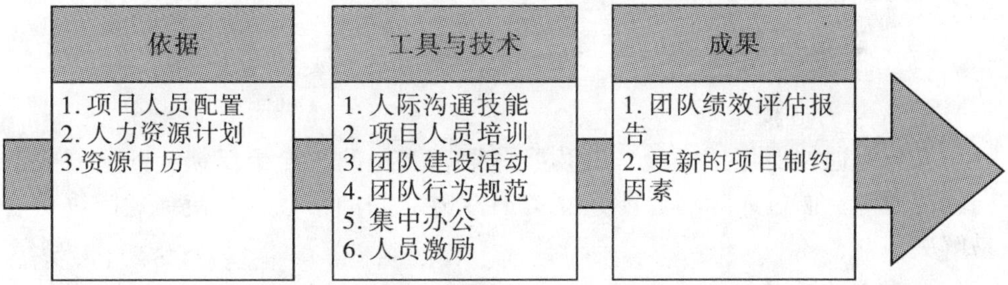

图 8－7　项目团队建设的主要工作

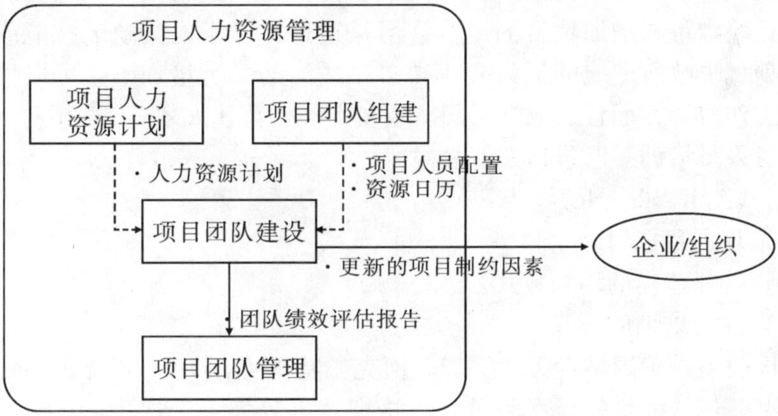

图 8－8　服务外包项目团队建设的工作信息流向示意图

（二）项目团队建设的依据

1. 项目人员配置

项目团队建设从获得团队成员的名单开始，项目人员配置文件中列出了项目团队成员名单。

2. 人力资源计划

项目管理计划中包含人力资源计划，而人力资源计划中又包含员工培训和团队建设计划。通过团队绩效评价和其他形式的团队管理活动，可以把奖励、反馈、额外培训及违纪惩罚等事项加入人力资源计划之中。

3. 资源日历

资源日历是项目团队成员参与团队建设活动的时间。

二、建设项目团队的主要工具与技术

1. 人际沟通技能

人际沟通技能包括倾听、解读肢体语言、提问、给予反馈、开展有效双向的沟通等。通过人际沟通能建立沟通双方之间的信任，并使绩效问题更容易解决。

2. 项目人员培训

培训是使人员获得工作能力的过程。项目人员培训是指为使项目团队成员具备完成各自任务所需的知识、技能和能力等而进行的培训活动。虽然对人员进行培训可能增加项目的成本，但是这远比由于人员缺乏技能或效率低下导致项目失败所造成的损失要小得多。适当的人员培训不仅可以提高项目团队的工作效率，而且还能鼓舞团队成员士气、留住人才。

项目人员培训一般包括如下过程：

（1）培训需求分析。

（2）培训目标的确立。

（3）选择适当的培训方式。

（4）评价培训的效果。

柯氏模型是美国学者唐纳德 . L. 柯克帕特里克在 1959 年提出的培训效果评价模型。他从评价的深度和难度将培训效果分为 4 个递进的层次——反应层次、学习层次、行为层次和效果层次。柯氏模型 4 个层次的评价内容和评价方法见表 8 – 3。

表 8 – 3　柯氏模型 4 个层次的评价内容和常见评价方法

评价层次	评价内容	常用评价方法
反应层次	学员对培训项目在哪些方面满意，包括对课程内容、材料、讲师、技巧及场地设备和服务的衡量	培训实施评价、问卷、口头询问
学习层次	学员从培训项目中学到什么，包括对理论、业务知识、技术的掌握情况	笔试 实操演练、工作模拟 角色扮演 观察考评

（续上表）

评价层次	评价内容	常用评价方法
行为层次	培训学员的行为是否发生了变化	观察考评 上级与下属的反馈 现场评估
效果层次	行为的变化是否对组织产生了积极影响及其意义	行动计划跟进 针对一些特殊项目设计评估模型

3. 团队建设活动

项目团队从成立到解散，是一个不断成长和变化的过程，这个过程包括如下5个阶段：

（1）形成阶段。这是项目团队发展过程的最初阶段，它将一些独立的个体转变成项目团队成员。这一阶段的特征是项目团队成员具有一种积极向上的精神，急于开始工作和表现自己，项目团队也在努力建立自己的形象，并试图对将要开始的工作进行分工和制订计划。

（2）磨合阶段。项目团队成员在明确了自己的目标后，便开始运用自身技能来执行被分配的工作。这一阶段的特征是项目团队成员可能会发现现实与自己的期望不一致，越来越不满意项目经理的指导和命令，并可能因对项目所采用的设备和技术不熟悉而时常发生错误。

（3）规范阶段。项目团队经过了一段时间的磨合后，就进入了正常发展的规范阶段。这一阶段的特征是，项目团队的矛盾程度降低，同时，随着项目成员的期望和实际情况的统一，他们的不满情绪也逐步降低。项目的规章制度得到改进和规范，项目具体的控制和决策权也逐步从项目经理转移到项目团队成员手中。

（4）表现阶段。项目团队成员有很强的集体感和荣誉感且信心十足，急于实现项目目标，工作效率很高。项目团队根据实际需要，以个人或临时小组的方式进行工作，相互依赖度高。在表现阶段，项目经理的工作就是协助项目团队制订、修正并执行项目计划。

（5）解散阶段。项目团队完成任务，准备解散，此时项目团队成员面对离别会倍感失落。项目经理最好采取措施，稳定人心，明确责任，同时，也要考虑团队成员以后如何安排的问题，把项目的收尾工作做好。

团队建设活动旨在改善人际关系，如定期举行的情况汇报会上的5分钟议程、该项目以外专业人士筹办的活动等。有些团队活动，如制订工作分解结构，虽然其初衷并不是为了团队建设，但是如果计划活动能安排得当，也会提高团队的凝聚力。

4. 团队行为规范

团队行为规范是指为了实现项目的目标使项目团队成员在项目管理活动过程中履行岗位职责、严守职业道德、从思想认识到日常行为应遵守的职业纪律，即以项目目标为指导，约束团队成员行为的一系列原则和规范的集合。

借助于团队行为规范可以不断提升团队成员的自身素质，减少团队成员之间的误解，同时提高工作效率。规范团队行为是项目团队建设的切入点。通过项目团队会议行为规范，可以使团队成员明确在项目会议期间哪些行为是允许发生的。

5. 集中办公

当项目需要的团队规模较大且项目工期较长时，采用集中办公的方式是最合适的。集中办公是指把项目的核心团队成员安排在临近的位置，一般可能是在同一地点工作，这样可以辅助沟通，以增强他们整体的工作能力。集中办公既可以是临时性的，如仅在项目中的关键时期，也可以是贯穿整个项目的全过程。但如果来自一个主要职能部门的人员仍需要参与该职能部门工作，或某些职能部门工作地点比较分散，则不适宜使用集中办公。

6. 人员激励

激励就是激发和鼓励，是指项目团队通过某种方式来调动人员的积极性和创造性。激励可以提高项目团队成员的工作效率，提高成员的素质，从而提高整个团队的绩效，有利于项目目标的实现。在对项目团队成员进行激励时，还要注意选择适当的激励方式。常见的激励方式如下：

（1）物质激励。物质激励是项目团队采用最多的一种方式。物质激励一般包括工资和奖金等，它适合于一些基层的项目团队成员。

（2）荣誉激励。通过荣誉激励可以满足项目团队成员获得尊重和荣誉的需求，它适合于知识丰富和层次较高的人员。

（3）参与激励。参与激励是指让项目团队成员了解项目团队的运作情况，使他们以不同的方式参与到项目的管理中来，从而激发他们的主人翁意识。

（4）挫折激励。当项目团队成员遇到挫折时，项目团队要对他们施加足够的影响，使他们勇于面对挫折，走出困境。

（5）榜样激励。榜样激励就是使项目团队成员成为整个团队学习的榜样，使他们有很大的满足感，从而达到激励目的。

（6）环境激励。环境激励就是为项目团队成员创造一个良好的工作和生活环境，从而推动团队成员更加努力地投入工作。

三、建设服务外包项目团队的主要成果

服务外包项目团队建设的结果包括团队绩效评估报告和更新项目制约因素。

1. 团队绩效评估报告

团队绩效评估是项目经理按照一定的标准，采用科学、合理的方法对团队成员履行其职责的程度进行审查和评定，从而确定其工作业绩的过程。

通过绩效评估报告，项目经理可以了解团队成员在哪些方面还有所欠缺，是否需要接受培训；可以确定对团队成员实行奖励或惩罚；可以完善甄选应聘者的手段；还可以为管理层决策提供依据。

团队绩效评估的步骤主要有：

（1）制订绩效评估计划。绩效评估计划确定了考核的对象、内容和时间等。

（2）确定绩效评估标准。进行考核之前，先要确定考核标准，以作为衡量绩效的尺度。考核的标准包括绝对标准和相对标准。绝对标准是以数据为基础的，如项目产品的废品率、人员的出勤率等；相对标准是根据每个成员的实际情况确定的考核标准，对不同级别的员工采用不同的标准。

（3）收集数据资料。进行业绩考核时，要通过综合使用工作记录、定期抽查、考勤记录和工作评定等方法实时跟踪并随时收集有关团队成员绩效的信息。

（4）选择绩效评估的方法：

①书面鉴定法。书面鉴定法是由绩效评估者根据团队成员的实际工作情况编写一份简单的评价材料，来描述团队成员在工作中的功过得失，并提出改进建议。这是一种比较模糊的评价方法，受考核者主观判断的影响较大。

②关键事件法。关键事件法就是把团队成员在工作过程中表现出来的关键行为记录下来，如工作态度、投诉率、违纪行为、次品率、缺勤率、加班率等，并将其与绩效评估的相应指标进行对比，从而对团队成员的绩效进行评价。这种方法可以让考核者将注意力放在能够区分工作绩效的关键行为上。

③评分表法。评分表法是指针对一些常规的绩效评估指标进行打分，然后根据总分对团队成员绩效作出粗略评估。选择这种方法成本较小，但受考核者主观判断的影响也比较大。

④ 排序法。排序法根据某项绩效评估指标对团队成员在项目团队中的表现进行排序，然后进行综合排序。这种方法只是将团队成员的绩效与总体水

平进行对比，得出相对绩效，但并不能显示团队成员的绝对绩效情况。

⑤目标管理法。目标管理法是根据团队成员对具体目标的完成情况来进行绩效评估，具体目标制订得越精确、科学，该方法也就越有效。

（5）绩效分析评价。根据绩效评估的标准，采用适当的方法对收集的信息和数据资料进行分析、整理并综合评价。

（6）绩效评估结果运用。绩效评估的结果应该运用到项目的各项管理活动中，如根据考核的结果对团队成员进行培训、奖励或惩罚，考核的结果还能帮助团队成员找出工作中存在的问题，有利于团队成员改进工作、提高绩效。

2. *更新的项目制约因素*

作为项目团队建设过程的结果，可能需要更新的项目制约因素作为人员管理政策，如对项目团队成员的培训记录或技能评估的更新。

第五节　管理服务外包项目团队

一、管理服务外包项目团队的基本要求

（一）管理服务外包项目团队的内容

服务外包项目团队管理是指跟踪团队成员绩效、提供反馈信息、解决存在的问题并协调各种变更的一系列过程，其目的是提高项目绩效。

项目团队管理的主要工作如图 8－9 所示，由图 8－10 可以更加清楚地了解在服务外包项目团队管理时的工作信息流向。

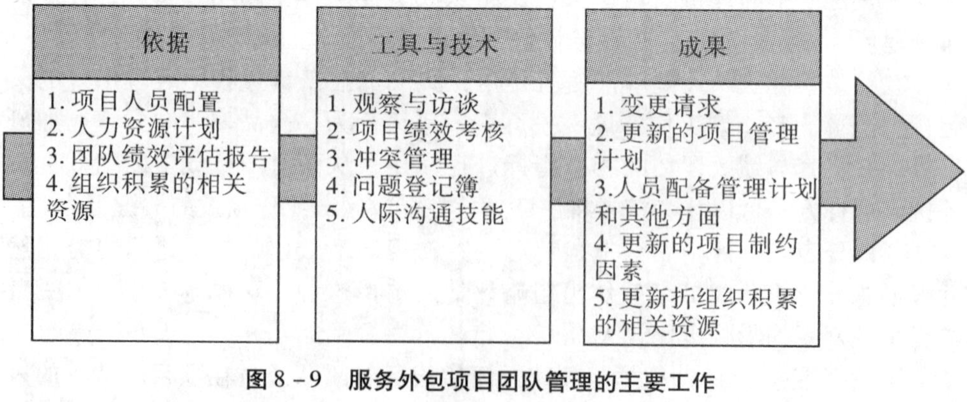

图 8－9　服务外包项目团队管理的主要工作

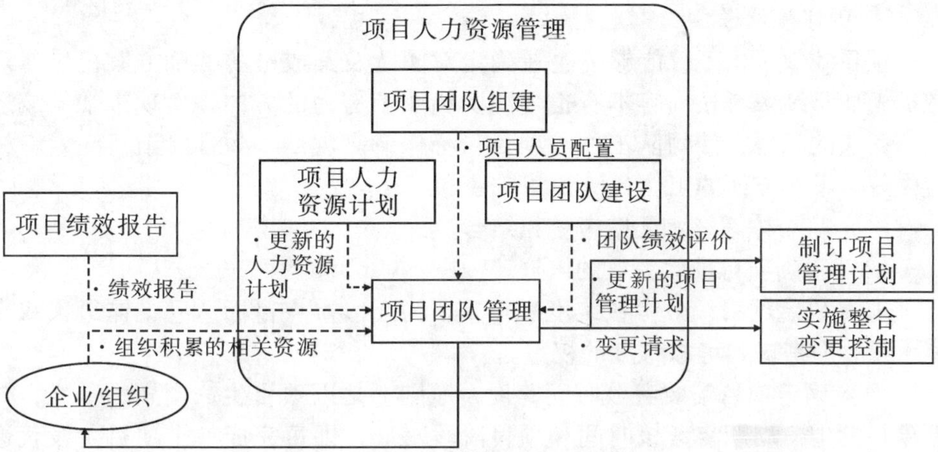

图 8－10　服务外包项目团队管理的工作信息流向示意图

（二）项目团队管理的依据

1. 项目人员配置

项目团队建设从获得团队成员的名单开始，项目人员配置文件中包含所有项目成员的名单。

2. 人力资源计划

项目管理计划中包括人力资源计划，而人力资源计划中又包括员工培训和团队建设计划。

3. 团队绩效评估报告

团队绩效评估报告是把当前项目状态与预期项目状态进行比较的文件，从时间控制、成本控制、质量控制和范围核实中得到结果，从而有助于项目团队管理。

4. 组织积累的相关资源

对项目团队管理过程可能产生影响的组织积累的相关资源包括：嘉奖证书、媒体报道、奖金数量、工作服装、组织中的其他额外待遇等。

二、管理服务外包项目团队的主要工具与技术

1. 观察与访谈

服务外包项目经理通过观察与交流的方式，随时了解项目团队成员的工作情况和态度，并监测一些相关指标，如项目可交付成果的完成情况、团队成员引以为傲的事件以及人际关系等问题。

2. 项目绩效考核

项目绩效考核不仅能够为企业确定对团队及其成员的奖励方案提供客观依据，而且绩效考核内容本身也为团队指明了努力的方向，发现未知的或还没有解决的问题，使团队工作与项目目标保持高度的一致性。项目绩效考核应做好以下 6 方面的工作：

（1）将个体考核和团队考核相结合。

（2）明确项目绩效考核的依据。

（3）确定项目绩效考核维度和权重，为突出重点目标达到整体最优或满意水平，应考虑各考核维度的权重。

（4）确定项目绩效考核时间跨度，原则上是以项目生命周期为基础，根据项目的生命周期将考核时间和项目阶段对应，即每完成一个项目阶段就进行一次考核。

（5）选择项目绩效考核方法，具体考核方法的选择应视企业和项目的具体情况而定。

（6）建立项目绩效考核指标体系。

3. 冲突管理

项目冲突是组织、团队或队员为了限制或阻止另一部分组织、团队或队员达到其预期目的而采取的行为和措施。项目冲突管理是管理分析冲突、解决冲突和防范冲突的过程。项目冲突管理的作用是引导项目冲突的结果向积极的、合作的而非破坏性的方向发展。

项目通常处于冲突的环境中，如果在项目执行阶段对人力资源的需求达到了最高峰，若此时其他项目组织也要求职能部门提供人员，而职能部门又不能增加人员数量时，必定会产生冲突。常用的冲突管理方式有：

（1）回避。回避是指卷入冲突的项目团队成员从这种状态中撤出，从而避免发生实际的或潜在的争端。但这种方式并不是一种积极的解决方法，它可能会使冲突积累起来，并逐步升级。

（2）竞争。这种方法的实质是“非赢即输”，它认为在冲突中取得胜利要比勉强保持人际关系更为重要。这是一种解决冲突的积极方式。但是，这种方法也存在一些弊端，可能会导致团队成员之间产生怨恨，甚至对工作环境产生影响。

（3）缓和。这种方法的实质是“求同存异”，即在冲突中找出相同方面，忽视两者之间矛盾。这种方式认为，维持人际关系比解决问题更为重要，强行解决问题可能会伤害团队成员之间的感情，降低团队的凝聚力。

（4）妥协。这是一种通过协商使冲突双方在一定程度上都获得满意的折中方法。尤其是在冲突双方势均力敌、难分胜负时，妥协也许是较为恰当的解决方式，但是这种方法并非永远可行。

（5）正视。正视就是直接面对冲突，这是一种解决冲突的有效方式。它既要求有效地解决问题，也要求维持良好的人际关系。

（6）防范。防范是对可能产生的冲突进行处理的最佳方法。项目经理必须确保所有项目团队成员都清楚地理解项目目标和项目计划，在团队建设中强调成员间的信任和成员的自信，形成一个融洽的工作氛围，这样就可以在某种程度上防范冲突。

4. 问题登记簿

在项目团队管理过程中如果出现问题，可在问题登记簿上通过书面登记的方式来记录负责解决特定问题的人员，以及问题解决的方式和截止日期。

5. 人际沟通技能

在进行项目团队管理时，项目经理应能够综合运用技术、人际和抽象技能来分析形势，与团队成员进行有效的沟通。恰当地运用沟通技能，有助于项目经理充分发挥团队成员的优势。

三、管理服务外包项目团队的主要成果

（1）变更请求。如果人员配备问题影响了项目管理计划的实施。如造成进度拖延或预算超支，就需要实施整体变更控制来处理变更的请求。人员配备变更包括人员转派其他任务、部分工作外包等。

（2）更新的项目管理计划。

（3）人员配备管理计划和其他方面。

（4）更新的项目制约因素。需要更新的项目制约因素包括：对组织绩效评价的输入、个人技能更新等。

（5）更新的组织积累的相关资源。需要更新的组织积累的相关资源包括：历史信息、经验教训、组织的标准和流程等。

【思考练习题】

1. 服务外包人力资源管理分为哪几个过程？各过程间是如何连接的？
2. 人力资源管理在服务外包项目中有着怎样的定位？
3. 一个项目团队从开始到成熟需要经历怎样的过程，又要注意哪些因素？
4. 服务外包中的人力资源管理就是每人“各司其职，各尽其能”吗？

第九章　服务外包项目沟通管理

【案例引导】

服务外包企业软通动力为雅芳量身定制的全球呼叫中心和订单管理系统服务，实施范围覆盖全球60多个国家。作为世界上最大的直销品牌，雅芳在全球超过100个国家向女性消费者提供化妆品、个人护理和相关产品，年收入达100亿美元。由于雅芳需要一套符合行业标准的、功能丰富的订单管理系统来配合其不断壮大的全球销售团队的业务需求，因此，全球呼叫中心和订单管理系统的出现不仅迎合了这一需要，而且有效地替换了现有系统，而其中的部分系统却始于20世纪80年代。

为了满足雅芳的业务需求（包括一个全球呼叫中心的核心解决方案），软通动力组建了一支经验丰富的专业团队，这一团队主要由在ERP咨询领域一流的分析师、架构师以及咨询顾问组成。

软通动力雅芳项目服务团队负责系统的维护与升级，并且与雅芳的Center of Excellence（COE）及系统的使用者密切合作来进行系统的设计及实施。考虑到雅芳在60多个国家都有业务代表，软通动力的服务团队必须对面向所有市场的解决方案进行集中设计，包括基本信息、订单、工作流、付款和报告等一系列核心功能。这些功能都是通过ERP系统进行开发的。随后，还可根据各地市场的具体需求进行本地化及定制化实施。

软通动力开发的订单管理系统帮助雅芳改进了对其销售代表及下订单的客户的服务。雅芳通过使用这一系统来产生、跟踪来自零售店的订单及发票。另外，这一基于网络的系统还可以根据来自雅芳呼叫中心的请求，提供订单和发票跟踪服务。该系统因为满足了不同市场的需求，且与雅芳的其他核心系统接口进行数据交换，使雅芳能流畅地对订单操作进行管理。

目前，该系统已经在欧洲多个市场成功开发并投入使用，并且带来了在一些新兴市场（如波兰、土耳其）的业务增长（雅芳日订单量最多的时候达到20 000件）。

软通动力将继续帮助雅芳开发和升级其订单管理系统来提升其效率。该项目还将在全球50多个国家继续完成实施。

——摘自软通动力官网

第一节 服务外包项目沟通管理概述

一、服务外包项目沟通管理的定义与特征

（一）项目沟通的含义

沟通即信息的交流。具体来说沟通是信息的发出者将信息传递给接收者并期望接收者作出响应的过程。管理学家西蒙认为：“沟通可视为一种程序，组织中的每一成员可以借此程序将其所决定的意见传递给其他有关成员。”组织行为学家斯蒂芬·P·罗宾斯认为：“沟通是信息的传递和理解。”

项目沟通就是项目团队成员之间、项目干系人之间所进行的项目信息的发出和接受的双向、互动的反馈和理解过程。项目信息是指数据、计划、记录、报告、演示文件和会议文件等与项目实施直接或间接联系的各种信息。项目信息在项目实施过程中起着重要作用，收集的项目信息是否正确，能否及时传递给项目干系人，将决定项目的成败与否。项目信息具有信息量大、传递障碍多、信息反馈滞后等特点。

服务外包项目沟通管理是指为了确保服务外包项目信息的合理收集和传递，对项目信息的内容、传递方式、传递过程等所进行的全面管理活动。

在服务外包项目管理中，沟通管理是其他各方面管理的纽带。服务外包项目沟通管理是项目管理的一个重要组成部分，也是影响服务外包项目成败的重要因素。在项目的生命期中，项目团队与客户的沟通，保证了项目团队能够得到最大程度的支持；项目团队与发包方或接包方之间的沟通，使得项目团队和发包方或接包方之间保持着良好的关系；项目团队内部的有效沟通，使得项目团队成员保持高昂的士气；所有这些沟通将贯穿着项目生命周期的始终。

服务外包项目沟通管理的工作过程包括识别项目干系人、项目规划沟通、发布项目信息、管理项目干系人期望和报告项目绩效五个方面。

（二）服务外包项目沟通管理的特征

1. 复杂性

每一个服务外包项目的建立都与大量的公司、企业、居民、政府机构等密切相关。另外，大部分项目都是由特意为其建立的项目团队实施的，具有临时性。因此，项目沟通管理必须协调各部门以及部门与部门之间的关系，

以确保项目顺利实施。

2. 系统性

项目是开放的复杂系统。服务外包项目的确立将涉及社会政治、经济、文化等诸多方面，对生态环境、能源将产生或大或小的影响，这就要求项目沟通管理应从整体利益出发，运用系统的思想和分析方法，进行全过程、全方位的有效管理。

二、服务外包项目不同阶段的沟通要点

项目四个阶段可以用图 9－1 来表示。

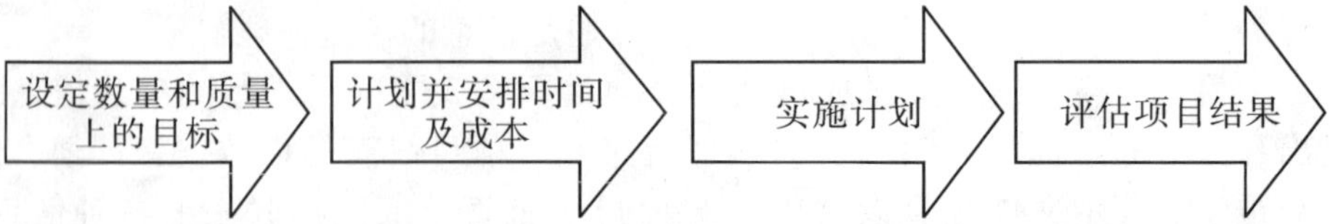

图 9－1　项目四阶段

1. 设定项目

在这个阶段，我们首先要进行客体分析，凭借换位思考的方法，掌握服务外包项目利害关系人的要求和特征。

(1) 发包方和最终用户。应该尽可能多地收集关于发包方和最终用户需求及关注的信息。我们可以使用 DRUGS 测试法来有效地记住如何确定项目中的影响途径。

D：决定者——发起并授权项目，审定授权范围。

R：推荐者——要求变革，应使其确信变革是整个业务的一部分。因为项目总有朋友和敌人，因此，需要确保推荐者站在你这边。

U：使用者——实施项目，并影响推荐者。

G：监督者——指导决定者和秘书/个人助理的专家，而秘书/个人助理可以限定与决定者/推荐者的接近程度。

S：利益相关人——能完全不参与项目（如法律上、道德上及伦理上的第三方）。在小项目上，推荐者和使用者可以是同一人。

(2) 沟通的关键。从发包方、最终用户和其他有关方面收集信息的过程就是沟通的过程。所以在酝酿决定时或决策前可以先进行 POURS 分析。

P：计划——该告知什么，询问什么。

O：列出你的观点——阐明目标并寻求支持的反馈。

U：使用开放性的问题——5W1H（Who、What、Where、When、Why、How）。

R：思考——用封闭的问题来进行确认（你有两个耳朵、一张嘴，所以也应按照这个比例来使用它们）。

S：总结——统一行动方案。

（3）界定自身及项目团队。

①界定团队。每个团队中每个个体都是不同的，因此，为同一个项目工作的具有相同技能的人表现也会互不相同。无论你是项目发包方、领导人还是团队成员，他们的行为都会影响到你。

②界定你自己。在正式着手项目前，认识你和团队中其他人能为项目带来什么是很有帮助的。它能使我们认清所有需要弥补的差距，鼓舞团队的精神和自信。

2. 计划项目

简要说明该做什么、为什么以及谁会受到决策的影响，用决策的书面证明来支持你的说明。确定当决定被执行时，能得到每个人的理解。计划好各阶段的转折点，沟通并得到反馈。项目管理中计划的职能就是使沟通的内容能变得肯定明确和清楚，在杂乱无章中理出头绪。

3. 实施计划

（1）团队文化。了解团队文化会对成功实施计划有很大的帮助。

（2）与员工共同进行项目建设。

（3）在任何项目中必须注意的问题：

①范围蔓延。应该认识到你做的每一件工作都是一个潜在的项目。所以在工作前要与发包方确认工作范围。

②不理想的资源整合。当团队成员在不同的场所工作时，可能会出现沟通的问题。没有其他的方式可以像面对面的会议那样避免误解的产生，这在项目初期尤为关键。

③缺少对团队成员的角色定位。清楚地确定谁做什么，谁负责什么是非常重要的。每个成员都必须能代替其他人以确保项目不是只依赖于一个人。

④不明确的目的。确定你与项目发包方的目标是相同的。如果有任何重要的改变，确定要得到一致赞同并同时修改细节。你可以经常修改你的计划，但要保证只有一个计划。

⑤不完整的计划。把计划的每一个细节都写下来以避免争论。

（4）用热情进行沟通，“没有热情，就不可能有伟大的成功”。

沟通管理的重要性在于团队内部信息的沟通直接关系到团队的目标、功能和组织机构，这对项目的成功有着重要的意义。参与项目的每一个人都必须用项目“语言”进行沟通，项目沟通管理在人员思想和信息之间建立了联系。不良的信息沟通，对项目的发展和人际关系的改善，都会存在着制约作用。

第二节　服务外包项目沟通管理过程

一、识别项目干系人

（一）识别服务外包项目干系人

项目干系人对项目的目标和可交付成果具有举足轻重的影响，对项目干系人进行识别是服务外包项目沟通管理的关键过程。识别服务外包项目干系人是指对受服务外包项目影响的所有个人或组织进行辨识，并且将其相关利益情况、参与项目情况及对项目成功程度的影响等相关信息整理归档的过程。

识别服务外包项目干系人的主要工作如图 9－2 所示。

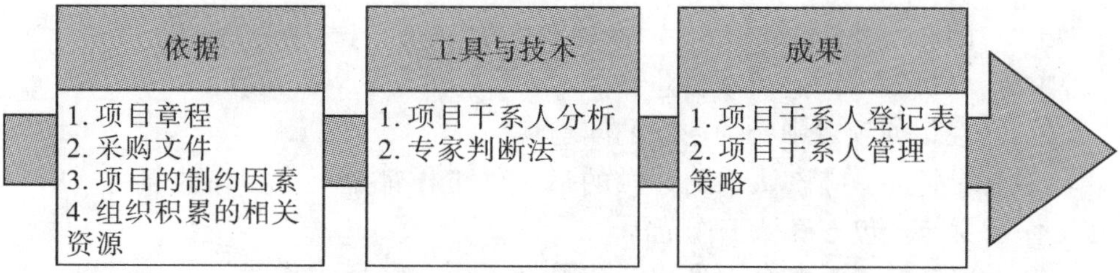

图 9－2　识别服务外包项目干系人的主要工作

从图 9－3 可以更加清楚地了解在识别服务外包项目干系人时的工作信息流向。同时，也可以看出，识别服务外包项目干系人工作的基础是制订项目章程和项目采购规划工作。

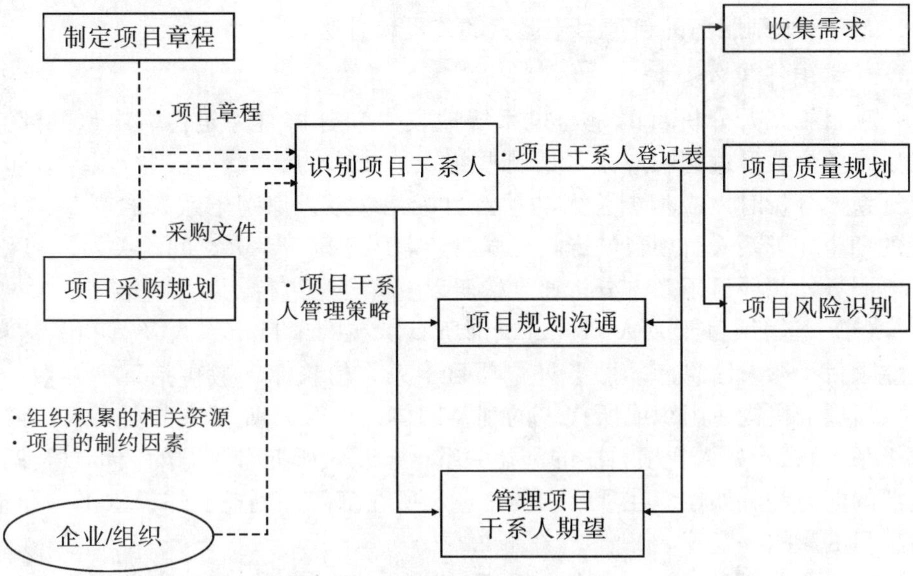

图9-3　识别服务外包项目干系人的工作信息流向示意图

（二）识别服务外包项目干系人的依据

1. 项目章程

项目章程能够提供有关参与或影响项目内部或外部干系人的相关信息，这些干系人包括项目赞助人、用户或顾客、团队成员、参与到项目中的组织或部门以及受项目影响的其他组织或个人。

2. 采购文件

采购文件中的合同明确规定了采购双方或多方的法律责任，这些具有法律责任的相关组织就是关键项目干系人。除了关键项目干系人之外，还有诸如供应商等其他相关方也应视为项目干系人。

3. 项目的制约因素

组织或公司的文化结构、政府或行业标准等都可能影响项目干系人识别的过程。

4. 组织积累的相关资源

组织积累的相关资源，如先前项目中总结出的经验教训、先前的项目干系人登记表，将影响目前项目干系人的识别过程，如目前项目干系人登记表编制。

（三）识别服务外包项目干系人的工具和方法

1. 项目干系人分析

项目干系人分析目的是通过系统地收集和分析有关定性、定量的信息，确定在整个项目过程中应该考虑哪些组织或个人的利益。在进行服务外包项目干系人分析时，应将干系人与项目目标相联系，识别干系人的利益、干系人的期望和干系人对项目的影响，同时还需要识别干系人之间的关系。

服务外包项目干系人分析通常按照以下步骤来进行：

（1）编写项目干系人列表，识别所有潜在的项目干系人及其相关信息，建立项目干系人信息库。服务外包项目干系人信息库一般包括下列参数：干系人所属的机构、组织或所代表的利益团体；干系人所属的类别（内部或外部干系人）；干系人在项目中的利益关系；干系人所拥有资源的数量以及调用资源的能力等。如他们在项目中的角色、所在部门、利益、知识水平、期望、对项目的影响程度等。

（2）依据干系人对服务外包项目的影响力和利益相关程度进行分类，确定应采取的方法和策略。通过对项目干系人信息参数的比较分析，得出干系人影响力和利益相关度矩阵，如表 9－1 所示。

表 9－1　影响力和利益相关度矩阵

影响力 利益相关度	低影响力	高影响力
低利益相关度	可以忽略的项目干系人	在决策形成和协调中有参考价值的项目干系人
高利益相关度	很重要的项目干系人，需要通过咨询等方式来提高其参与度，或通过专门的手段来保护其利益	最关键的项目干系人

在表 9－1 中，影响力是指某一项目干系人影响（推动或阻碍）项目进行的能力。一个项目干系人所具有的影响力是其所拥有资源的数量以及调用资源的能力大小的综合体现。利益相关度是指项目干系人的需求和利益受项目影响的程度。影响力和利益相关度的区别在于，有一些项目的利益相关者可能受项目的影响很大，而他们参与项目的能力却很弱，对关键决策的影响力有限。

（3）分析关键干系人在不同情形下的可能反应，以便计划如何才能获得和增强关键干系人的支持，并减少其潜在的负面影响。通过表9-1可以将项目干系人分为不同的影响力和利益相关度类别，找出最关键的项目干系人，同时，也能够据此对不同项目干系人进行优先排序，从而得到项目干系人分析表，见表9-2。

表9-2 项目干系人分析表

项目干系人名称	与项目相关的利益	对项目的潜在影响	相对的优先考虑程度

2. 专家判断法

为了确保将服务外包项目干系人尽可能地被全部列入清单中需要经过具备这方面知识的个人或组织进行相应的判断。专家判断法能够通过一对一的面谈或者调查表获得。

（四）服务外包项目干系人识别的结果

1. 项目干系人登记表

识别服务外包项目干系人的主要途径就是项目干系人登记表。服务外包项目干系人登记表包括了被识别的项目干系人的所有相关信息。这些相关信息具体包括：

（1）识别信息：名称、地址、角色、合同信息等。

（2）评估信息：主要需求、期望、在项目中的潜在作用等。

（3）项目干系人分类：内部或外部，支持者、中立者或阻碍者等。

2. 项目干系人管理策略

项目干系人管理策略是指在整个项目生命期中，依据关键项目干系人在不同情形下可能作出的反应，所应采取的、能够最大限度地增加项目干系人的支持力度和减少其负面影响的若干措施。

二、服务外包项目规划沟通

（一）服务外包项目规划沟通

服务外包项目规划沟通是针对项目干系人的沟通需求进行分析，从而确定谁需要什么信息、什么时候需要这些信息以及采取何种方式将信息提供给他们等问题。项目沟通需求信息一般包括：

（1）项目组织和项目干系人的责任关系。

（2）项目涉及的技术领域、部门和行业。

（3）项目所需人员的配备。

（4）项目组织与外部的关系。

（5）外部信息需求（如媒体）。

不合理的项目规划沟通有可能导致诸如沟通对象错误、提交信息延迟等情况发生。服务外包项目规划沟通为项目经理提供了与项目干系人进行有效且高效沟通的依据。有效的沟通意味着在合适的时间，以合适的形式提供有正面影响的信息；高效的沟通意味着仅提供必要的信息。项目规划沟通需尽早制订，一般和项目计划制订时间相一致。服务外包项目规划沟通的主要工作如图9－4所示，从图9－5可以更加清楚地了解服务外包项目规划沟通时的工作信息流向。

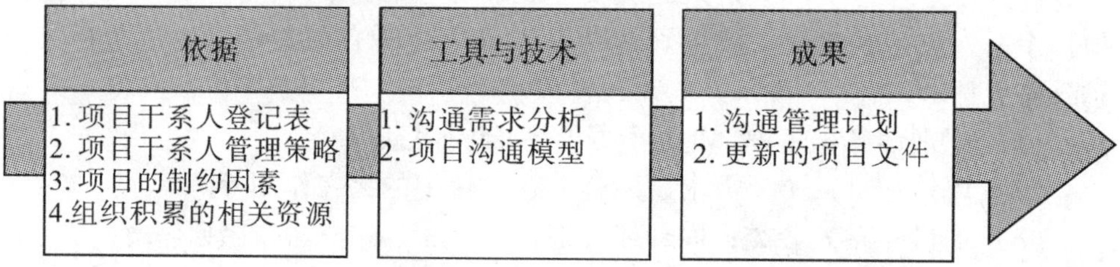

图9－4　服务外包项目规划沟通的主要工作

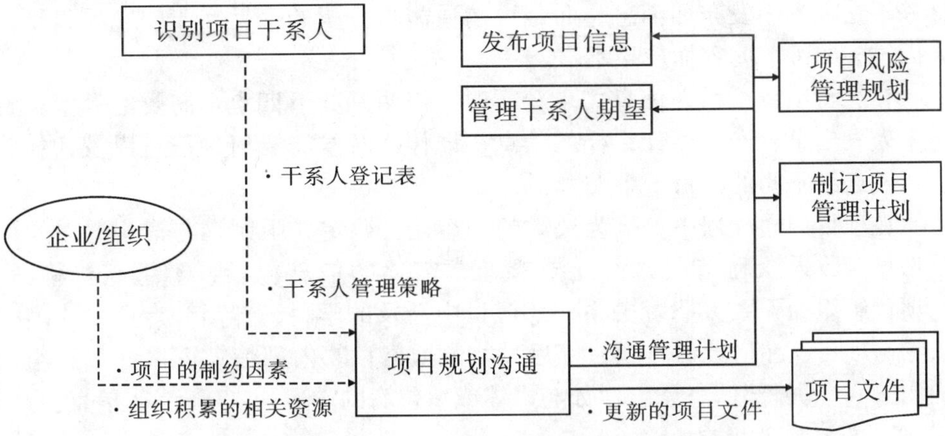

图9－5　服务外包项目规划沟通的工作信息流向示意图

（二）服务外包项目规划沟通的依据

1. 项目干系人登记表

项目干系人登记表包括关于已经识别干系人的所有详细信息，如基本信息、评估信息和干系人分类等。它是项目规划沟通过程的主要依据。

2. 项目干系人管理策略

项目干系人管理策略规定了在整个项目生命周期中如何提高干系人的支持力度，降低其负面影响。通常使用干系人分析矩阵来显示干系人管理策略。

3. 项目的制约因素

因为沟通必须适用于所有特定的项目环境，因此，项目所面临的环境因素都会对项目规划沟通过程有一定的制约和限制。

4. 组织积累的相关资源

组织积累的相关资源通常都是项目规划沟通过程的依据。经验教训和历史信息尤为重要，这是因为这些资源能够提供先前类似项目中面对沟通问题时采取的策略，以及决策的结果等信息。这些资源可以作为指导信息来对当前项目进行沟通规划。

（三）服务外包项目规划沟通的工具和方法

1. 沟通需求分析

通过沟通需求分析可得出项目各干系人信息需求的总和。信息需求的界定是通过所需信息的类型与格式以及该信息价值的分析这两者结合来完成的。项目资源只用于沟通有利于成功的信息，或者缺乏沟通会造成失败的信息。

这并不是说不用发布坏消息，而是说沟通需求分析的宗旨在于防止项目干系人因过多的细节内容而应接不暇。

在进行项目干系人信息需求分析时，需明确如下四点：需要给哪些项目干系人发信息、谁需要什么样的信息、谁什么时候需要何种信息以及如何将信息发送给不同的项目干系人。

在项目沟通规划中，极为关键的内容是：确定并限制谁与谁沟通以及谁是信息接收人。确定项目沟通要求通常需要的信息包括：①组织机构图；②项目组织和干系人职责关系；③项目中涉及的学科、部门和专业；④多少人参与项目、在何地参与项目等后勤物流因素；⑤内部信息需求（如跨组织的沟通）；⑥外部信息需求（如与媒体或承包商的沟通）；⑦干系人信息。

2. 项目沟通模型

项目沟通是一个动态的过程，完整的项目沟通过程如图 9－6 所示。

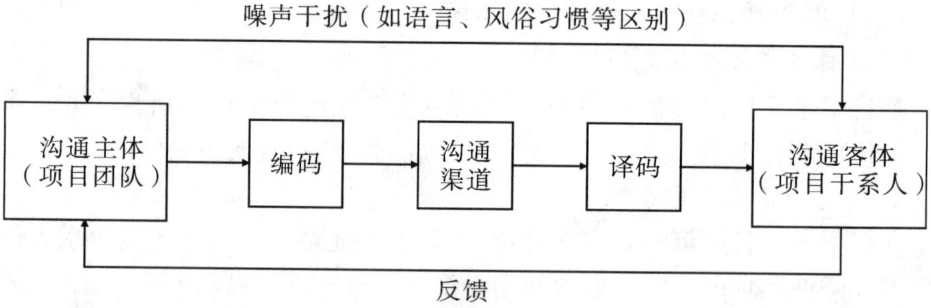

图 9－6　项目沟通的过程

（1）沟通主体，即信息的发出者或来源。

（2）编码，是指沟通主体采取一定的形式来传递信息的内容。

（3）沟通渠道，即媒体。

（4）译码，是指沟通客体对接收到的信息所作出的解释、理解。

（5）沟通客体，即信息的接收者。

（6）反馈，即沟通客体的反应。

从图 9－6 可以看出，项目沟通是一个双向、互动的反馈和理解的过程。沟通主体将所要发送的项目信息进行编码后，使项目信息沿沟通渠道传递，并经过信息译码，然后被沟通客体接收；同时，沟通客体还要将项目信息理解的情况反馈给沟通主体。需要注意的是，任何一个沟通过程都会存在噪声干扰，因此，削弱噪声干扰是保证有效沟通的重要环节。

（四）服务外包项目规划沟通的结果

1. 沟通管理计划

沟通管理计划包含在项目管理计划内或作为项目管理计划的辅助计划。根据项目需要，沟通管理计划可以是正式的、非正式的、详细的或简单概括的。

沟通管理计划通常包括以下内容：

（1）项目干系人沟通要求。

（2）对需要发布信息的描述，包括格式、内容和详尽程度。

（3）项目信息发布的原因。

（4）沟通相关信息的责任人。

（5）信息接收的个人或组织。

（6）传达信息所需的技术或方法，如备忘录、电子邮件和新闻发布等。

（7）沟通信息的时间计划和频率。

（8）对下层无法解决的问题，确定问题上报的时间要求和管理链（管理链上注明各级人员的姓名）。

（9）随项目进展随时沟通管理计划更新与细化的方法。

（10）通用词语表。

表 9－3 通用的项目沟通管理计划文件示例

项目干系人	需要的信息	沟通频率	沟通方式	反馈时间
发起人	高层成本、进度和质量绩效问题和建议行动	每月	书面报告和会议	3 天内
项目经理和监督层	详细成本、进度和质量绩效问题、建议行动、所需支持	每周	书面报告和会议	1 天内
客户高级管理层	详细成本、进度和质量绩效问题、建议行动、客户要求的行动	每月	书面报告和会议、项目团队会议	3 天内
客户关系人	客户要求的行动、有关客户行动的协作信息	每周	书面报告和会议、项目团队会议	2 天内
项目团队	详细成本、进度和质量绩效问题与建议行动、未来两周的协作信息、未来客户和发起人信息	每周	书面报告和会议、项目团队会议	3 天内

沟通管理计划包括项目状态会议、项目团队会议、网络会议和电子邮件等各方面的指导原则。如果在项目活动中的项目网址和项目管理软件使用较为频繁，这些内容就应该加入到沟通管理计划中。

2. 更新的项目文件

更新的项目文件的内容主要有项目计划、项目干系人登记表和项目干系人管理策略等。

三、发布项目信息

（一）发布服务外包项目信息

发布服务外包项目信息是指将项目干系人所需要的项目信息及时进行传递的过程，包括对项目沟通计划中规定的信息和临时获取的信息进行发布。

发布服务外包项目信息的主要工作如图 9－7 所示，从图 9－8 可以更清楚地了解在服务外包项目发布信息时的工作信息流向。

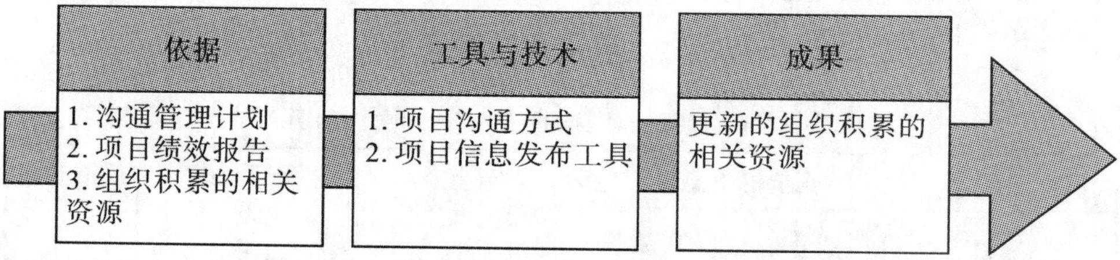

图 9－7　发布服务外包项目信息的主要工作

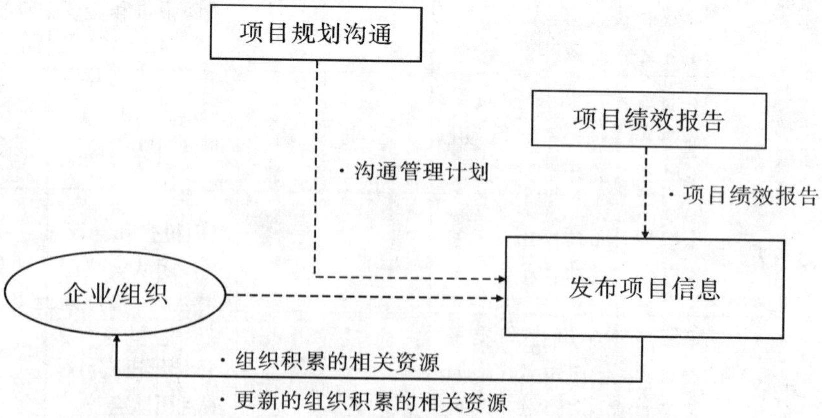

图 9－8　发布服务外包项目信息的工作信息流向示意图

（二）发布服务外包项目信息的依据

1. 沟通管理计划

沟通管理计划是项目管理计划的一部分，根据项目需要的不同，沟通管理计划可以是正式的或非正式的，详细的或高度概括的。

2. 项目绩效报告

项目绩效报告是用来提供项目绩效和项目进展状况等信息的报告。应在会前做好绩效报告的准备工作，同时绩效报告的内容应简洁、准确且及时。

3. 组织积累的相关资源

组织积累的相关资源会影响项目信息的发布过程，主要包括对政策、程序、项目信息发布指导原则等的影响。

（三）发布服务外包项目信息的工具和方法

1. 项目沟通方式

项目沟通方式有个别会谈、集体会议、视频电话会议、计算机聊天和其他远程沟通方法。

2. 项目信息发布工具

项目信息发布是指在项目整个生命周期内，及时收集信息并与项目干系人共享信息，将信息发布给项目干系人。项目信息可以用如下多种方式发布：

（1）包括纸质文件发布、手工归档系统和共享电子数据库等。

（2）电子通信和项目会议工具，如传真、电子邮件、电话信箱留言、电话会议、可视电话会议、网络会议和网络出版等。

（3）项目管理电子工具，如进度计划编制网络界面、项目管理软件、会议和虚拟办公室支持软件、网站和协作工作管理工具等。

（四）服务外包项目信息发布的结果

服务外包项目信息发布的结果主要是更新的组织积累的相关资源，包括以下几点：

（1）项目干系人通知。对解决的问题、审定的变更和项目状态等问题向干系人通报。

（2）项目报告。正式和非正式的项目报告将详细说明项目的状态，其中包括经验教训、问题登记簿、项目收尾报告和其他知识领域的成果。

（3）项目演示介绍。项目团队正式或非正式地向某些或所有项目干系人提供信息，而这些信息要切合听众需要，介绍时演示的方法要恰当。

（4）项目记录。项目记录可包括函件、备忘录以及项目描述文件。这些信息应尽可能地以恰当的方式有条理地加以保存。项目团队成员也往往在项目笔记本中保留个人记录。

（5）项目干系人的反馈。可以发布从项目干系人处收集到的有关项目运营的信息，并根据该信息改进或修改项目的未来绩效。

（6）经验教训记录。经验教训记录包括问题的起因，所采取纠正措施的原因和依据，以及有关信息发布的其他各种经验教训。记录下来的经验教训可成为本项目和执行组织的历史数据库的组成部分。

四、管理服务外包项目干系人期望

（一）管理服务外包项目干系人期望

管理服务外包项目干系人期望是指项目经理出于满足项目干系人的需求，以解决相关问题为目的，对增进与项目干系人之间的沟通和合作过程所进行的管理活动。管理服务外包项目干系人期望的主要工作如图 9－9 所示，从图 9－10 可以更加清楚地了解管理服务外包项目干系人期望的工作信息流向。

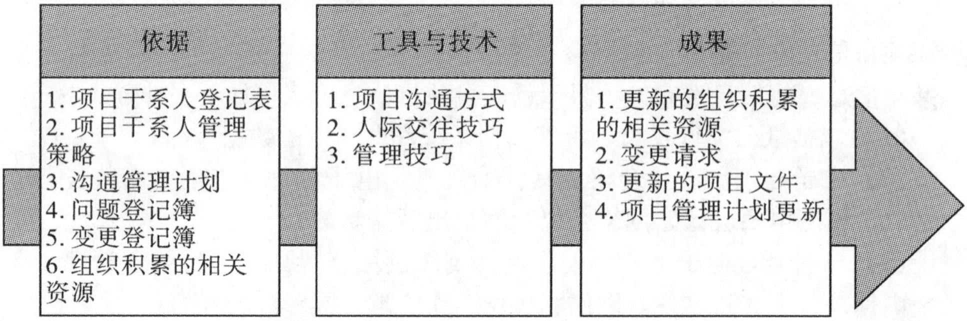

图 9－9　管理服务外包项目干系人期望的主要工作

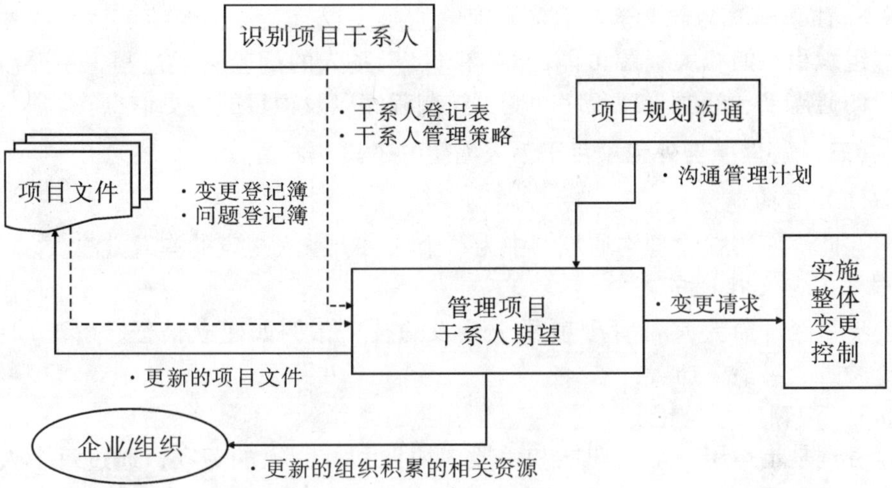

图 9－10　管理服务外包项目干系人期望的工作信息流向示意图

（二）管理服务外包项目干系人期望依据

1. 项目干系人登记表

项目干系人登记表是与项目有关干系人的清单。它通常用于确保在项目沟通时把所有的项目干系人全部包括进来。

2. 项目干系人管理策略

对项目干系人的目的和目标的理解可以用来参考制订干系人期望管理策略。该策略应整理归档于项目干系人管理策略文件中。

3. 沟通管理计划

通过项目干系人需求和期望可以了解干系人的目标、目的与沟通层次。在沟通管理计划中对这些需求和期望进行识别、分析和记录。沟通管理计划是项目管理计划的辅助计划。

4. 问题登记簿

问题登记簿或行动步骤记录本是一种用来记录与监督问题、解决问题的工具。这些问题一般不会严重到其本身要变成一个项目或一项活动的程度，但为了保持各项目干系人之间良好的、建设性的工作关系，还是需要对它们加以处理。

5. 变更登记簿

变更登记簿是用来记录项目中出现的变更的。必须就这些变更及其对项目的影响（包括时间、费用、风险等）与相应的干系人进行沟通。

6. 组织积累的相关资源

组织积累的相关资源可能会影响项目干系人的期望管理过程，主要涉及组织沟通需求、问题管理程序、变更控制程序以及项目的历史信息等。

（三）管理服务外包项目干系人期望的工具和方法

1. 项目沟通方式

在此应使用在管理沟通规划中为每个项目干系人规定的沟通方法。

2. 人际交往技巧

项目经理需要具备管理项目干系人的技巧，例如建立信任、解决冲突、善于聆听、灵活变通等。

3. 管理技巧

管理是指运用一定的职能和手段来协调和控制人的劳动，通过每个人的努力共同实现组织既定目标的活动过程。项目经理通常需要掌握的管理技巧有演示技巧、写作技巧和演讲技巧。

（四）服务外包项目干系人期望管理的结果

1. 更新的组织积累的相关资源

组织积累的相关资源可能发生更新，包括问题的起因、采取纠正措施的原因和依据以及对干系人进行管理的经验教训等。

2. 变更请求

对干系人进行管理可能会导致项目需求的改变，此时应采用适当的纠正措施或预防措施。

3. 更新的项目文件

对项目文件进行更新，主要反映干系人管理策略、项目干系人登记表和问题登记簿等内容的变动。

4. 项目管理计划更新

对项目管理计划进行更新以反映项目沟通规划的修改情况。

五、服务外包项目绩效报告

（一）报告服务外包项目绩效

报告服务外包项目绩效是指收集所有绩效信息，并向项目干系人提供绩效信息的过程。绩效信息是指为实现项目目标而投入的资源的使用情况，一般来说应提供范围、进度、成本、质量、风险和采购等实际发生状况的信息。绩效报告通过将实际发生数据与计划数据进行比较，来预测项目结果。

服务外包项目绩效报告一般包括:

(1) 项目状态报告,用来描述项目当前的进展情况。

(2) 项目预测报告,用来预测项目未来的进展情况和进度。

报告服务外包项目绩效的主要工作如图 9-11 所示,从图 9-12 可以更加清楚地了解在报告服务外包项目绩效的工作信息流向。

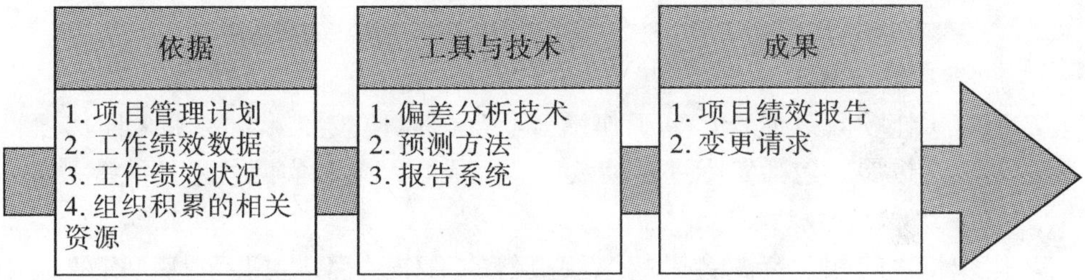

图 9-11 报告服务外包项目绩效的主要工作

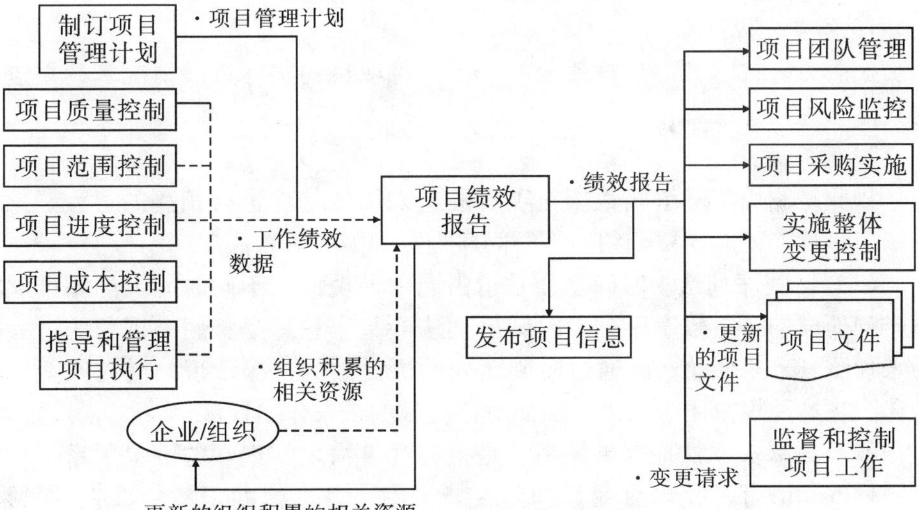

图 9-12 报告服务外包项目绩效的工作信息流向示意图

(二) 报告服务外包项目绩效的依据

1. 项目管理计划

项目管理计划提供了项目的基准信息。绩效衡量基准是指已经批准的项目工作计划,可据之衡量项目绩效和偏差,从而执行管理控制。绩效衡量基准一般整合了项目的范围、进度和成本参数，同时也可能包含项目的技术和质量参数。

2. 工作绩效数据

工作绩效数据来源于项目活动中的原始数据，包括交付项目进展状况、项目进度计划和已发生的成本等内容。工作绩效数据通常用于对项目实际发生的情况与项目的计划情况进行比较。比较的内容主要包括实际进度与计划进度、实际费用与计划费用、实际技术绩效与计划技术绩效等。

3. 工作绩效状况

通过工作绩效数据来计算工作绩效状况，以便按照计划要求来评估项目活动的实际进展，包括实际进度绩效、实际成本绩效和实际技术性能等。

4. 组织积累的相关资源

组织积累的相关资源会影响绩效报告的工作过程，主要包括已有的绩效报告、已经使用的政策和程序等。

（三）报告服务外包项目绩效的工具和方法

1. 偏差分析技术

偏差分析技术又称为挣值分析，是指将项目的实际进展情况和计划进行对比。

2. 预测方法

预测是利用实际绩效数据对项目的未来绩效趋势进行预测的过程。预测方法有多种，下面简要介绍一下时间序列法和因果关系法。

（1）时间序列法。时间序列是指由同一种现象在不同时间上的相继观察值排列而成的一组数字序列。时间序列法的基本思想是：用一现象的过去行为来预测其未来变化。即通过时间序列的历史数据来揭示现象随时间变化的规律，将这种规律用于未来，从而对该现象的未来作出预测。

（2）因果关系法。因果关系法是把客观事物之间内在的因果关系，转换成一种数学语言，找出自变量和因变量，用一种近似的函数关系表示出来，并依靠历史的统计数据，建立相应的数学模型（因果模型），然后根据自变量的数量变化预测因变量数量变化的预测方法。

因果关系法预测比较适用于事物之间因果关系的判定，而且又具备比较全面的横向统计数据资料的情况。运用这种方法可以对项目未来绩效的趋势进行预测。

3. 报告系统

报告系统是项目经理收集、存储以及向项目干系人发布关于成本、进度和绩效信息的工具。该系统可以方便项目经理分别从成本、进度等不同的报告中提炼、汇集相关数据，并把经过加工整理的数据发送给相应的项目干系人。

（四）服务外包项目绩效报告的结果

1. 项目绩效报告

项目绩效报告就是对有关项目绩效信息进行总结，得出分析结果，并按照项目规划沟通中的规定向项目干系人提供所需的信息。项目绩效报告的通用格式包括甘特图、S形曲线图、矩形图和表格等。

表9－4　L公司2007年4月30日项目绩效报告表　　（单位：万元）

	本月计划完成	本月实际完成	本月订货合同额	本月偏差
设备订货	1 085	1 267	870	+182
设备验收	1 150	1 050		－100
设备出货	980	980		0
设备安装	0	0		0

（注：本月偏差＝本月实际完成－本月计划完成）

从表9－4中可以看出L公司电梯改造项目目前存在的主要问题。

设备订货工作的实际完成与计划完成相比：①订货计划的制订与工程的实际进度有一定的出入；②有关设备的技术准备工作没有做好，导致一些设备不具备订货条件。应对项目设备订货计划进行及时调整，以使设备供应满足工程进度的需要。

2. 变更请求

对项目绩效进行分析后，通常可能需要对项目的某些方面进行变更，如范围、进度、费用等。具体如何进行变更请求可参考整体变更控制中的方法进行处理。

第三节　服务外包项目沟通管理的渠道

信息沟通是在项目组织内部公众之间进行的信息交流和传递活动。当项目成员为解决某个问题或协调某一方面而在明确规定的组织系统内进行沟通协调工作时，就会选择与组建项目组织内部不同的信息沟通渠道，即信息网络。服务外包项目沟通管理渠道包括正式沟通渠道与非正式沟通渠道。

一、正式沟通渠道

正式沟通渠道是指在组织系统内，依据一定的组织原则所进行的信息传递与交流。例如组织与组织之间的公函来往，组织内部的文件传达、召开会议，上下级之间的定期情报交换等。另外，团体所组织的参观访问、技术交流、市场调查等也在此列。正式沟通渠道的优点是：沟通效果好，比较严肃，约束力强，易于保密，可以使信息沟通保持权威性。重要的信息和文件的传达、组织的决策等，一般都采用这种方式。其缺点是由于依靠组织系统层层传递，所以比较刻板，沟通速度慢。正式沟通渠道有以下几种类型（如图9－13所示）：

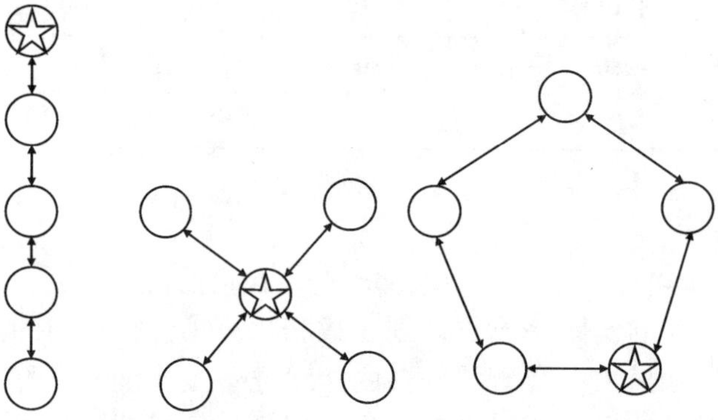

（a）链型　（b）轮型　（c）环型

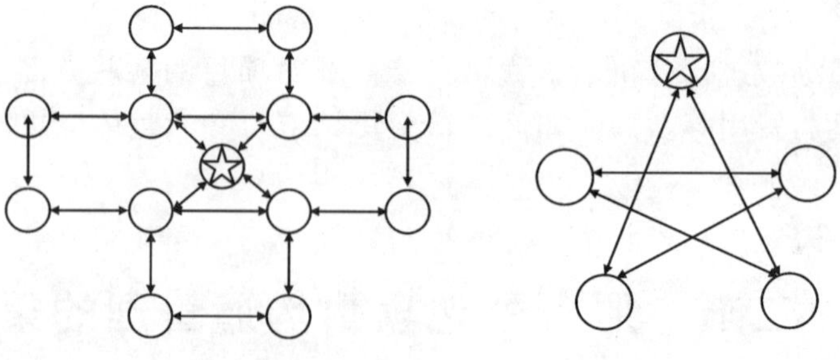

（d）四环型　（e）全渠道型

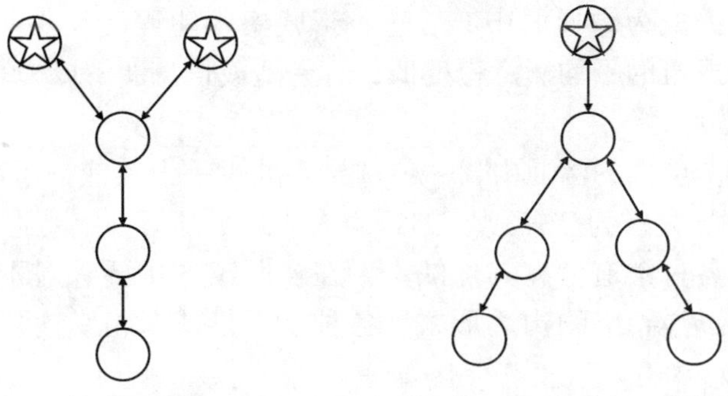

（f）Y型　　　　（g）倒Y型

图9－13　正式沟通渠道类型图

1. 链型沟通

它是指信息在五个层次中逐级传递，只有上行沟通和下行沟通，居于两端的人只能与相邻的一个成员联系，而居中的人则可以与两端的人沟通信息。在这种沟通形态中，由于信息要经过层层传递、筛选，各个信息传递者接受信息的差异可能很大，容易产生失真。

2. 轮型沟通

它是一个管理者与四个下级进行的沟通，而四个下级之间不相互沟通。这种沟通属于控制型网络沟通，其中只有一个成员是各种信息的汇集点与传递中心。它的优点是集中化程度高，解决问题的速度快，中心人员的预测程度高。其缺点是沟通的渠道少，组织成员的满意程度低，员工士气不高。

3. 环型沟通

它是五个人之间的沟通，管理者对两个下级进行沟通，而两个下级再分别与各自的下级进行沟通，基层再相互进行沟通。其中，每个人都同时与两侧的人沟通。在这种沟通方式中，组织的集中化和预测程度都较低，畅通渠道不多，组织中成员具有较为满意的情绪，员工士气较高。这种形式也可以发展成多环型。

4. 全渠道型

它是每个人与其他四个人都自由地相互沟通，并无明显的中心人物。这是一种开放的网络系统，其中每个成员之间都有一定的联系，彼此了解，成员满意程度高，合作的气氛浓厚。但它的集中度较低，管理者的预测程度也较低。

5. Y 型沟通

它是在四个层次的逐级沟通过程中，两位领导通过一个人或一个部门进行沟通，这个人成为沟通的中心。这种形式集中化程度高，解决问题的速度快。但组织中成员的平均满意程度低，容易造成信息曲解或失真。

6. 倒 Y 型沟通

它是在四个层次的沟通中，一位领导者通过一个人或一个部门进行沟通，与 Y 型大同小异，作为“瓶颈”的这个人或这个部门一定要善于沟通。

正式沟通各种渠道各有其优缺点，在实际工作中要针对不同的工作性质和员工特点，选择相应的沟通形式。各种沟通形式对组织内群体行为的影响情况见表 9 – 5。

表 9 – 5　正式沟通渠道类型的比较

渠道类型	解决问题的速度	信息精确度	组织化	领导人的产生	士气	工作变化弹性
链型	较快	较高	慢、稳定	较显著	低	慢
轮型	快	高	迅速、稳定	显著	很低	较慢
环型	慢	低	不易	不发生	高	快
全渠道型	最慢	最高	最慢、稳定	不发生	最高	最快
Y 型、倒 Y 型	较快	较低	不一定	会易位	不一定	较快

二、非正式沟通渠道

非正式沟通渠道指的是正式沟通渠道以外的信息交流和传递，它不受组织监督，自由选择沟通渠道。例如团体成员私下交换看法，朋友聚会，传播谣言和小道消息等都属于非正式沟通。非正式沟通是正式沟通的有机补充。

非正式沟通的优点是：不拘形式，直接明了，速度很快，容易及时了解到正式沟通难以提供的“内幕新闻”。非正式沟通能够发挥作用的基础，是建立团体良好的人际关系。其缺点表现在：非正式沟通难以控制，传递的信息不确切，易于失真、曲解，而且它可能导致形成小集团、小圈子，影响人心稳定和团体的凝聚力。

基斯·戴维斯（Keith Davis）曾在一家公司对 67 名管理人员采取顺藤摸瓜的方法，对小道消息的传播进行了研究，发现其有四种传播方式，如图 9 – 14 所示。

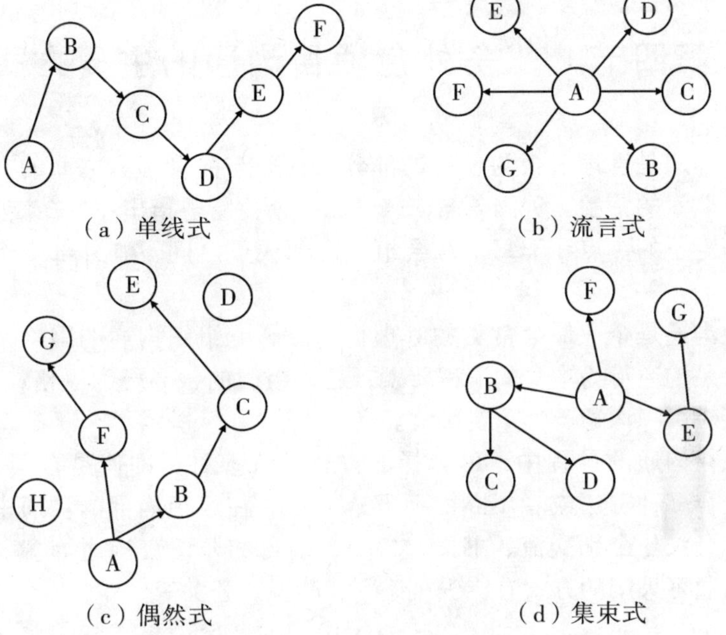

图 9－14　非正式沟通渠道传播方式图

1. 单线式

消息由 A 通过一连串的人把消息传播给最终的接受者。

2. 流言式

又叫闲谈传播式。它是由一个人（*A*）主动地把小道消息传播给其他人，如在小组会上传播小道消息。

3. 偶然式

又叫机遇传播式。消息由一个人（*A*）按偶然的机会传播给他人，他人又按偶然机遇再传播，且并无一定的路线。

4. 集束式

又叫群集传播式。它是（*A*）将信息有选择地告诉自己的朋友或有关的人，使有关的人也照此行动的信息沟通方式。以上众多沟通方式中这种沟通方式最为普遍。

第四节　服务外包项目沟通的主要方式

组织沟通是管理中极为重要的部分。管理与被管理者之间的有效沟通是任何管理艺术的精髓。美国著名未来学家奈斯比特曾指出："未来竞争是管理的竞争，竞争的焦点在于每个社会组织内部成员之间及其外部组织的有效沟通上。"

组织沟通是企业最为常见的管理行为，影响组织沟通的因素是方方面面的。无论是沟通行为本身的流程要素，还是组织的领导行为风格或组织文化，都会直接对组织沟通产生重要影响。

组织在沟通的过程中，可选择的方式有许多种，即使是在同一过程中，也可以组合多种方法或者不断变换方式方法。在组织内部的沟通中，有指示与汇报、会议与个别交流、书面、口头、语言和非语言沟通等多种方式。组织对外沟通可采用的方式有广告、谈判、游说、公关等。

一、组织内部的沟通方式

1. 书面沟通和口头沟通

（1）书面沟通是指以合同、规定、协议、通知、布告等书面形式进行的信息传递和交流。书面沟通大多用来进行通知、确认和要求等活动，如通知项目团队、供应商在某日来访或要求团队成员向客户提供有关月度进度报告的书面情况。在项目团队中通常使用内部备忘录，而对客户和非公司成员，则使用外部信件的方式进行沟通。备忘录和信件必须清楚、简洁，不能包含长篇大论或与主题无关的附带内容。它的优点是正式、准确，具有权威性，可以作为资料长期保存，反复查阅。

（2）口头沟通是指以谈话、报告、讨论、讲课、电话等口头表达的形式进行的信息交流活动。它的优点是亲切、灵活、速度快，双方可以自由交换意见，沟通效果好。

2. 指示和汇报

（1）指示。指示是组织内部沟通中最常见的形式，作为下行沟通方式的指示主要用在上级指导下级工作或用来传达上级决策。指示一般是通过正式渠道进行沟通的，具有权威性、强制性等特点。

（2）汇报。汇报是一种上行的沟通方式，是下级向上级反映情况、提出设想、汇报思想时经常采用的一种沟通方式。有些汇报不仅仅要用书面的形式，而且还要加上口头的方式，如政府的工作报告等。有些汇报则只需以书面或口头的方式进行。

3. 会议与个别交流

（1）会议。指导与领导工作的实质就是处理人际关系，而人与人之间的沟通是人们思想、情感交流的基础，采取开会的方法，就是提供交流的场所和机会。会议的作用表现在：

① 会议是整个组织活动的一个重要反映，是与会者在组织中的身份、影响和地位等所起作用的表现。会议中的信息交流能在人们的心理上产生影响。

② 会议可集思广益。与会者在意见交流之后，就会产生一种共同的见解、价值观念和行动指南，而且还可密切相互之间的联系。

③ 会议可使与会者了解彼此的共同目标，自己的工作与他人工作的关系，以便能更好地选择自己的工作目标，明确自己怎样为组织作出贡献。

④ 通过会议，可以对每一位与会者产生约束力。

⑤ 通过会议，能发现人们所未注意到的问题，而认真地考虑和研究。会议的种类主要有工作汇报会、专题讨论会、员工座谈会等。必须强调的是，虽然会议是主管人员进行沟通的重要方法，但绝不能完全依赖这种方法。而且，召开会议要有充分准备，会上民主气氛应该浓厚，讲求实效，切忌“文山会海”的形式主义。

（2）个别交流。个别交流就是指领导者用正式或非正式的形式，在组织内外，同下属或同级人员进行个别交谈，征询谈话对象对组织中存在的问题和缺陷提出他自己的看法，对别人或对别的上级，包括对主管人员自己的意见。这种形式大部分都是建立在相互信任的基础上，无拘无束，双方都感到有亲切感。

除了以上所列的几种常见的沟通方式外，组织的沟通方式还有许多种，如内部刊物、公告栏、意见箱、座谈会、联谊会、聚餐等。值得一提的是随着社会的发展，组织领导者越来越重视与部下的沟通，听取他们的意见、建议，不断采用非正式的沟通渠道，为双方沟通创造良好的气氛。

此外良好的组织内部沟通，可以帮助组织顺利度过项目进展的一些特殊阶段，如裁员时期及制度有重大变革等。往往这些时候，沟通技能的效果是短时间内突现的。

二、组织之间的沟通方式

服务外包项目的完成要在一定的环境之中进行，除了要做好组织内部沟通工作以外，还必须处理好与公众、同业者、政府、新闻媒体等的关系。要有效地同其他组织进行业务往来和合作，必须要进行沟通，组织对外沟通的方式与内部沟通的方式有很大的不同，大概可以分为公关、形象策划、商务谈判等几种沟通方式。

1. 公关

公共关系简称公关，它是社会组织同构成其生存环境、影响其生存与发展的那部分公众的一种社会关系，是一个组织为了达到一种特定目标，在组织内外部员工之间、组织之间建立起的一种良好关系的科学。

2. 形象策划

形象策划是公共关系人员在形象调查的基础上，运用自己的知识、经验，充分发挥想象力和创造力，制定出最佳的公关活动方案，以塑造良好组织形象的过程。人们都知道，形象策划是一种公司有关个性特征、经营理念、经营风格的高度浓缩体。对一个项目组，尤其是大型项目，同样需要宣传和树立形象，增强员工的归属感和公众的认同感。形象策划已经被许多组织证明是一种非常有效的沟通方式。

3. 商务谈判

商务谈判是指不同的经济实体方为了自身的经济利益和满足对方的需要，通过沟通、协商、妥协、合作、策略等方式，把可能的商机确定下来的活动过程。

（1）商务谈判的原则：①双赢原则；②平等原则；③合法原则；④时效性原则；⑤最低目标原则。

（2）商务谈判三部曲：

① 申明价值。此阶段为谈判的初级阶段，谈判双方彼此应充分沟通各自的利益需要，申明能够满足对方需要的方法与优势所在。此阶段的关键步骤是弄清对方的真正需求，因此，其主要的技巧就是多向对方提出问题，探询对方的实际需要；与此同时也要根据情况申明我方的利益所在。

② 创造价值。此阶段为谈判的中级阶段，双方彼此沟通，往往申明各自的利益所在，了解对方的实际需要。但是，以此达成的协议并不一定对双方都是利益最大化。也就是说，利益在此往往不能有效地达到平衡。即使达到了平衡，此协议也可能并不是最佳方案。

③克服障碍。此阶段往往是谈判的攻坚阶段。谈判的障碍一般来自于两个方面：一个是谈判双方彼此利益存在冲突；另一个是谈判者自身在决策程序上存在障碍。前一种障碍是需要双方按照公平合理的客观原则来协调利益；后者就需要谈判无障碍的一方主动去帮助另一方顺利决策。

第五节　服务外包项目沟通管理的主要障碍及其解决途径

一、服务外包项目有效沟通中常见的障碍

服务外包项目有效沟通的主要障碍有：参照体系、选择性倾听、价值判断、来源可信度、语义问题、过滤、群体内部语言、地位差异、时间压力与信息超载。

（1）参照体系。不同的个体对同样的沟通有不同的理解，这跟他们先前的经验有关。这些先前的经验会导致不同的编码和译码过程。这是导致沟通中断的最重要的因素。

（2）选择性倾听。沟通有时候会自觉或不自觉地形成，人为地阻断新的信息，特别是那些与其现有的信念相矛盾的信息。换言之，如果我们只听到我们希望听到的，现实就会被歪曲。

（3）价值判断。在每一种沟通情境下，接受者都要对传递来的信息进行价值判断，以便决定是否接受或部分接受或根本不接受。

（4）来源可信度。是指接受者对发送者的语言、行动的信任和信心。

（5）语义问题。沟通被定义为采用共同符号进行信息传递和理解的过程。实际上，我们不能传递理解，我们只能传递语言学形式的信息，它是共同的符号。

（6）过滤。是指对信息进行操纵使得接受者只能获得一些也许是片面的信息。

（7）群体内部语言。职业的、专业的和社会的群体，会经常形成只有他们自己成员才能理解的语言或术语。然而，当涉及外来者或其他群体时，用群体内部语言可能会导致严重的沟通中断。

（8）地位差异。组织通常会用各种不同的标记来表达层次等级。这样的地位差别实际上可能妨碍组织内的沟通。

（9）时间压力。时间压力有时候对沟通也构成一种严重的阻碍。

（10）信息超载。影响有效沟通的必要因素就是信息，然而，在实际工作中，管理者通常会被大量的信息所淹没，他们不能吸收或运用所有的信息。

管理者如果希望努力成为更好的沟通者，就必须完成两项独立的任务：他们必须改善他们的信息——他们希望传递的信息；他们必须努力改善对其他人与他们进行沟通的信息的理解。

二、提高服务外包项目沟通有效性的主要途径

要克服有效沟通的主要障碍，提高服务外包项目沟通的有效性，大致可以通过以下一些方法来加以实现：

（1）调节信息流量。调节信息流量能够确保管理者提供合理的信息流量，以消除信息超载导致的沟通障碍。

（2）利用反馈。利用反馈，可以将沟通中信息被曲解或被误解的程度降到最低。

（3）换位思考。是指一种将自己放在别人的位置上，用别人的观点和感情来看待问题的能力。

（4）选择恰当的沟通渠道。信息越多、信息的重要性程度越高，所需要的沟通渠道越广泛，这样可以保证如果信息在某一渠道中没有被理解，仍可以通过其他渠道获得信息的传递。

（5）鼓励相互信任。时间压力通常意味着管理者在每次沟通中不能跟踪沟通、鼓励反馈或者向上沟通。

（6）简化语言。语言复杂对于有效沟通来说也是一个主要障碍。

（7）有效倾听。倾听技能对管理者是有用的，更为重要的是要具有倾听的意愿。

【思考练习题】

1. 服务外包项目沟通管理有哪些特征？
2. 服务外包项目规划沟通的工作流程是怎样的？
3. 试思考小道消息有哪几种传播方式？
4. 试思考如何做好服务外包项目的沟通？

第十章　服务外包项目风险管理

【案例引导】

外包是指企业利用外部的专业资源为自己服务，从而达到降低成本、提高效率、充分发挥自身核心竞争力乃至增强自身应变能力的一种管理模式。目前，IT领域常见的外包有软件系统开发、数据中心托管、安全服务外包以及IT培训等形式。这里，我们主要谈及企业软件系统开发的外包管理。

一、风险管理的重要性

我们知道，风险是指损失发生的不确定性，它是不利事件或损失发生的概率及其后果的函数，用数学公式表示为：$R=f\ (P,\ C)$，其中R表示风险，P表示不利事件发生的概率，C表示该事件发生的后果。其具体含义为：风险是人们因对未来行为的决策及客观条件的不确定性而可能引起的后果与预定目标发生多种负偏离的综合。IT外包风险，从经济学角度分析则是指IT外包工程实施结果相对于预期结果的变动程度，即企业IT外包预期收益的变动程度。通俗地说，IT外包类似于家庭聚餐委托外面的厨师代工，IT外包风险则类似于你期望这次家庭聚餐获得的美食效果与实际效果的差异。

IT外包风险，是由许多不确定因素造成的。有时候，公司要配合外包服务提供商的需求进行一些额外工作，这其中的协调成本，可能会非常昂贵。除此之外，签约金和监督外包厂商进展的支出，也可能远高于预期支出。最糟糕的是，如果外包服务提供商开发出来的软件不够好，企业还得再次去委托其他厂商完成，这类似于要找别的厨师重新做菜。另外，还有一些合同风险——在与外包服务提供商订立合同时，一定要小心看清楚条约，否则一张白纸就可能会让公司遭受极大的损失。

IT外包服务风险系数有多大呢？国内暂时还没有详尽的数据。不过，可用IT服务的成功率作为参考。2002年7月，Gartner IT服务首席分析师Rolf Jester在亚太IT服务高级研讨会上说："中国的IT服务市场仍不够成熟，大约50%的IT服务合同是以不能让用户满意的方式提交的。"

如此高比率的IT服务合同不能让用户满意，可见IT外包服务也不容乐观。企业要想获取预期利润，必须正确地评估进而努力控制IT外包风险。风险管理是指经济单位对可能遇到的风险进行预测、识别、评估、分析并在此基础上有效地处置风险，以最低成本实现最大安全保障的科学管理方法，主要包括风险管理计划编制、风险识别、定性风险分析、定量风险分析、风险应对计划编制以及风险监督和控制六个过程，其目的可以说就是将风险“大事化小、小事化了”。

二、外包与“鞭子效应”

采用动态管理可以做到“大事化小”，这可以通过经济学上的“鞭子效应”来解释。一个多节的鞭子，在抖动时它的每一节都在左右摇摆，但是鞭子整体上仍然能够保持本身的大致形态和方向。这一点在鞭子运动节数越多的时候就越明显，我们称之为“鞭子效应”。用经济学语言来阐述，就是将单一的决策问题多阶段化以求回避风险、提高决策效率。也就是说把整个过程按时间、空间等指标划分为若干相互联系的阶段，每个阶段都需要作出决定，其目标是使整个过程的效果最优化。

目前常用的风险管理是非动态的，一般是把控制过程按照项目进行分成若干阶段，分析各阶段潜在的风险因素，从而制定出相应的对策。从表面上看，这种方法也是利用阶段控制理论，但毕竟是以静态的眼光来分析风险，各个阶段之间的风险管理工作缺乏必要和有机的联系，没有把各阶段的工作、工序和风险因素统一起来进行综合考虑，这种解决方法针对性强但是缺乏弹性。

现实中的风险，大多是异常的、不可预见的风险因素。考虑到“鞭子效应”，作为整个过程的最优策略应该具有这样的性质：不论过去的状态和决策如何，相对于前面决策所造成的状态而言，其后的决策必须构成最优策略。

三、如何消弭风险

风险迁移，不等于风险消逝。前面我们主要是强调理论分析，这里我们还需要知道一些现实中常用的法则，来争取让风险“小事化了”来降低风险的危害。

1. 充分了解你的项目

点菜的时候，有的人自己都没有搞清想吃的到底是什么口味，比如只告诉厨师“我要吃炖鱼”，这样往往会造成做好的菜不合口味。同样，很多企业没有透彻地分析自己的IT需求，他们外包服务只是为了得到立竿见影的效果。选择外包，企业一定要对整个项目有足够的了解，其中包括项目需求、实现方法和预期经济利益的来源。

2. 分而治之

如果选择同一家服务供应商，会节省一些管理费用。但是，有句俗话说：

“不要把鸡蛋都放在一个篮子里面。”如果这家服务供应商出现问题，那么将会给项目带来巨大的麻烦。如同家庭宴会可以同时邀请多个厨师掌勺一样，IT 外包有时候也可以考虑将项目分给若干个厂商完成。

将大项目分割成一块块能更好管理的小计划，将可以减少风险。这样，每一块都有特定的目标，可以独立运作，都可以由不同的服务商来开发。如此一来，外包厂商就可以不止一家。

当然，这样企业就面临开发成本增加的压力。不过，虽然开发成本增加，但可以降低厂商的停滞风险。如果有承包者无法如期完成他所负责的部分，只要其他大部分项目可以如期完成，企业就可以将此部分项目交给其他已经完成的厂商。而且，公司对每一部分项目分别进行审核的时候，往往比面对一个大系统更容易从中发现问题，进而减少偷懒的风险。

——摘自中国外包网

第一节　服务外包项目风险管理概述

风险管理起源于第一次世界大战中战败的德国，20 世纪 30 年代在美国兴起，50 年代以来发展成为一门独立的学科。由于任何项目都存在着不能达到预期效果的风险，为了使项目能够成功地、顺利地完成，对项目进行风险管理就显得十分必要。为了能够更好地理解项目风险管理，则需要了解和明白风险及项目风险的基本概念。

一、服务外包项目风险管理的含义、分类与特点

（一）服务外包项目风险管理的含义

从系统和过程的角度来看，项目风险管理是一种系统过程活动，是项目管理过程中的有机组成部分，涉及诸多因素，应用到许多系统工程的管理技术和方法。根据美国项目管理学会的报告，风险管理有三个定义：

（1）项目风险管理是系统识别和评估风险因素的形式化过程。

（2）项目风险管理是识别和控制能够引起不希望变化的潜在领域和事件的形式及系统的方法。

（3）项目风险管理是在项目期间识别、分析风险因素，采取必要对策的决策科学与艺术的结合。

综上所述，服务外包项目风险管理是指通过风险识别、风险评估去认识

服务外包项目的风险，并以此为基础合理地使用各种管理方法、技术和手段对项目风险实行有效的控制，妥善处理风险事件所造成的不利后果，以最少的成本保证服务外包项目总体目标的实现过程。

服务外包项目风险管理并不是一个孤立分配给风险管理部门的项目活动，而是项目管理活动的一个方面，它更侧重于方法和过程的结合。在项目风险管理过程中所采用的方法和工具都是项目风险管理的核心内容。

（二）服务外包项目风险管理的分类

服务外包项目风险就是为实现项目目标的活动或时间的不确定性及可能发生的危险。为消除或有效控制服务外包项目风险，必须对服务外包项目风险进行科学的认识和剖析。服务外包项目风险是一种不确定的事件或状况，一旦发生，至少会对一个服务外包项目目标如时间、费用、范围或质量目标产生积极或消极影响。

对同一个事物采用不同的标准进行分类，会得到不同的结果。对服务外包项目风险种类的认识也是这样，因分类标准不同，风险被区分为以下 4 类：

（1）按风险的来源分类：①自然风险，由于自然力的作用而带来的风险，如地震、火灾、暴雨等造成财产损失或人员伤亡的可能性；②社会风险，由于个人的行为反常或团体的不可预见行为所导致的风险，如战争等政治因素和汇率变动、经济紧缩等经济因素等对项目造成损失的可能性；③经营风险，指人们在从事经济活动中，由于经营不善、决策失误、市场竞争、供求变化等导致项目损失的可能性；④技术风险，指伴随科学技术的发展而带来的风险，如酸雨、化工排放物污染等。

（2）按风险对项目的影响分为积极风险和消极风险。积极风险指对项目起到促进作用而不是阻碍作用的风险。如项目工期紧张的风险存在，更能激发项目成员的士气和斗志，促使项目更快完成；再如项目中资源有限风险的存在，会促使资源向重要项目任务的调配。虽然某些次要的项目任务被忽略或延误了，但使项目重要工作任务能够得以顺利完成。

（3）按风险的可控性分为可控风险和不可控风险。可控风险往往来自项目内部，如项目开发人员的技术水平低下不能胜任工作，会造成项目延误的风险，它可以通过对项目成员的事先评估进行控制。不可控风险往往来自于项目外部，比如社会动荡、经济衰退、市场环境变化等，这些风险是项目管理者无法控制的。

（4）按风险对项目目标的作用，可分为：①工期风险，是导致项目活动或整个项目工期延长的风险；②费用风险，是导致成本超支、收入减少，投资回收期延长，回报率降低的风险；③质量风险，是导致项目产出物不能通过验收或项目建成后达不到预定生产能力的风险；④市场风险，是导致项目建成后达不到预期的市场份额，不具备市场竞争力的风险；⑤信誉风险，是造成项目组织信誉受损的风险。

虽然风险的划分方式林林总总，但更重要的是对风险的本质进行分析。风险意味着一种不确定性，意味着可能给企业或项目带来某种影响，这种影响可从以下五个方面加以分析，它们便是风险的本质。

（1）风险发生概率，即风险发生的可能性。如成本超支的可能性将会高过50%吗？

（2）风险发生频率，即这样的风险事件在项目中多长事件发生一次。如员工流失多久发生一次？

（3）风险发生后果，即风险对项目产生的影响。如风险将会对项目实施的哪些领域产生影响？

（4）风险重要程度，并非所有的风险都会被一视同仁。如一个估计不足的项目进度计划会对项目产生致命影响吗？

（5）风险综合评价，有些风险影响比较大，但发生概率和频率很小；而有些风险影响不大，但出现的可能性却很大。所以，我们需要对风险进行综合评价，需要将两种因素综合考虑，这就是风险综合评价。最简单的风险综合评价方式是计算风险的重要程度与风险发生概率之积。

（三）服务外包项目风险管理的特点

服务外包项目风险管理的特点包括以下五个方面：

（1）必须分析承担风险的利益相关者。

（2）风险是有时限的。

（3）服务外包项目风险管理的目的在于预测。

（4）服务外包项目风险管理是有代价的。

（5）服务外包项目的风险将随项目进展而变化。

二、服务外包项目风险管理过程

在现代项目管理中，项目管理人员引入了风险管理技术，强调对项目目标的主动控制，以预防项目实现过程中遭遇的风险和干扰因素，从而减少损失。在项目管理中建立风险管理策略和规划，并在项目的生命期内不断控制风险是非常重要的。一般认为，服务外包项目风险管理过程可以分为5个阶段：风险管理规划、风险识别、风险分析、风险应对措施的确定和风险监控，如图 10－1 所示。

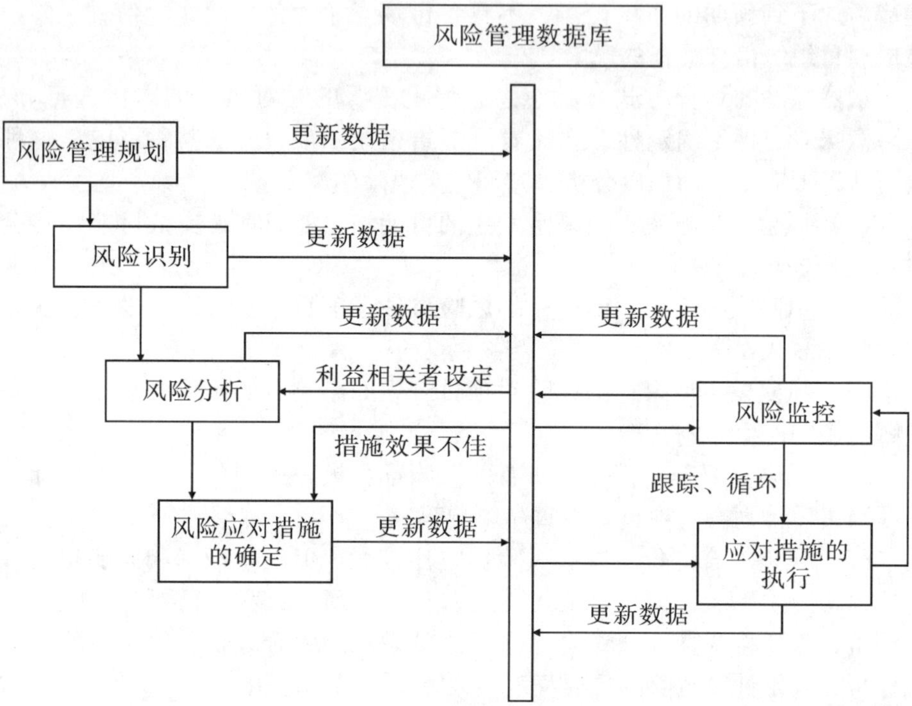

图 10－1　项目风险管理框架

风险管理数据库是风险管理的核心部分，不但记录各个管理过程中的数据、文件和结果，供项目各利益相关方共享；同时也要把每个阶段的经验和教训记录下来，以备项目团队和项目所属组织不断学习和总结，将必要内容纳入组织的管理规范。

（1）风险管理规划。风险管理规划是规划和设计如何进行服务外包项目风险管理的过程。该过程包括定义服务外包项目组织及成员风险管理的行动方案及方式，选择适合的风险管理方法，确定风险判断的依据等。

（2）风险识别。风险管理的第一步是识别和评估潜在的风险领域，这是风险管理中最重要的步骤。风险识别的方式是系统的、连续的；风险识别要列出所有与服务外包项目相关的过程、发包方及存在的问题。风险识别包括确定风险的来源、产生条件，它不是一次就可以完成的工作，而应在项目的自始至终定期进行。

（3）风险分析。风险分析一般常用定性分析和定量分析两种分析法。风险定性分析是对风险概率和影响进行评估和汇总，进而对风险进行排序，以便随后进一步分析或行动。风险定量分析就识别的风险对服务外包项目总体目标的影响进行定量分析。

（4）风险应对措施的确定。应对措施就是对风险进行定性分析、定量分析的结果，为降低项目风险的负面作用而制定的风险应对措施。风险应对计划必须与风险的严重程度、成功实现目标的费用有效性相适应，必须与项目成功的时间性、现实性相适应。它也必须得到项目所有利益相关者的认可，应有专人负责。风险应对措施通常是从几个备选方案中挑选出最优的一个。

（5）风险监控。风险监控就是要跟踪识别出的风险，识别剩余风险和出现的风险，修改风险管理计划，保证风险计划的实施，并评估消减风险的效果。

三、服务外包项目风险管理的组织

服务外包项目风险管理的组织主要是指为实现风险管理目标而建立的组织结构，即组织机构、管理体制和领导人员。没有一个健全、合理和稳定的组织结构，服务外包项目风险管理活动就不能有效地进行。

服务外包项目风险的管理组织具体如何设立、采取何种方式、需要多大的规模，取决于多种因素，其中决定性的因素是项目风险在时空上的分布特点。服务外包项目风险存在于项目的所有阶段和方面，因此，项目风险管理职能必然分散于项目管理的所有方面，项目的干系人都负有一定的风险管理责任。但是如果因此而无专人专职对项目风险管理负起责任，项目的风险管理就要落空。因此，项目风险管理职能的履行在组织上具有集中和分散相结合的特点。

第二节　服务外包项目风险识别

一、服务外包项目风险识别概述

（一）服务外包项目风险识别的含义

服务外包项目风险识别是服务外包项目风险管理的基础和重要组成部分，是一项贯穿项目实施全过程的项目风险管理工作。服务外包风险识别是项目管理者识别风险来源、确定风险发生条件、描述风险特征并评价风险影响的过程。

服务外包项目风险识别还应该识别和确认项目风险是属于项目内部因素造成的风险，还是属于项目外部因素造成的风险。一般项目内部因素造成的风险，项目组织或项目团队可以较好地控制和管理。但是，项目外部因素造成的风险是项目组织或团队难以控制和管理的，项目组织和项目团队对于这种风险的控制和影响力很小，所以只能采取一些规避或转移的方法去应对。

（二）服务外包项目风险识别的特点

服务外包项目风险识别具有如下一些特点：

1. 全员性

服务外包项目风险的识别不只是项目经理或项目组个别人的工作，而是项目组全体成员参与并共同完成的任务。因为每个项目组成员的工作都会有风险，每个项目组成员都有各自的项目经历和项目风险管理经验。

2. 系统性

服务外包项目风险无处不在，无时不有，这决定了风险识别的系统性，即项目生命期过程中的风险都属于风险识别的范围。

3. 动态性

服务外包项目风险识别并不是一次性的，在项目计划、实施甚至收尾阶段都要进行风险识别。根据项目的内部条件、外部环境以及项目范围的变化情况，适时、定期进行项目风险识别是非常必要和重要的。因此，风险识别要在项目开始、每个项目阶段中间、主要范围变更批准之前进行。它必须贯穿于服务外包项目生命期的全过程。

4. 信息性

服务外包项目风险识别需要做许多基础性工作，其中重要的一项工作是收集相关的项目信息。信息的全面性、及时性、准确性和动态性决定了项目风险识别工作的质量和结果的可靠性和精确性，服务外包项目风险识别具有信息依赖性。

5. 综合性

服务外包项目风险识别是一项综合性较强的工作，除了在人员参与、信息收集和范围等方面具有综合性特点外，风险识别过程中还要综合应用各种风险识别的技术和工具。

（三）服务外包项目风险识别的依据

识别服务外包项目风险的关键是找到足够的项目信息和依据，然后通过分析识别项目风险。服务外包项目风险识别依据主要包括以下几个方面：

1. 服务外包项目环境因素

在风险识别过程中，任何一种以及所有存在于服务外包项目周围并对项目成功有影响的组织环境与制度都必须加以考虑。通常包括以下事项：

（1）组织或项目团队的文化与组织结构。

（2）现有的人力资源，如技能人员、专家、管理人员等。

（3）政府或行业标准，如管理部门的规章制度、产品标准、质量标准等。

（4）利害关系者的风险承受能力。

（5）商业数据库，如标准的费用估算数据、行业风险研究信息与风险数据库等。

（6）项目管理信息系统，如信息自动化工具软件、进度管理软件工具、配置管理系统、信息收集与分发系统等。

以上内容可以帮助风险识别确定关键因素，有效提供和传递信息。

2. 组织管理经验

项目风险识别的重要依据之一就是组织管理经验。在进行服务外包项目风险识别时，有利于项目成功的任一或全部资料都可以从组织管理知识库中查找，包括实际数据和经验教训。具体来说，从组织进行工作的过程与程序中，可以获得初步的风险识别资料；从组织整体信息存储检索知识库可以获得相关的、类似的项目风险经验。

3. 项目范围说明书

服务外包项目范围说明书直接或间接地包括项目目标、产品范围说明书、项目要求说明书、项目边界、项目可交付成果、产品验收标准等。它还详细地说明了项目的可交付成果和为提交这些可交付成果而必须开展的工作。通过服务外包项目范围说明书可查到项目假设条件信息，如产品价格假设、大气条件假设、材料供应假设等，从而对有关项目假设条件的不确定性进行评估，这也是识别项目风险的重要依据。

4. 服务外包项目风险管理计划

服务外包项目风险管理计划是规划和设计如何进行项目风险管理的活动过程。从项目风险管理计划中可以确定：①风险识别的范围；②信息获取的渠道、方式；③风险识别过程中应遵循的规范及识别方法；④项目组织成员在项目风险识别中的角色及职责分配；⑤预算和进度计划中纳入的风险管理活动因素；⑥风险类别；⑦风险识别成果的形式、信息传递和处理程序。

据此可以界定项目组织及成员风险管理的行动方案，并且决定适当的风险管理方法。风险管理计划一般是通过召开计划编制会议来制订的。在计划中，应该对整个项目生命周期内的风险识别、风险分析与评估及风险应对等方面进行详细的描述。

5. 风险分类经验

在服务外包项目中，可能会遇到很多风险，因此，对风险识别提出了很高的要求，在处理风险时要尽量考虑全面，这样才能在进行风险控制时采取行之有效的方法以减少损失、利用机会。明确合理的风险分类可以避免在风险识别时的误判和遗漏，有利于突出关键的因素，发现那些对项目目标实现有严重影响的风险源。

例如服务外包项目按项目生命期的四个阶段分别识别的风险，见表10－1。

表10－1　服务外包项目周期内的风险因素

概念阶段	设计阶段	实施阶段	收尾阶段
没有做可行性研究	没有风险管理计划	工人素质低	质量不合格
总体目标不明确	减少管理层支持	材料来源不稳定	费用超支
对问题界定不清	职能分工不明确	天气变化	进度拖延
缺少相应的技术专家	项目团队缺乏经验	项目范围变更	客户不能接受
……	……	项目进度改变	……
		项目环境变化	
		……	

6. 项目管理计划

项目管理计划中的项目目标、任务、范围、进度、费用、质量管理计划及项目实施计划、方案等都是进行项目风险识别的依据。通过对其他知识领域过程的成果进行审查，以确定可能影响整个项目的风险。特别是这些计划中的各种假设条件和约束条件，项目利害关系者相关利益等，是风险产生的主要来源。以服务外包项目管理计划作为风险识别依据，可以避免或有效控制内在风险。

7. 项目约束与假设

服务外包项目建议书、可行性研究报告、设计和实施方案等项目规划和计划性文件一般都是在若干假设、前提条件下估计或预测出来的。这些前提和假设在项目实施过程中可能成立，也可能不成立，因此，项目的前提和假设之中隐藏着可以识别的风险；项目环境必然受到国家的法律、法规和规章等项目主体无法控制的因素制约，不可否认的是，这也隐藏着风险。因此，项目计划和规划的前提、假设和限制因素，应当作为风险识别的依据。

（四）服务外包项目风险识别的作用

服务外包项目风险识别是项目风险管理的基础，没有风险识别的风险管理是盲目的，通过风险识别，才能使理论联系实际，把风险管理的注意力集中到具体的项目上来。通过风险识别，可以将那些可能给项目带来威胁和机会的风险因素识别出来。风险识别是制订风险应对计划的依据，其作用主要有以下五点：

（1）帮助找出最重要的合作伙伴，为以后的管理打下基础。

（2）为风险分析提供必要的信息，是风险分析的基础性工作。

（3）确定被研究的体系或项目的工作量。

（4）是系统理论在项目管理中的具体体现，是项目计划控制的重要基础性工作。

（5）通过项目风险识别，有利于项目组成员树立项目成功的信心。

二、服务外包项目风险因素识别

正确认识风险的来源，有助于人们更好地识别风险，更准确地分析风险带来的影响。本节在前文的基础上进一步说明构成服务外包项目风险的直接因素并对此进行分类分解，为正式的风险识别提供理论依据。

（一）服务外包项目风险的直接因素

1. 项目风险直接因素的组成

根据风险的定义，任何服务外包项目的风险都来自与项目有关的各种因素的不确定性。这些不确定性包括三个方面：项目中人的因素（人）、项目中物的因素（物）、项目中环境的因素（环境），它们是构成项目风险的直接因素。

正是由于人、物和环境三方面联合作用的不确定性而造成了项目的风险。风险直接因素与风险事件、风险后果的关系如图 10－2 所示。

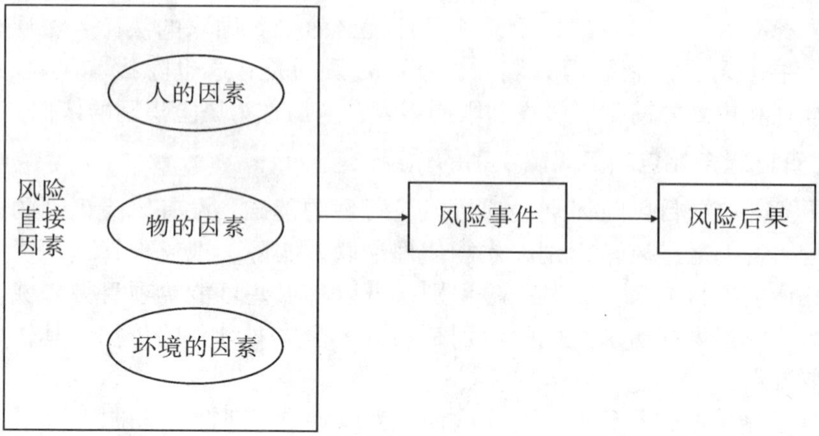

图 10－2 风险直接因素与风险事件、风险后果的关系

2. 受直接因素影响的项目风险特点

由于项目影响因素的发生与否具有不确定性，因此，项目风险也具有不确定性，主要表现在以下几方面：

（1）人、物、环境因素虽然普遍存在，但成为风险因素具有不确定性。也就是说，不是所有的直接因素都将成为风险因素，而是需要有特定的环境影响。

（2）在服务外包项目过程中，受项目风险因素的状态影响，风险事件的发生在时间上具有不确定性。

（3）风险发生时，由于风险因素和风险事件大小及作用的差异，因而风险影响的持续时间和范围大小具有不确定性。

（4）风险发生时，风险因素、风险事件和风险影响的作用关系具有不确定性。

服务外包项目的一次性特点使其不确定性要比其他一些经济活动大许多，主要表现在项目风险因素种类繁多，涉及面广、量大，风险事件的差异性较大，风险作用影响复杂。因此，在识别具体项目风险前，必须首先了解一般意义上的项目风险分解内容，为风险来源、风险事件和风险影响的识别提供先验的理论框架。

（二）服务外包项目风险分解

服务外包项目风险一般具有可预测性差、可补偿性差、风险存在期长、造成的损失和影响大、风险差异大、多种风险因素同时并存以及相互交叉组合作用等特点。服务外包项目因各自的具体条件不同，隐含的不确定性也就不一，难以总结出统一的模式和固定的规律去识别风险。尽管如此，各个行业逐渐积累的大量实际项目的统计结果仍然表明，有许多共同的原因常常是导致风险问题的根源，称为风险因素或风险源。正确认识风险的来源，合理地进行风险的分类，有助于人们更好地确定风险识别的入手之处，更准确地分析风险事件的发生条件和探讨风险带来的影响。

图 10－3 为项目风险分解结构，它是在对建设项目归纳总结的基础上，结合建立全生命期和全要素的风险管理体系的构想，将可能影响建设项目的风险因素归纳为 6 大类，即政治风险、社会风险、经济风险、自然风险、技术风险和管理风险。

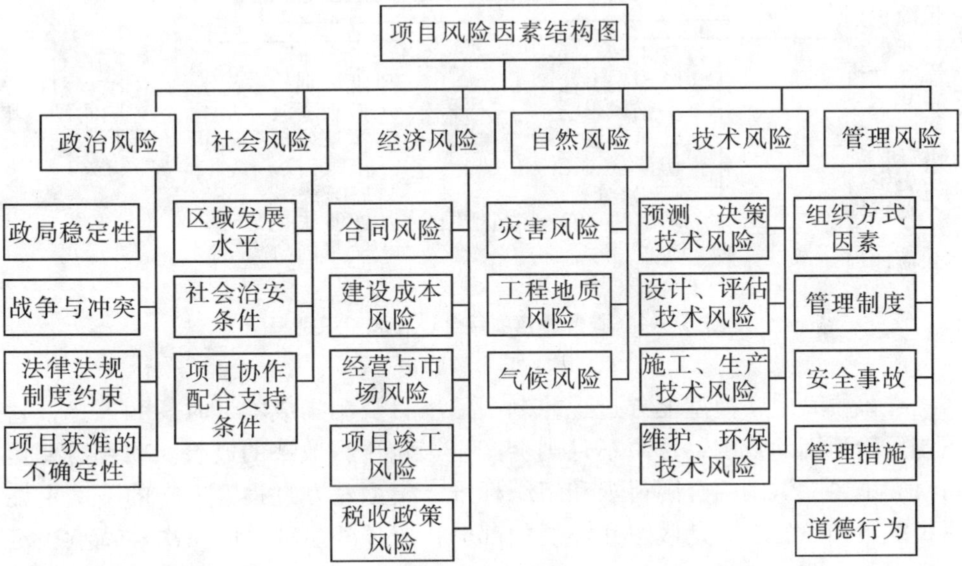

图 10－3　服务外包项目风险因素分解结构

三、服务外包项目全过程风险识别模型

服务外包项目风险识别活动以风险识别的依据为输入，以各种风险识别的技术、工具和手段为机制，通过明确风险识别目标与确定人员、收集资料、系统地识别风险、编写已识风险文档、风险形势估计 5 个主要步骤对项目风险进行有效识别，从而将不确定性转变为对已识别风险的详细描述，并对项

目所面临的风险形势作出初步的估计，其过程受项目资源、项目需要和风险管理能力的控制，最终得到风险识别成果的输出。在风险识别过程中每一步骤都有反馈环节，而且在得到风险识别成果后，还需要充实、修正风险识别的各项输入，通过这样不断迭代，使得对项目风险的识别更加准确和完善。服务外包项目全过程风险识别模型如图 10－4 所示。

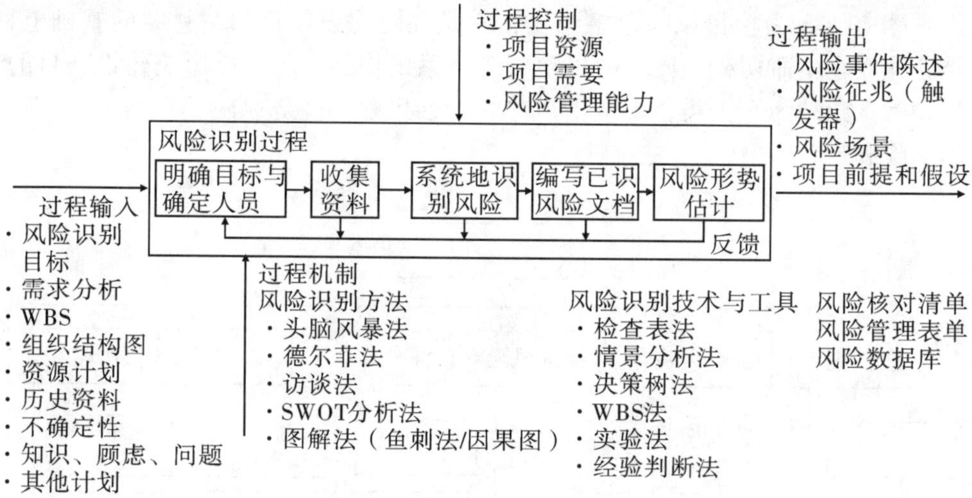

图 10－4　服务外包项目全过程风险识别模型

在该模型中，模型上方过程控制中的项目资源指成本、时间和人员，它限制风险识别的范围，资源不足则会产生影响过程效果的风险。项目需要是指对实施风险识别的合同请求和组织标准。模型左方过程输入中的不确定性指组织不知道的事，是假定和怀疑的部分，服务外包项目的一次性特点决定了项目包含着一定程度的不确定性。知识指已知的事，必须利用以前在工程、项目方面的经验和当前项目管理、外包管理的知识来识别服务外包项目风险；顾虑是指人们害怕的事，会引起担心、不安或担忧，常常与风险相关；问题是指尚未解决的事，需要通过措施或手段加以解决，如果无法解决，问题就有可能变成风险。模型右方过程输出中的风险事件指可能会对项目造成损害的具体情况，如项目范围的巨大变更、无法得到所需要的人力资源而造成的项目延迟等。对风险事件的陈述可用问题、可能性、结果这些标准的表示法进行简要说明，它的价值在于建立了对风险认识的基础。风险征兆是指实际风险事件的指示器或触发器，如早期活动成本超支，可能是对成本估算不准确所引起的等。风险场景提供与风险陈述相关的间接信息，如事件、条件、约束、假定、环境、有影响的因素和相关问题等。模型下方过程机制是指风险识别过程中所用到的方法、技巧、工具或其他为过程活动提供手段的技术，包括风险核对清单、风险识别技术与工具、风险管理表单、风险数据库等。

需要强调的是风险识别活动，乃至后续其他风险管理活动，都不是一次性的工作，而是一个不断迭代的过程，需要由服务外包项目主体各方依据风险管理规划，在项目的每个阶段、每个活动中进行。模型主体的风险识别过程如下所述：

1. 明确目标与确定人员

在识别风险之前，必须先明确风险识别的目标并确定参加风险识别的参与者。项目组的工作性质不同，项目类型也会不同，因此，项目风险管理应各有侧重。依据项目管理规划，发包方、承包方、监理方、系统分析组、系统设计组、系统实施组等都需要分别确定主体或业务单元项目风险管理的范围和重点，确定参与项目风险识别的人员。通常情况下，风险识别需要主体各方和各业务单元共同参与。

2. 收集资料

软件外包项目风险识别应该收集的资料包括：①项目文件（软件外包项目需求说明书、软件外包项目监理合同、评标报台、软件外包项目合同等）；②项目的前提、假设和制约因素（项目范围、人力资源、其他资源、合同方式等）；③与本项目类似的案例（查看项目档案，阅读公开出版资料，采访项目参与者等）。

3. 系统地识别风险

识别风险的方法有很多，通常采用借助风险识别的技术和工具将过程输入的信息结构化的方法，对风险信息进行系统地辨识和分析，为潜在风险勾画出较为清晰的结构图景。常用的风险识别技术有核对清单、访谈、会议讨论、成果评审、风险管理表的日常输入、实际调查等。

4. 编写已识风险文档

说明风险最有效的方法是用文档对已经识别出来的风险进行一个详细的陈述，包括对风险事件的描述、发生的可能性和发生后可能造成的损失。同时详细说明相关的风险症状和风险场景，包括何事触发（风险触发器）、何时何地发生、怎样发生及原因等。在编写已识风险文档时，最好采用标准化的形式，在组织内部统一使用，同时还能起到统一风险语言的作用。

5. 风险形势估计

风险形势估计就是结合已识别风险的情况，对项目目标、战略、战术及实现项目目标的手段和资源进行风险形势估计，判断项目实施的可行性和不确定性程度，修正并充实项目规划时没能考虑到的前提和假设，以确定项目及其环境的变数。风险形势估计包括对项目可行性的风险分析，影响和阻碍项目行动路线的因素、前提和假设，以及项目行动路线的比较等。

第三节　服务外包项目管理的风险分析

服务外包项目风险分析是在风险规划和识别之后，需要对项目所有不确定性和风险要素进行充分、系统而又有条理的考虑。具体表现为全面系统地分析风险发生的概率和对项目的影响程度，对已经识别风险的优先级进行评估。服务外包项目风险分析包括项目风险的定性分析和定量分析两个方面。其中，定性分析是评估已识别风险的影响和可能性的过程，按风险对项目目标可能的影响进行排序。其作用和目的是识别具体风险和指导风险应对，根据各个风险对项目目标的潜在影响不同进行排序，通过比较风险值确定项目总体风险级别。定量分析是量化分析每一风险的概率及其对项目目标造成的后果，以及项目总体风险的程度。其作用和目的是测定实现某一特定项目目标的概率；通过量化各个风险对项目目标的影响程度，甄别出最需要关注的风险；识别现实的和可实现的成本、进度及范围目标。项目管理者可以选择使用服务外包项目定性风险分析，也可以选择使用项目定量风险分析，或两者结合使用。

一、服务外包项目管理中实施定性的风险分析

（一）服务外包项目风险定性分析的含义

服务外包项目风险定性分析是在项目风险识别之后，对已识别风险的影响和可能性大小的评估过程，并按风险对项目目标潜在影响的轻重缓急给出风险排序。通过项目风险定性分析，可以确认项目风险的主要来源，确认项目风险的类型，估计项目风险的影响程度，为项目风险的定量分析提供条件，帮助各层次项目管理人员顺利实现交付目标，从而保证整体目标的成果实现。

服务外包项目风险定性分析的对象是项目的单个风险，而非项目的整体风险，重点是加深对某一具体风险可能性及其影响的认识，进一步管理触发风险的不确定因素和条件。

服务外包项目风险定性分析通常是为风险应对规划过程确立优先级的一

种经济、有效和快捷的方法，并为定量风险分析（如果需要该过程）奠定基础。在项目生命周期内应该对定性风险分析进行重新审查，以确保其反映项目风险的实时变化。定性风险分析过程需要使用风险管理规划过程和风险识别过程的成果。定性风险分析完成后，可进入定量风险分析过程或直接进入风险应对和监控规划过程。

服务外包项目风险定性分析的活动过程如图 10－5 所示，主要包括三方面的内容：

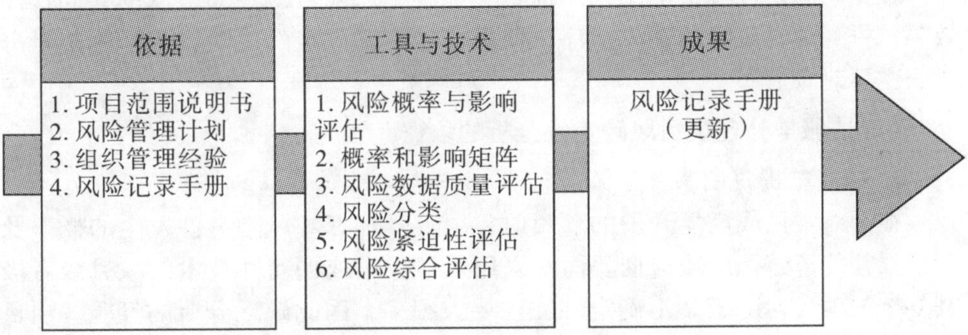

图 10－5　定性风险分析：依据、工具与技术、成果

（1）输入部分包括了由风险识别过程获得的风险记录手册、组织管理经验、风险管理计划、项目范围说明书等主要内容。

（2）可采用的方法主要集中在风险可能性及其影响程度评估，包括风险概率评估方法、风险影响的评估方法以及风险综合性评估方法，这些方法适用的对象是项目识别提供的所有服务外包项目风险。

（3）风险定性分析的成果集中体现在更新的风险记录手册中，这也是持续改善项目风险管理的工作内容之一。更新的风险记录手册成为风险定量分析的依据。另外对某些项目（如小项目）或项目中的风险（如次要风险或无法量化的风险）而言，也可直接成为项目应对和监控风险的依据。

（二）服务外包项目风险定性分析的主要活动

服务外包项目风险定性分析主要活动包括 3 个步骤，如图 10－6 所示。

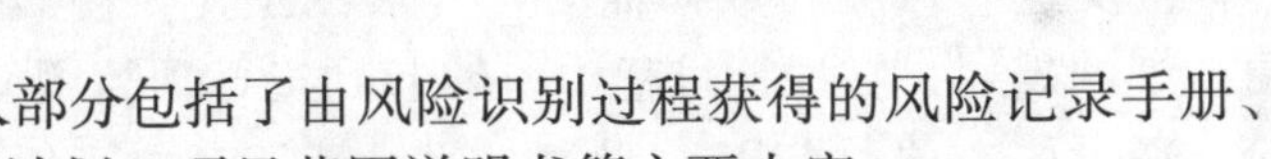

图 10－6　服务外包项目风险定性分析主要活动图

1. 辨识关键风险

根据风险识别的成果，进行风险分类，确认关键的风险，从而成为进一步定性分析的对象。

2. 确定风险概率及影响

利用定性分析的方法确定服务外包项目风险的主观概率和可能的影响范围，并给出各个风险的综合结果。

3. 排列风险优先次序

根据风险定性分析的结果，综合考虑各个风险可能性和范围的共同作用效果，排列项目风险的优先次序，使具有较高优先级的风险成为风险定量分析的主要对象。

（三）服务外包项目风险定性分析的依据

1. 项目范围说明书

在面对常见或反复开展的项目时，项目管理者对风险事件发生的概率及其后果往往了解得比较透彻。面对采用最新技术或创新性技术的项目或者极其复杂的项目，由于其不确定性往往要大很多，因此缺乏分析的经验。项目范围说明书为服务外包项目提供哪些工作要做或不要做的明确要求、项目的可交付成果和为提交这些可交付成果而必须开展的工作，使服务外包项目团队能够实施更详细的规划，在执行过程中能够起到指导项目团队工作的作用。即使缺乏经验，通过核查项目范围说明书，项目管理者也可以对不确定内容进行新的评估，并成为评价变更请求或增加工作是否超出了项目边界的基准。

2. 风险管理计划

风险管理计划中用于定性风险分析的关键元素包括：风险管理角色和职责、风险管理预算和进度活动、风险类别、概率和影响的定义，以及概率和影响矩阵与修改后的利害关系者承受度。在风险管理规划过程中，通常按照项目具体情况对这些元素进行调整。如果这些元素不存在，可在定性风险分析过程中建立这些元素。

3. 组织管理经验

在进行风险定性分析过程中，可借用先前积累的项目风险数据及管理经验知识库。组织管理经验可以反映组织从以前项目中吸取的教训和学习到的知识，如完成的进度表、风险数据和实现价值数据。组织信息存储检索知识库记录的全部内容都将成为开展风险分析活动的依据。

4. 风险记录手册

（1）就风险定性分析而言，来自于风险记录手册的一项关键依据是已识别风险的清单。清单对已识别风险进行了描述，包括其根本原因、不确定的项目假设等。风险定性分析要从可能性及影响程度两个方面对风险识别过程中发现的风险以及其对项目的潜在影响进行综合分析，以评估项目的总体风险及趋势。

（2）由风险识别获得的风险记录手册还为风险定性分析提供项目状态的内容。风险的不确定性往往取决于项目在其生命期内所处的阶段，在项目早期，许多风险尚未显现出来，项目设计尚欠成熟，变更时有发生，因而有可能出现更多风险。

（3）风险记录手册还能提供初步的项目类型分析，对于不同的服务外包项目，项目管理者面对的不确定性是不同的，定性分析的工作程度自然有相应的差异。

（四）服务外包项目风险定性分析的方法

1. 风险概率与影响评估

风险概率评价研究的是每项具体风险将发生的可能性。风险影响评价研究风险对项目目标（如工期、费用、范围或质量目标）的潜在影响，既包括威胁的消极影响，也包括机会的积极影响。

针对识别的每项风险，确定风险的概率和影响。可通过挑选对风险类别熟悉的人员，包括项目团队成员和项目外部的专业人士，采用召开会议或进行访谈等方式对风险进行评估。风险评估需要专家的意见，因为组织历史项目数据库中的风险信息可能寥寥无几。与会者可能不具有风险评价方面的任何经验，因此，需要由经验丰富的主持人引导讨论过程。

在访谈或会议期间，每项风险的概率及其对每个目标的影响等级被评价出来。需要记载说明作用的细节内容，包括确定概率和影响等级所依赖的假设等。根据风险管理体系文件中的定义，确定风险概率和影响的等级。有时概率和影响明显很低的风险就不需要确定等级，而是将其列入观察清单供将来进一步的监测。

2. 概率和影响矩阵

基于风险等级，对风险进行优先排序，便于进一步的定量分析和风险应对。根据评定的风险概率和影响级别，对风险进行等级评定。通常采用参照表的形式或概率和影响矩阵的形式，评估每项风险的重要性及其紧迫程度。概率和影响矩阵形式规定了各种风险概率和影响组合，以及哪些组合被评定为高重要性、中重要性或低重要性。根据组织的偏好，可以使用描述性文字或使用数字来表示。

组织应确定哪种风险概率和影响的组合可被评定为高风险（红灯状态）、中等风险（黄灯状态）或低风险（绿灯状态）。在黑白两种色彩组成的矩阵中，这些不同的状态可分别用不同深度的灰色代表，如表 10－2 所示：深灰色（数值最大的区域）代表高风险；中灰色区域（数值最小）代表低风险，而浅灰色区域（数值介于最大和最小值之间）代表中等程度风险。通常，由组织在项目开展之前提前界定风险等级评定程序，并记入组织过程资产之中。在风险管理规划过程中，可根据具体项目定制风险等级评定规则。表 10－2 是常见的风险概率和影响矩阵。

从表中可看出，组织可针对每项目标（如时间、费用和范围）单独评定一项风险的等级。另外，找到相关方法为每项风险确定一个总体的等级水平。最后，可通过使用有关机会和威胁影响等级的定义，在同一矩阵中，考虑机会和威胁因素。

风险分值可为风险应对措施提供指导。例如，如果风险发生会对项目目标产生不利影响（即威胁），并且处于矩阵高风险（深灰色）区域，可能就需要采取重点措施，并采取积极的应对策略。而对于处于低风险区域（中灰色）的威胁，只需将其放入待观察风险清单或分配应急储备金外，不需采取任何其他积极管理措施。

同样，对于处于高风险（深灰色）区域的机会，最容易实现而且能够带来最大的利益，所以应先以此为工作重点。对于低风险（中灰色）区域的机会，应对之进行监测。

表 10－2　风险概率和影响矩阵

概率	威胁					机会				
0.90	0.05	0.09	0.18	0.36	0.72	0.72	0.36	0.18	0.09	0.05
0.70	0.04	0.07	0.14	0.28	0.56	0.56	0.28	0.14	0.07	0.04
0.50	0.03	0.05	0.10	0.20	0.40	0.40	0.20	0.10	0.05	0.03
0.30	0.02	0.03	0.06	0.12	0.24	0.24	0.12	0.06	0.03	0.02
0.10	0.01	0.01	0.02	0.04	0.08	0.08	0.04	0.02	0.01	0.01
	0.05	0.10	0.20	0.40	0.80	0.80	0.40	0.20	0.10	0.05
对目标的影响（例如：成本、时间或范围）（比率标度）										

注：每项风险按其发生概率及一旦发生所造成的影响评定级别。在矩阵中显示组织对低风险、中风险与高风险所规定的临界值。根据这些临界值，把每个风险分别归入高风险、中风险或低风险中。

3. 风险数据质量评估

风险定性分析若要有可靠，就需要准确和无偏差的数据。风险数据质量分析就是评价有关风险的数据对风险管理有用程度的一种技术。它包括检查人们对风险的理解程度，以及风险数据的精确性、可靠性和完整性。

使用准确性低的数据得出的定性风险分析结果对项目毫无用处。如果无法接受数据的精确度，则需要重新收集精度更高的数据。收集风险信息往往有困难，并且消耗的时间和资源会超出预定的计划。

4. 风险分类

服务外包项目中的风险可以按照风险来源（利用风险分解矩阵）、受影响的项目部位（使用工作分解结构）、或其他分类办法（如项目阶段）分类，从而确定最易受不确定性影响的项目领域。按照共同的根本原因对风险进行分类可以制订有效的风险应对措施。

5. 风险紧迫性评估

把近期需要采取应对措施的风险视为更迫切的风险。实施风险应对措施所需的时间、风险征兆、警告和风险等级等都可作为确定风险优先级或紧迫性的指标。

6. 风险综合性评估

在风险综合性评价的方法中，最常用、最简单的分析方法是通过调查专家的意见，获得风险因素的权重和发生概率，进而获得项目的整体风险程度。评分可以针对整体风险也可以针对风险来源，其步骤主要包括：①建立风险调查表，在风险识别完成后，建立服务外包项目主要风险清单，将该项目可能遇到的所有重要风险全部列入表中；②判断风险权重；③确定每个风险发生概率。可以采用1~5来标度，分别表示可能性很小、较小、中等、较大、很大，代表5种程度；④计算每个风险因素的等级；⑤最后将风险调查表中全部风险因素的等级相加，得出整个项目的综合风险等级。

（五）服务外包项目风险定性分析的成果

风险记录手册在风险识别过程中形成，并根据定性风险分析的信息进行更新，更新后的风险记录手册被纳入项目管理计划之中。来自定性风险分析的风险记录手册更新包括：

（1）服务外包项目风险的相对排序或优先级清单。在服务外包项目风险定性分析中，可以使用风险概率和影响矩阵，根据风险的重要程度进行分类。项目经理可以参考风险优先级清单，集中精力处理高重要性的风险，以获得更好的项目成果。

（2）按照类别分组的风险。服务外包项目风险按类别分组可以揭示风险的共同根源，或需要特别关注的项目领域。在发现风险集中的领域之后，可提高风险应对的有效性。

（3）需要在近期采取应对措施的风险清单。那些需要采取紧急应对措施的风险和可以以后处理的风险应放在不同的小组。

（4）需要补充分析和应对的风险清单。有些风险可能需要补充分析，包括定量风险分析，以及采取风险应对措施。

（5）低优先级风险观察清单。在定性风险分析过程中，把评为不重要的风险放入观察清单中继续监测。

（6）定性风险分析结果中的趋势。随着分析的反复进行，特定风险的某种趋势可能显露出来，从而对其采取应对措施或进一步的分析有不同程度的紧迫性或重要性。

二、服务外包项目管理中实施定量的风险分析

（一）服务外包项目风险定量分析的含义

服务外包项目风险定量分析是指对项目风险定性分析过程中作为对项目需求存在潜在重大影响而排序在先的风险进行分析。服务外包项目风险定量分析过程是对这些风险事件的影响进行分析，并就风险分配一个数值。定量风险分析是在不确定情况下进行决策的一种量化方法。该过程采用的是蒙特卡模拟与决策树分析等技术，以便：

（1）对项目结果以及实现项目结果的概率进行量化。

（2）评估实现具体项目目标的概率。

（3）通过量化各项风险对项目总体风险的影响，确定需要特别重视的风险。

（4）在考虑项目风险的情况下，确定可以实现的切合实际的费用、进度或范围目标。

（5）在某些条件或结果不确定时，确定最佳的项目管理决策。

服务外包项目风险定量分析的活动过程如图 10－7 所示，主要包括三方面的内容：

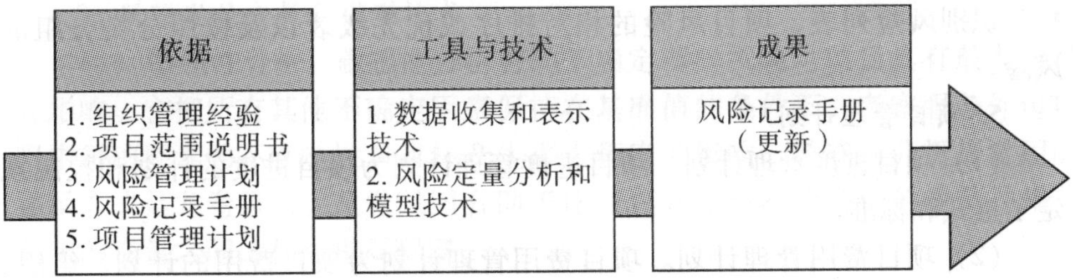

图 10－7　定量风险分析：依据、工具与技术、成果

（1）输入部分包括了由风险识别过程获得的风险记录手册、组织管理经验、风险管理计划、项目范围说明书、项目管理计划等主要内容。

（2）可采用的方法主要集中在数据收集和表示技术（如访谈、概率分布、专家判断等）、风险定量分析和模型技术（如敏感性分析、预期货币价值分析、决策树分析、模型和模拟等）。

（3）风险定量分析的成果集中体现在更新的风险记录手册中，这也是持续改善项目风险管理的工作内容之一。

（二）服务外包项目风险定量分析的主要活动

服务外包项目风险定性分析主要活动包括 4 个步骤，如图 10－8 所示。

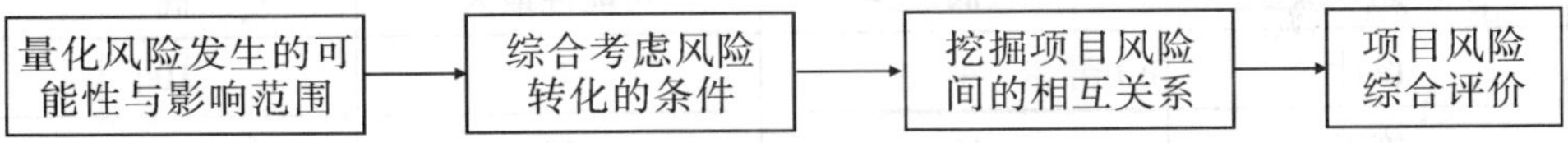

图 10－8　项目风险定量分析主要活动图

（三）服务外包项目风险定量分析的依据

1. 组织管理经验

组织管理经验包括从行业或企业得到的类似的已完项目信息，风险专家对类似项目的研究资料，以及风险数据库。

2. 项目范围说明书

3. 风险管理计划

就服务外包项目风险定量分析而言，来自风险管理计划的关键要素包括风险管理角色和职责、风险管理预算和进度活动、风险类别、风险分解结构和修改的有关方面的风险承受度。

4. 风险记录手册

就服务外包项目风险定量分析而言，来自于风险记录手册的关键项目包

般采用蒙特卡罗模拟技术。在模拟过程中，项目模型经过多次计算（叠加），其随机依据值来自根据每项变量的概率分布，为每个叠加过程选择的概率分布函数（例如，项目元素的费用或进度活动的持续时间），据此计算概率分布（例如，总费用或完成日期）。

对于费用风险分析，模拟可用传统的项目工作分解结构或费用分解结构作为模型。对于进度风险分析，可用紧前关系绘图法（PDM）表示。

（五）服务外包项目风险定量分析的成果

风险记录手册（更新）在风险识别过程中形成，在定性风险分析过程中更新，并在定量风险分析过程中进一步更新。风险记录手册是服务外包项目管理计划的组成部分。此处的更新内容主要包括以下内容：

（1）服务外包项目的概率分析。

（2）实现费用和时间目标的概率。

（3）量化的风险优先清单。

（4）定量风险分析结果中的趋势。

第四节　服务外包项目全过程的风险应对与风险监控

一、服务外包项目全过程风险应对与风险监控概述

（一）服务外包项目风险应对的含义和依据

服务外包项目风险应对是指在对服务外包项目全过程风险进行识别、单个风险估计和整体风险分析之后，进入到风险应对阶段，以达到减少事故发生的概率和降低损失程度目的的活动。

服务外包项目风险应对中的主要工作是制定项目风险应对计划，即根据服务外包项目所面临风险的种类、特性和大小，结合项目组织自身的抗风险能力来制订出合理的风险应对措施。

制订服务外包项目风险应对计划的主要依据有：①风险管理计划；②风险排序，是将风险按其发生的可能性、对项目目标的影响程度、急缓程度分级排序，表明要抓住的机会和要应付的威胁；③风险认知，是对可放弃的机会和可接受的风险的认知；④风险主体，是服务外包项目干系人中可以作为风险应对主体的名单，风险应对主体应参与制定风险应对计划；⑤一般风险应对措施，多个风险可能是由某个共同的原因造成的，通过对该风险采取应

对措施可能会为缓解多个项目风险提供机会。

（二）服务外包项目风险监控的含义

服务外包项目风险监控是通过对项目风险规划、识别、估计、评价和应对全过程的监视和控制，以保证风险管理达到预期目标的过程。项目风险监控是建立在项目风险的阶段性、渐进性和可控性基础上的项目管理工作，是对项目的进展和项目环境即项目情况的变化所进行的监视。

服务外包项目风险监控包含风险监视和风险控制两层含义。前者是对风险和风险因素发展变化的把握，后者是指在风险监控的基础上，采取相应的控制措施。

风险监视的目的有三个：一是监视风险应对策略的执行情况，寻找机会改善和细化风险规避计划，发现问题及时纠正；二是监视时间对风险的影响，随着时间的推移，有关项目风险本身的信息和资料越来越多，风险的不确定性逐渐减小，对风险的把握和认识也会变得越来越清晰，从而有利于采用更为合理的风险控制手段；三是在风险监控过程中及时发现那些新出现的、预先制订的策略或措施，对那些不见成效的，或性质随着时间的推延而发生变化的风险，及时进行反馈。

风险控制是为了最大限度地降低风险事件发生的概率和减小损失幅度而采取的风险处置手段，以改变项目管理组织所承受的风险程度。同时根据风险对项目的影响程度，重新进行风险规划、识别、估计、评价和应对，并应对每一风险事件制定成败标准和依据。风险控制的措施包括：①根据风险因素的特性采取一定的措施使其发生的概率尽可能接近于零，从而预防风险因素的产生。②减少已存在的风险因素。③防止已存在的风险因素释放能量。④改善风险因素的空间分布，从而限制其释放能量的速度。⑤在时间和空间上把风险因素与可能遭受损害的人、财、物隔离，借助人为设置的物理障碍将风险因素与人、财、物隔离，改变风险因素的基本性质。⑥加强风险部门的防护能力。⑦做好救护受损人、物的准备。

二、服务外包项目全过程风险应对模型与应对策略

（一）服务外包项目全过程风险应对模型

服务外包项目全过程风险应对模型如图 10 – 10 所示。该模型反映出服务外包项目风险应对过程中应当考虑的问题和内容。风险应对活动的输入是风险应对的依据，借助风险应对常用的策略和工具，经过一系列受项目资源、项目需要和风险管理计划控制的风险应对过程，输出风险应对计划、风险控

制活动、剩余风险和附加风险清单、风险合同协议等风险应对成果。

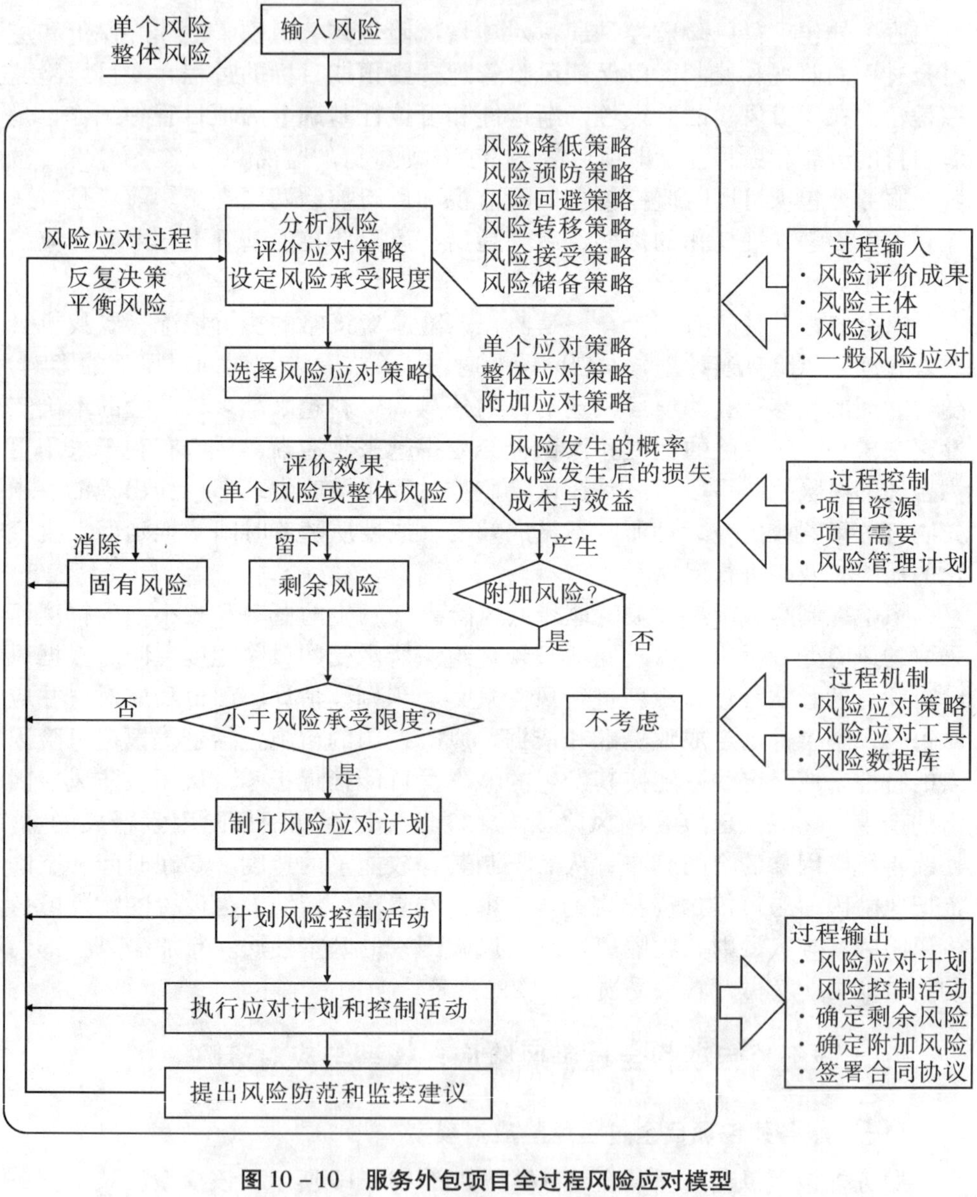

图 10－10　服务外包项目全过程风险应对模型

服务外包项目风险的应对过程如下：

（1）输入特定风险。单个风险来自风险估计的成果，整体风险来自风险评价的成果。

（2）根据每项风险的特点，分析并评价各种应对策略的利弊，并设定每种策略的风险承受限度。

（3）选择针对单个或整体风险的最佳风险应对策略，对于可能会产生附加风险的整体应对策略，还需要考虑附加应对策略。

（4）对所选的单个或整体风险应对策略进行评价，包括评价风险发生的概率和风险发生后造成的损失，并进行成本与效益分析。

（5）对剩余风险和新产生的附加风险进行评估，如果超过风险承受限度，就需要重新分析和选择风险应对策略。

（6）制订风险应对计划。风险应对计划应详细到可操作层次，通常包括：①所识别的风险、风险特征描述、风险来源，以及对项目目标的影响，风险主体和责任分配；②风险评估及风险量化结果；③单个风险的应对策略（回避、转移、减轻、接受、预防、储备等）；④具体应对措施；⑤成本和时间预算；⑥应急计划和反馈计划等。

（7）计划风险控制活动。为了配合风险应对计划的实施而计划进行的具体风险控制活动，其中有些活动与日常的业务或管理活动相关，有些甚至就是日常的业务或管理活动。

（8）执行应对计划和控制活动。

（9）提出风险防范和监控建议。根据在执行应对计划和风险控制活动中所发现的问题或风险征兆提出相应的防范措施和建议。

图 10－10 所示模型主要是针对已识别风险而建立的风险应对过程，如果出现了未知风险或未识别风险，就必须启动风险应急机制，按照风险应急计划，将所出现的风险迅速纳入到正常的风险应对程序中来。

实施服务外包项目风险应对是要付出成本的。因此，在考虑风险应对的过程中，管理层需要评估该应对方法对风险发生的可能性和影响的效果，以及成本效益。选择那些能够使剩余风险处于期望风险限度之内的应对方法，并从总体范围中的集成角度去认识风险，以确定总体剩余风险是否在主体的风险承受能力之内。

（二）服务外包项目的全过程风险应对策略

1. 消极风险或威胁的应对策略

（1）回避风险。回避风险是指当项目风险潜在威胁发生可能性太大，不利后果也很严重，又无其他策略可用时，主动放弃项目或改变项目目标与行动方案，从而规避风险的一种策略。如果通过风险分析发现项目的实施将面临巨大的威胁，项目管理团队又没有别的办法控制风险，这时就应当考虑放弃项目的实施，以避免巨大的损失。

（2）转移风险。转移风险又叫合伙分担风险，其目的不是降低风险发生的概率和不利后果的大小，而是借用合同或协议，在风险事故一旦发生时将损失的一部分转移到项目以外的第三方身上。采用这种策略所付出的代价大小取决于风险大小。当项目的资源有限或风险发生的频率不高，但潜在的损失或损害很大时，可采用此策略。如项目保险就是这一方法的具体应用。

（3）减轻风险。减轻风险指设法把不利的风险事件的概率或后果降低到一个可接受的临界值。如何减轻风险，则要按已知风险、可预测风险和不可预测风险来分别对待。对于已知风险，可以在很大程度上加以控制，使其风险减小。对于可预测风险，可以采取迂回策略，尽量将每个风险因素都减小到可以接受的水平上。对于不可测风险，则要尽量使之转化为预测风险或已知风险，然后加以控制和处理。在减小风险过程中，要集中力量专攻威胁最大的风险。有些时候，高风险是由于风险的耦合作用而引起的。一个风险减轻了，其他一系列风险也会随之减轻。

2. 积极风险或机会的应对策略

（1）开拓积极风险。如果组织希望确保机会得以实现，可就具有积极影响的风险采取该策略。该项策略的目标在于通过确保机会肯定实现而消除与特定积极风险相关的不确定性。直接开拓措施包括为项目分配更多有能力的资源，以便缩短完成时间或实现超过最初预期的高质量。

（2）分享积极风险。分享积极风险指将风险的责任分配给最能为项目之利益获取机会的第三方，包括建立风险分享合作关系，或专门为机会管理目的形成团队、特殊目的项目公司或合作合资企业。

（3）提高积极风险。该策略旨在通过提高积极风险的概率或其积极影响，识别并最大程度发挥这些积极风险的驱动作用，致力于改变机会的“大小”。通过促成或增强机会的成因，积极强化其触发条件，提高机会发生的概率，也可着重针对影响驱动因素以提高项目机会。

3. 威胁和机会的应对策略

采取接受风险策略的原因在于不可能消除项目的所有风险。当采取该策略时，项目团队已经决定不打算为处置某项风险而改变项目计划，或者无法找到任何其他应对良策。针对机会或威胁，均可采取该项策略。该策略可分为主动或被动这两种方式。被动地接受风险，即不要求采取任何行动，将其留给项目团队，待风险发生时再处理。最常见的主动接受风险的方式是预留应急储备金，包括一定的时间、资金或资源，来处理已知或潜在的威胁或机会。

4. 应急应对策略

有些应对措施仅在发生特定事件时才使用。对于有些风险，如果认为可提供充足的预警，则项目团队可制订一项应对计划，只在特定的条件下才实施，确定并跟踪风险触发因素。

三、服务外包项目全过程风险监控模型与监控策略

(一) 服务外包项目全过程风险监控模型

服务外包项目全过程风险监控模型如图 10－11 所示。

服务外包项目风险监控活动主要是监视项目风险的状况，如：①风险已经发生、仍然存在或已经消失；②检查风险应对策略是否有效，风险控制活动是否正常，监控机制是否正常运行；③不断分析识别新的风险，及时发出预警信号并制订必要的对策措施等。风险监控过程的输入是前期风险识别、分析、应对活动所取得的成果，如风险应对计划、风险管理计划、风险控制活动计划等，采用持续监控、个别评价，或两者相结合的方式，借助各种风险监控的方法、技术和工具，经过受项目资源、项目需要控制的风险监控过程获得风险监控的成果。

服务外包项目风险监控过程如下：

(1) 跟踪风险管理计划的实施。

(2) 跟踪风险应对计划的实施。

(3) 跟踪风险控制活动的实施。

(4) 报告风险状态。

(5) 发出风险预警信号。

(6) 提出新的风险处置建议。

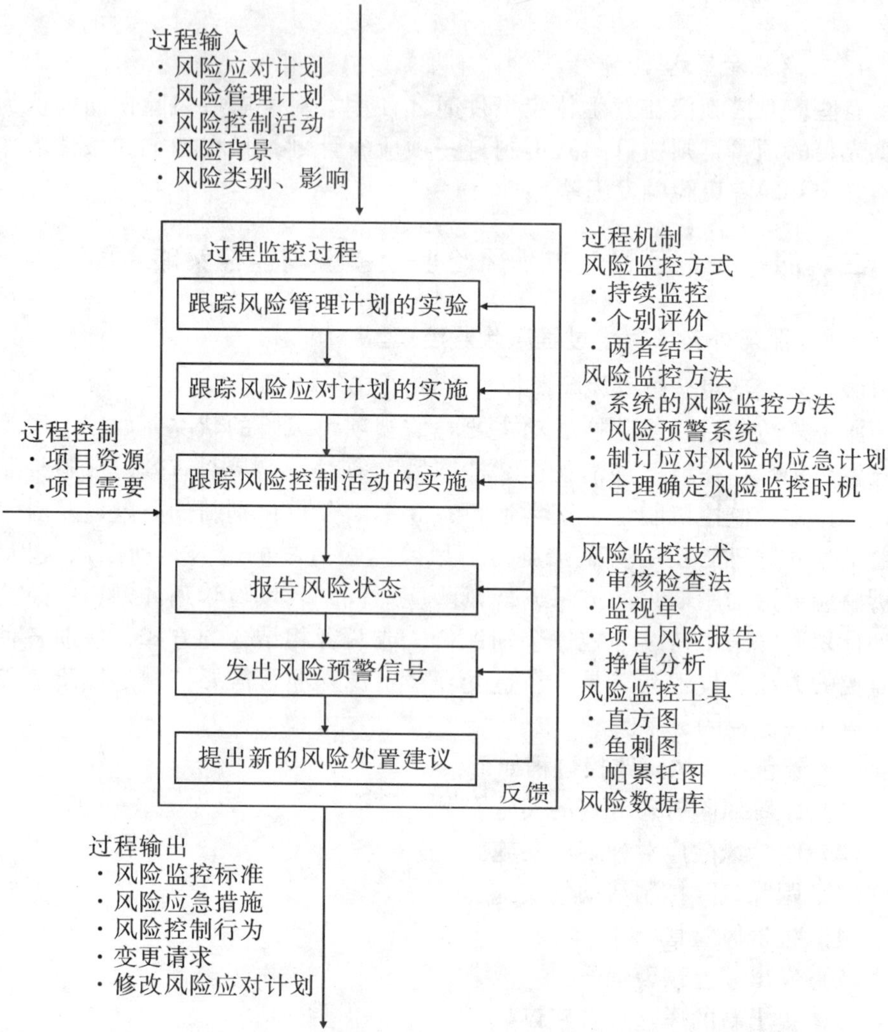

图 10－11　服务外包项目全过程风险监控模型

（二）服务外包项目全过程风险监控策略

1. 审核检查法

审核检查法是一种传统的控制方法，该方法可用于服务外包项目的全过程，从项目建议书开始，直到项目结束。

项目建议书、项目产品或服务的技术规格要求、项目的招标文件、设计文件、实施文件、必要的试验等都需要审核。审核时要查出错误、疏漏、不准确、前后矛盾和不一致之处，还要善于发现以前其他人未注意的或未考虑到的问题。审核多在项目进展到一定阶段时，以会议形式进行。

检查是在项目实施过程中进行的，而不是在项目告一段落时进行。检查是为了把各方面的反馈意见及时通知有关人员，一般以完成的工作成果为研究对象，包括项目的设计文件、实施计划、实验计划、正在施工的工程、运到现场的材料、设备等。检查不像审核那样正规，一般在项目的设计和实施阶段进行。

2. 监视单法

监视单是服务外包项目实施过程中需要管理工作者给予特别关注的关键区域的清单。这是一种简单明了又很容易编制的文件，内容可深可浅。浅则可只列出已辨识出的风险；深则可列出诸如下述内容：风险顺序、风险在监视单中已停留的时间、风险处理活动、各项风险处理活动的计划完成日期和实际完成日期、对任何差别的解释等。

服务外包项目风险监视单的编制应根据风险分析的结果，一般应使监视单中的风险数目尽量少，并重点列出那些对项目影响最大的风险。随着项目向前发展和定期的分析，可能要增补某些内容。如果有数目可观的新风险影响重大，十分需要列入监视单，则说明初始风险分析不准，项目风险比最初预估的要大，也可能说明项目正处在失去控制的边缘。如果某项风险因风险处理无进展而长时间停留在监视单之中，则说明可能需要对该风险或其处理方法进行重新评估。监视单的内容应在各种正式和非正式的项目审查会议期间进行审查和评估。

3. 项目风险报告法

项目风险报告是用来向决策者和服务外包项目组织成员传达风险信息，通报风险状况和风险处理活动的效果的。风险报告的形式多样，时间仓促可作非正式口头报告，里程碑审查则需提出正式摘要报告，报告内容的详细程度按接收报告人的需要而定。

成功的风险管理工作都要及时报告风险监控过程的结果。风险报告要求包括报告格式和频度，一般应作为制订风险管理计划的内容统一考虑，并纳入风险管理计划。编制和提交此类报告一般是项目管理的一项日常工作。为了看出技术、进度和费用方面有无影响项目目标实现和里程碑要求满足的障碍，可将这些报告纳入项目管理审查和技术里程碑中进行审查。

4. 偏差趋势分析法

很多控制过程都会借助偏差分析来比较计划结果与实际结果。为了监控风险时间，利用将实际上已完成项目工作的绩效信息和项目执行的趋势与计划的项目进行比较，确定项目在费用支出和时间进度方面是否符合原定计划的要求。可借助挣值分析以及项目偏差与趋势分析的其他方法，对项目总体绩效进行监控。这些分析的结果可以揭示项目在完成时可能偏离成本和进度目标的程度。对基准计划的偏差程度，可表明威胁或机会的潜在影响程度。

【思考练习题】

1. 服务外包项目风险管理的过程可以分为哪几个步骤？各步骤之间的关系是什么？

2. 服务外包项目风险分析的方法有哪些？定性风险分析和定量风险分析有无绝对界限？

3. 简述服务外包项目风险识别的过程。

4. 画图表示服务外包项目全过程的风险应对模型，并简述风险应对过程。

5. 为什么说服务外包项目风险监控包含风险监视和风险控制两层含义呢？

参考文献

1. 刘晓峰，任宗伟，李艳华．服务外包企业项目管理．北京：化学工业出版社，2012.

2. ［美］项目管理协会．项目管理知识体系指南（PMBOK®指南）（第4版）．王勇，张斌译．北京：电子工业出版社，2009.

3. 程铁信，付聪．项目管理．北京：中国铁道出版社，2011.

4. 刘中，李明顺，柳伍生．物流项目招投标管理．北京：电子工业出版社，2006.

5. 赖一飞．项目管理概论．北京：清华大学出版社，2011.

6. 陈文晖．项目管理的理论与实践．北京：机械工业出版社，2008.

7. 陈建西，刘纯龙．项目管理学．成都：西南财经大学出版社，2005.

8. 骆珣．项目管理教程（第二版）北京：机械工业出版社，2012.

9. 邱菀华．现代项目管理导论．北京：机械工业出版社，2009.

10. 冯俊文，高朋，王华亭．现代项目管理学．北京：经济管理出版社，2009.

11. 白思俊．现代项目管理（升级版）北京：机械工业出版社，2010.

12. 何清华．项目管理．上海：同济大学出版社，2011.

13. 段世霞．项目管理．南京：南京大学出版社，2007.

14. 范黎波．项目管理．北京：对外经济贸易大学出版社，2005.

15. 鲁耀斌．项目管理——过程、方法与实务．大连：东北财经大学出版社，2008.

16. 孙新波，俞竹超，张吉善．项目管理．北京：机械工业出版社，2010.

17. 杨宝玲，栾志强．现代项目管理．北京：中国人民公安大学出版社，2009.

18. 段世霞，马歆．项目管理．上海：立信会计出版社，2008.

19. 宋伟．项目管理学．北京：人民邮电出版社，2008.

20. 戚安邦．项目管理学．北京：科学出版社，2007.

21. 陈池波，崔元峰．项目管理．武汉：武汉大学出版社，2006.

22. 王占红．浅谈标底的编制．中国新技术新产品，2009（07）.

23. 梅阳春，邹辉霞．建筑工程招投标及合同管理．武汉：武汉大学出版社，2004.

24. 刘北林，付伟琼，谢红燕．服务外包企业质量管理．北京：化学工业出版社，2012.

25. 王祖和．项目质量管理．北京：机械工业出版社，2009.

26. 刘晓红，徐玖平．项目风险管理．北京：经济管理出版社，2007.

27. 沈建明．项目风险管理．北京：机械工业出版社，2003.

28. 卢峰．服务外包的经济学分析：产品内分工视角．北京：北京大学出版社，2007.

29. 卢有杰，卢家仪．项目风险管理．北京：清华大学出版社，1998.

30. 曾坤生．管理学（第 2 版）．北京：清华大学出版社，2012.

图书在版编目（CIP）数据

服务外包项目管理/曾坤生主编．—广州：暨南大学出版社，2013.8
（广东外语外贸大学国际服务外包人才培训系列教材）
ISBN 978-7-5668-0537-9

Ⅰ.①服… Ⅱ.①曾… Ⅲ.①服务业—对外承包—项目管理—研究
Ⅳ.①F719

中国版本图书馆 CIP 数据核字(2013)第 080501 号

出版发行：暨南大学出版社

地 址：中国广州暨南大学
电 话：总编室（8620）85221601
营销部（8620）85225284 85228291 85228292（邮购）
传 真：（8620）85221583（办公室） 85223774（营销部）
邮 编：510630
网 址：http://www.jnupress.com http://press.jnu.edu.cn

排 版：广州市天河星辰文化发展部照排中心
印 刷：湛江日报社印刷厂

开 本：787mm×1092mm 1/16
印 张：18.375
字 数：336 千
版 次：2013 年 8 月第 1 版
印 次：2013 年 8 月第 1 次
印 数：1—2000 册

定 价：42.00 元